La mission dans tous ses états (XIXe–XXIe siècle)

Circulations et réseaux transnationaux

P.I.E. Peter Lang

Bruxelles · Bern · Berlin · New York · Oxford · Wien

Dieux, Hommes et Religions

Vol. 27

Tandis que les principales religions traditionnelles du monde semblent confrontées à une crise identitaire et culturelle fondamentale, on voit partout se manifester une renaissance des besoins de spiritualité et de nouvelles pratiques religieuses. Quelles sont les motivations des hommes et des femmes qui soutiennent ces nouvelles tendances ? Assistons-nous à la naissance d'une nouvelle religiosité humaine ?

Cette collection a pour but de rassembler les travaux de témoins, penseurs, croyants et incroyants, historiens, spécialistes des religions, théologiens, psychologues, sociologues, philosophes et écrivains, tous issus de différentes cultures et différentes langues, pour offrir une perspective plus large sur l'un des problèmes clés de la civilisation universelle que nous sommes en train de construire.

Collection fondée par : *Gabriel Fragnière,*
Ancien recteur du Collège d'Europe (Bruges)

Dirigée par: *Alberto Fabio Ambrosio et*
Elisabeth A. Diamantopoulou

Catherine Foisy, Bruno Dumons et
Christian Sorrel (dir.)

La mission dans tous ses états (XIXᵉ–XXIᵉ siècle)

Circulations et réseaux transnationaux

Dieux, hommes et religions
Vol. 27

Centre de recherche interdisciplinaire
sur la diversité et la démocratie cridaq

LABORATOIRE DE RECHERCHE
HISTORIQUE RHÔNE-ALPES

UQÀM | Faculté des sciences humaines
Université du Québec à Montréal

© P.I.E. PETER LANG s.a.
    Éditions scientifiques internationales
    Brussels, 2021
    1 avenue Maurice, B-1050 Brussels, Belgique
    www.peterlang.com; brussels@peterlang.com

ISSN 1377-8323
ISBN 978-2-8076-1343-0
ePDF 978-2-8076-1344-7
ePub 978-2-8076-1345-4
Mobi 978-2-8076-1346-1
DOI 10.3726/b18368
D/2021/5678/30

Information bibliographique publiée par « Die Deutsche Bibliothek »
« Die Deutsche Bibliothek » répertorie cette publication dans la « Deutsche
Nationalbibliografie » ; les données bibliographiques détaillées sont
disponibles sur le site <http://dnb.ddb.de>.

Table des matières

Partie II
De nouvelles formes de coopération missionnaire

Partie III
Vers des formes d'inculturation ?

Préface

Bruno DUMONS

Depuis longtemps déjà, l'histoire contemporaine des missions a été un champ fécond et dynamique de l'histoire religieuse et en particulier de l'histoire du catholicisme au XXᵉ siècle. La part importante que la France et ses missionnaires ont apportée à ce processus de diffusion de la foi catholique dans le monde a conduit à la production d'une historiographie française et francophone de premier plan. La fondation du CREDIC à Lyon en 1979, sa pérennisation jusqu'à aujourd'hui et le lancement de la revue *Histoire et Missions Chrétiennes* en 2007 (devenue *Histoire, Monde et Cultures Religieuses* en 2012) prouvent la vitalité de l'histoire des missions dans l'aire francophone.

Or ce livre sur la mission, principalement sur le XXᵉ siècle, relève d'une autre perspective historiographique, celle d'une histoire transnationale du catholicisme contemporain. Il s'attache surtout à mettre en exergue les circulations et les connexions transnationales qui ont animé les réseaux missionnaires au Nord comme au Sud, qu'il s'agisse de théologiens et d'experts, de prêtres et de religieuses, de congrégations ou d'associations humanitaires. Fruit d'un colloque tenu en juin 2016 à l'Université du Québec à Montréal (UQAM) au Canada, il constitue la première des trois étapes que s'est fixées un récent groupe de recherche en histoire transnationale du catholicisme contemporain (Transcath), fédéré par des chercheurs de divers pays francophones (Belgique, France, Québec et Suisse). Inauguré en mai 2015 à Bruxelles, Transcath s'est proposé de coordonner des rencontres, privilégiant à chaque fois une thématique différente, susceptible de mettre l'accent sur les circulations et les connexions transnationales dans l'espace catholique. Rien n'est alors plus transnational que les missions, les congrès internationaux, les dévotions et les spiritualités, trois thématiques abordées successivement à Montréal en 2016, à Fribourg en 2017 et à Lyon prochainement.

Issu de la première rencontre organisée par Catherine Foisy à Montréal, ce livre souhaite interroger à nouveaux frais ce processus d'inculturation inscrit au cœur même de la foi chrétienne : la mission. Cet objet se prête donc aisément à une analyse transnationale des dynamiques contemporaines du catholicisme romain. À travers différents jeux d'échelle, les problématiques de la coopération interdiocésaine et des enjeux de la globalisation ont été abordées ainsi que la circulation des idées et des acteurs missionnaires. Si les continents africains et asiatiques ont été des terrains d'investigation, celui de l'Amérique latine a retenu particulièrement l'attention.

Au bout du compte, ce livre invite à un décloisonnement historiographique de l'objet missionnaire, trop souvent appréhendé à partir des centres romains ou européens de la catholicité. Il suggère de faire appel aux autres traditions historiographiques des « pays de mission », notamment latino-américaines, pour saisir l'ensemble des circulations et des connexions engendrées par l'inculturation de la foi chrétienne, *via* ici le catholicisme romain. Le thème de « la mission dans tous ses états » constitue un des axes d'observation sur lesquels Transcath propose de mobiliser des approches nouvelles, en lien avec les recherches de l'historiographie anglo-saxonne et nord-américaine dont se font écho la revue *Social Science and Missions* et le *Cushwa Center for the Study of American Catholicism (University of Notre Dame)*. Cet ouvrage témoigne d'une volonté commune, par-delà les frontières et les continents, de collaborer à une vaste entreprise de rénovation historiographique du catholicisme contemporain, objet par excellence de globalisation et d'universalisme.

Remerciements

Catherine FOISY

Le présent livre étant une œuvre collective, je ne peux passer sous silence la contribution des artisanes et artisans ayant une part ou l'autre dans l'avènement de ce projet de longue haleine.

Je tiens d'abord à exprimer ma plus vive gratitude à l'endroit de mes coauteurs, Bruno Dumons et Christian Sorrel, qui ont su, en ces temps de pandémie, relever un défi aussi inattendu qu'improbable. Il ne fait aucun doute à mon esprit que cet ouvrage ne serait pas le même sans la contribution des auteur(e)s ayant accepté d'y partager leur expertise et leur compétence relatives à la question missionnaire. Je les remercie particulièrement pour la qualité de leurs analyses, leur sens de la collégialité et leur patience.

En ce qui a trait à la maison qui publie cet ouvrage, mes remerciements vont à M. Thierry Waser, responsable éditorial chez Peter Lang pour l'intérêt qu'il a manifesté, dès nos premiers échanges, au sujet de ce projet d'ouvrage collectif ainsi que pour son professionnalisme. Que les codirecteurs de la collection « Dieux, hommes et religions », Alberto Ambrosio et Elisabeth Diamantopoulou, soient également remerciés d'avoir accueilli cet ouvrage dans leur collection. Par ailleurs, je ne saurais trop souligner la pertinence et la justesse de plusieurs des commentaires fournis suite au rapport d'expertise du manuscrit que j'avais soumis initialement. Ils m'ont été précieux dans l'élaboration de la version finale de l'ouvrage.

Enfin, les contributions financières de plusieurs instances universitaires québécoises et françaises se doivent d'être soulignées : le Centre de recherche interdisciplinaire sur la diversité et la démocratie de l'Université du Québec à Montréal (CRIDAQ – UQAM), le

Laboratoire de recherches historiques Rhône-Alpes de l'Université de Lyon (LARHRA), la Faculté des sciences humaines de l'UQAM et le Département de sciences des religions de l'UQAM. Cet ouvrage a aussi bénéficié de l'appui du Fonds de recherche Québec Société et culture (FRQSC). Sans ces appuis, cet ouvrage n'aurait pu voir le jour.

Introduction – Entre circulations et réseaux. Plaidoyer pour un renouvellement des études contemporaines de la mission

Catherine FOISY

La mission comme terrain d'étude des enjeux posés par la rencontre interculturelle et interreligieuse se prête aisément à une analyse transnationale des dynamiques contemporaines du catholicisme[1]. Or il se trouve que la plupart des travaux réalisés sur la mission au XXe siècle s'arrêtent fréquemment à l'orée des grands changements effectués depuis les années 1960 ou s'y plongent pour une bien courte période[2]. À partir d'approches disciplinaires, méthodologiques et théoriques variées, cet ouvrage souhaite contribuer à prendre la mesure des transformations culturelles, politiques et socio-ecclésiales advenues depuis le dernier tiers du XIXe siècle, puis tout au long du XXe siècle, ainsi qu'en ce début de XXIe siècle, sur l'action des missionnaires catholiques issus du monde francophone.

Ce collectif est le fruit des versions bonifiées des communications présentées dans le cadre d'un colloque organisé par le Groupe de recherche en histoire transnationale du catholicisme (TransCath) intitulé « La mission dans tous ses états (XXe et XXIe siècles) : circulations, rencontres, échanges et hybridités » tenu les 9 et 10 juin 2016 à

---

[1] Bruno DUMONS, « Pour une histoire transnationale du "catholicisme au féminin" (XIXe–XXe siècles). Circulations missionnaires, dévotions spirituelles, révolutions sociales et sexuelles », *Revue de l'histoire des religions*, 237, 3/2020, p. 423–445.

[2] Caroline SAPPIA et Olivier SERVAIS (dir.), *Mission et engagement politique après 1945. Afrique, Amérique latine, Europe*, Paris, Karthala, 2010 ; Susan FITZPATRICK BEHRENS, *The Maryknoll Catholic Mission in Peru (1943–1989). Transnational Faith and Transformation*, Notre Dame, Indiana, University of Notre Dame Press, 2012 ; Katharina STORNIG, *Sisters Crossing Borders. German Missionary Nuns in Colonial Togo and New Guinea (1897–1960)*, Göttingen, Vandenhoeck & Ruprecht, 2013 ; Catherine FOISY, *Au risque de la conversion. L'expérience québécoise de la mission au XXe siècle*, Montréal-Kingston, McGill-Queen's University Press, 2017.

l'Université du Québec à Montréal (UQAM). Il cherche à appréhender le cadre globalisé et diversifié dans lequel s'insère l'histoire missionnaire contemporaine[3]. Il identifie les connexions transnationales existant entre divers réseaux, organisations et institutions, actifs tant au Nord qu'au Sud, parmi lesquels circulent les acteurs et les actrices de la mission. Il va sans dire que les échelles d'analyse proposées visent, selon les contextes, des acteurs tantôt individuels, tantôt institutionnels, de même que leurs interactions qui sont même porteuses, dans certains cas, d'innovations dans le champ missionnaire[4]. Prenant au sérieux le défi identifié par TransCath, soit de proposer une analyse de la question missionnaire dans une perspective globale faisant la part large aux trajectoires d'individus, d'instituts et d'organisations missionnaires, les auteur(e)s de cet ouvrage collectif proposent de revisiter à la fois les échelles d'analyse, les cadres analytiques et interprétatifs du phénomène missionnaire contemporain. Les lieux et milieux de mission visés sont ceux du monde entier, incluant des espaces culturels et religieux comme le Nord de l'Afrique, où les populations se sont très peu converties au catholicisme[5]. Un accent particulier est donné, dans les études de cas proposées, à l'espace latino-américain, autant du point de vue des circulations de missionnaires belges, français et québécois que des formes qu'a pu prendre la coopération entre les différentes parties prenantes des Églises nationales que sont les conférences épiscopales, les diocèses et les

---

[3] Katrin LANGEWIESCHE, « Hors du cloître et dans le monde : des sœurs catholiques comme actrices transnationales », *Social Sciences and Missions*, 25(3), 2012, p. 195–224 ; Katharina STORNIG, « Sister Agnes was to go to Ghana in Africa ! Catholic Nuns and Migration », dans Glenda L. BONIFACIO (dir.), *Feminism and Migration. Cross-Cultural Engagements, International Perspectives on Migration*, New York, Springer, 2012, p. 265–282.

[4] Gilles ROUTHIER et Frédéric LAUGRAND (dir.), *L'espace missionnaire. Lieu d'innovations et de rencontres interculturelles*, Paris, Karthala ; Sainte-Foy, Presses de l'Université de Laval, coll. « Mémoire d'Églises », 2002.

[5] Oissila SAAÏDIA, *Clercs catholiques et oulémas sunnites dans la première moitié du XXe siècle. Discours croisés*, Paris, Geuthner, 2004 ; Bernard HEYBERGER et Rémy MADINIER, *L'islam des marges : mission chrétienne et espaces périphériques du monde musulman (XVIe–XXe siècles)*, Paris, Karthala, 2011 ; Karène SANCHEZ-SUMMERER, « La réception et les impacts de l'action éducative et sanitaire des Sœurs de Saint-Joseph et des Sœurs de Sion par les populations musulmanes rurales et urbaines en Palestine ottomane et mandataire (1870–1940) », *Histoire & Missions chrétiennes*, n° 22, 2012, p. 163–195 ; Barbara REEVES-ELLINGTON, *Domestic Frontiers. Gender, Reform and American Interventions in the Ottoman Balkans and the Near East*, Boston, University of Massachusetts Press, 2013.

instituts missionnaires. Cela est une résultante de la proximité, avec cet espace culturel, des chercheuses et des chercheurs qui ont participé au colloque, plusieurs d'entre eux provenant des Amériques, une situation due au premier chef à la tenue du colloque à Montréal.

Afin d'atteindre ces quelques objectifs, les objets d'études analysés sont nombreux et variés : liturgie, revues missionnaires, coopération entre Églises locales, notamment les diocèses et les Églises nationales, par l'entremise des conférences épiscopales, trajectoires de missionnaires individuels (femmes et hommes), organisations du Nord implantées au Sud, perspectives théologiques et pratiques développées au Sud et transférées au Nord, transformations et innovations dans le champ missionnaire ainsi que le retour des ONG religieuses en général et catholiques en particulier dans le champ de l'action humanitaire. Comme nous pouvions nous y attendre, les enjeux ainsi soulevés se croisent plus souvent qu'autrement.

C'est à travers l'analyse de certains grands documents missionnaires (déclarations, encycliques, lettres), tant du point de leur contenu que de leur réception dans les milieux missionnaires, que les thèmes récurrents de l'indigénisation des Églises locales du Sud, du développement d'un laïcat missionnaire, de la prise en considération de la culture locale et de l'appui des acteurs et des actrices de la mission à l'autodétermination politique des peuples ainsi qu'à la formation d'élites catholiques sont traités. Plusieurs des chapitres publiés ici illustrent comment les autorités religieuses n'ont eu de cesse de défendre une conception supranationale des missions. Les rapports entre centre romain et périphéries missionnaires de même qu'entre les différentes confessions chrétiennes ont d'ailleurs fait l'objet de constantes reconfigurations, s'aménageant au gré des diverses alliances diplomatiques, mais aussi de l'évolution de la pensée ecclésiologique. En ce sens, être Québécois, Français, Suisse ou Belge dans un pays d'Afrique sous contrôle impérial n'implique-t-il pas, suivant les diverses époques du XXe siècle, des attitudes, des actions et des pratiques missionnaires différentes ?

Par ailleurs, les enjeux relatifs au renouveau des hautes études missionnaires puis l'essor de la missiologie qui s'ensuit au cours des années 1930 sont pris en considération dans plusieurs des chapitres présentés dans cet ouvrage. De nombreux auteurs abordent aussi la fondation et le développement d'instituts de formation dès les années d'après-guerre tels que l'Institut œcuménique pour le développement des peuples – INODEP de Paris, le Centre Lebret – Institut international de recherche et de formation en éducation et développement, IRFED de Paris, le Centre tricontinental – CETRI de Louvain, l'Entraide missionnaire de Montréal, le *Centro intercultural de documentación* – CIDOC de Cuernavaca. Ces lieux et milieux, investis de manière importante par les missionnaires, représentent aussi des espaces où s'amorcent, se construisent, se négocient et se consolident les transformations qui s'opèrent, tout au long de la seconde moitié du XXe siècle, dans le champ missionnaire catholique.

Cet ouvrage cherche aussi à mettre en exergue des relations entre individus et groupes en situation de mission ainsi que l'émergence de nouvelles circulations des personnes et des pratiques, qui ne se font non plus uniquement selon un mode Nord-Sud, mais désormais selon des axes Sud-Nord et Sud-Sud[6]. Les réseaux missionnaires implantés en Occident contribuent donc aussi à la circulation des théologien(ne)s de la libération et de leur pensée vers les chrétiens des pays du Nord. Entre autres, l'accueil de réfugiés politiques (Algériens, Chiliens, Vietnamiens) dans les pays occidentaux illustre la manière dont les flux de populations influencent aussi la mission.

Enfin, depuis cinquante ans, l'Église catholique a vu naître de nouvelles communautés religieuses, spécialement encouragées sous le pontificat de Jean Paul II, alors que la « nouvelle évangélisation » vise ni plus ni moins qu'à rechristianiser la culture contemporaine sécularisée, pour une vaste part, en Occident. Cette globalisation qui affecte le catholicisme permet aussi d'entrevoir de nouvelles pistes de recherche, notamment dans les intersections et les interactions entre croyants et Églises des pays du Sud et ceux de l'Occident, de même qu'avec les religions concurrentes (évangélismes, néo-pentecôtisme et Islam, principalement), également en croissance. Par ailleurs, assiste-t-on à une mission inversée[7], où le Sud ré-évangélise le Nord ? Quels en sont les principaux défis et contraintes, notamment du point de vue culturel, ecclésial, politique et social ? De plus, on peut identifier et analyser certains des effets de la globalisation néolibérale sur la manière dont se déploient autant les missionnaires

---

[6]   Catherine Foisy, « La décennie 1960 des missionnaires québécois : vers de nouvelles dynamiques de circulation des personnes, des idées et des pratiques », *Bulletin d'histoire politique*, 23 (1), 2014, p. 24–41.

[7]   Catherine Foisy, « Repousser les frontières, repenser les polarités centre-périphérie. Réflexions autour de la mission inversée comme forme de la mission contemporaine », *Religiologiques*, n° 37, 2018, p. 11–32.

issus des pays du Sud au Nord que sur les nouvelles méthodes d'action missionnaire des congrégations du Sud vers le Nord.

Bien que les contributions abordées sous un angle historique ou historiographique soient majoritaires dans le présent ouvrage, il reste qu'une place non négligeable a été faite aux outils issus de la sociologie, des sciences des religions et de la théologie pour cerner convenablement les enjeux, les analyser et les interpréter de manière tout à fait pertinente.

État de la question missionnaire

Si, avec le pape François, les croyants sont appelés à se déplacer aux périphéries afin d'évangéliser, cette perspective serait impensable sans les transformations opérées dans le champ missionnaire au cours du XXe siècle. En ce sens, l'intérêt de ce texte introductif est aussi de proposer des clés de lecture pour appréhender et saisir les contours de la conception missionnaire telle qu'elle se fait jour en cette première moitié du XXIe siècle. Il va sans dire que l'action missionnaire catholique en occident a vécu, notamment à travers divers processus de sécularisation[8], des déplacements nombreux et structurants. Une partie de ces transformations trouvent leurs fondements dans certaines orientations des documents magistériels qui ont jalonné le siècle précédent. Comme l'affirme Claude Prudhomme : « D'un emploi biblique et théologique, essentiellement spéculatif, la mission a progressivement glissé vers une acception fonctionnelle et juridique qui implique le recours à l'autorité, en l'occurrence la papauté, pour décider l'envoi de missionnaires et planifier l'action[9]. » Cet extrait nous rappelle la dimension institutionnelle fondatrice de toute action missionnaire.

En 1909, lorsque Pie X procède à une réorganisation de la Sacrée Congrégation pour la Propagande de la Foi, il marque l'intérêt de la papauté pour la mission et indique clairement sa volonté d'assumer un leadership face à son développement. Sur le plan académique, c'est pratiquement au même moment (1910), que l'historien de l'Église,

---

[8]   Éric Desautels, « La sécularisation des missions catholiques canadiennes-françaises en Afrique aux XXe et XXIe siècles : entre prosélytisme et adaptation », Thèse (*PhD in Humanities*), Université Concordia, 2018.

[9]   Claude Prudhomme, *Missions chrétiennes et colonisation XVIe–XXe siècles*, Paris, Cerf, 2004, p. 13.

l'Allemand Josef Schmidlin, commence à établir les bases de la discipline de la missiologie et à l'enseigner à la Faculté catholique de théologie de Münster.

En 1916, Benoît XV accorde une extension générale à l'Union missionnaire du clergé afin d'élargir son action. Trois ans plus tard, il promulgue sa lettre apostolique *Maximum Illud* (1919) dans laquelle il insiste autant sur la formation biblique que sur la formation doctrinale des missionnaires ainsi que sur la nécessité de former le personnel religieux local afin de susciter l'émergence d'Églises autochtones. À titre d'exemple, la constitution d'un clergé indigène devient, dès 1923, l'objectif principal des missions en Inde et, dès 1926, en Chine. Ce n'est donc pas la montée des nationalismes après 1945 qui crée le mouvement d'indigénisation de l'Église, bien que celle-ci l'accélère. Le pape met ainsi fin à la conception des territoires de mission comme extension des Églises nationales des puissances coloniales et initie un mouvement d'ouverture face aux cultures des peuples de mission. Comme l'a montré Claude Prudhomme dans ses travaux, jusqu'à la fin de la Première Guerre mondiale, la tendance à la nationalisation des missions s'était accentuée pour ensuite fléchir et connaître une diminution remarquable, coïncidant avec la publication de cette lettre apostolique. Toujours afin de favoriser le zèle missionnaire[10], *Maximum Illud* est suivie par la tenue d'une exposition missionnaire à Rome en 1925, précédant la promulgation d'une première encyclique de Pie XI sur les missions, *Rerum Ecclesiae* (1926), dans laquelle le souverain pontife confirme les orientations prises par son prédécesseur.

Au cours de cette décennie, les hautes études missionnaires se renouvellent avec la fondation de chaires dans le domaine à la Grégorienne, puis à l'Urbaniana et à Louvain. Comme dans les autres mouvements de renouveau travaillant le corps ecclésial au cours des décennies préconciliaires, la missiologie ne fait pas exception à la règle : elle profite abondamment de la coopération avec d'autres disciplines scientifiques, non exclusivement théologiques, comme les études religieuses, anthropologiques[11], linguistiques ainsi que le développement d'approches sociologiques. Notons ici que deux visions de la mission

---

[10] Dans la seule province de Québec, les années 1920 virent se constituer trois institutions religieuses à vocation proprement missionnaire : les Sœurs missionnaires Notre-Dame des Anges (1919), la Société des missions étrangères du Québec (1921) et les Sœurs missionnaires du Christ-Roi (1929).

[11] Ici, les missionnaires eux-mêmes jouent un rôle essentiel, à la fois comme ethnographes ou comme ethnologues. Olivier SERVAIS et Gérard VAN'T SPIJKER

s'opposent tout au long des années préconciliaires. D'une part, la vision incarnée par Schmidlin insistant sur l'importance de la prédication et de la conversion individuelle. D'autre part, celle défendue par le missiologue Pierre Charles de l'Université de Louvain, de la mission comme *plantatio ecclesiae* reposant sur l'établissement d'une hiérarchie, de paroisses et d'un clergé enseignant.

Par ailleurs, dans un contexte marqué par la guerre idéologique que se livrent les États-Unis et l'URSS ainsi que la fermeture de la Chine aux missions (1949), Pie XII promulgue sa première encyclique missionnaire *Evangelii Praecones* (1951), faisant la part large à la mission qui attend les catholiques dans des territoires parfois déjà christianisés. Il recommande particulièrement l'Amérique latine, vu les périls qui menacent ces fidèles : la diffusion du matérialisme athée et des doctrines qualifiées de fausses concernant le christianisme, sous la poussée des Églises protestantes. En 1957, le pape publie *Fidei Donum* qui ouvre le champ missionnaire aux prêtres appartenant au clergé diocésain et aux laïcs, insistant pour qu'ils considèrent, en particulier, un engagement en territoire africain[12]. Fidèle à l'ouverture manifestée à l'égard du monde moderne et au caractère pastoral qu'il a souhaité insuffler au prochain concile œcuménique annoncé quelques mois plus tôt, Jean XXIII insiste de nouveau, avec *Princeps Pastorum* (1959), sur la nécessité d'adapter la mission aux cultures.

Sous l'impulsion de la papauté, on assiste donc à un dessaisissement progressif au cours de la première moitié du XXe siècle : la mission conçue comme *plantatio ecclesiae* passe des mains des instituts missionnaires à une prise en charge par les Églises locales, dites autochtones. En effet, il devient naturel, avec la reconnaissance de l'autonomie d'action et de la hiérarchie des « jeunes Églises », que la direction de l'activité missionnaire passe plus aisément aux mains des conférences épiscopales et des évêques ordinaires. Soulignons aussi le plus grand intérêt manifesté par l'Église catholique face à l'apport des cultures à la mission au cours des décennies préconciliaires. Un événement institutionnel marque d'ailleurs la transformation du regard posé sur les cultures qui s'accélérera

---

(dir.), *Anthropologie et missiologie XIXe–XXe siècles. Entre connivence et rivalité*, Paris, Karthala, 2004.

[12] Cette invitation à se tourner vers le continent africain était très certainement mû par un désir de positionner l'Église catholique comme un joueur positif dans les processus imminents de décolonisation des pays de ce continent.

après 1945 : la fin officielle de la querelle des rites ayant commencé au XVIIe siècle[13].

Ce sont également d'autres modalités de présence au monde qui émergent à travers l'expérience missionnaire des années préconciliaires. Il semble judicieux de les regrouper sous deux enseignes. D'une part, la perspective proposée par Charles Voillaume dans son livre *Au cœur des masses* (1951), se refuse à concevoir la mission à travers des conversions comptabilisées. Centré sur un message spirituel inscrit dans le sillon de Charles de Foucauld, il promeut l'idée d'une mission modeste, d'un témoignage humble et discret, voire silencieux. Une telle forme de pratique missionnaire peut s'avérer plus adaptée à la réalité de l'Autre, à l'expérience même du dialogue avec des croyants d'autres religions, notamment non chrétiennes. D'autre part, on retrouve une vision de la mission comme étant l'ici et le maintenant du Royaume de Dieu, fondée sur une conception où les conditions du salut ne sont pas de nature exclusivement surnaturelle, peu importe qu'elle se réalise sur le terrain *ad extra* ou *ad intra*. C'est en fait une autre lecture de la radicalité évangélique qui s'exprime ici : la possibilité de voir dans les formes terrestres d'oppression l'occasion d'actualiser la parole de Dieu[14]. De plus, c'est une forme de mission où l'apport des laïcs, à l'instar des mouvements d'Action catholique, est essentiel. Ainsi, il n'est aucunement surprenant que le Concile Vatican II ait abouti à une conception de l'Église comme foncièrement missionnaire, se frayant un chemin entre les deux conceptions opposées de la *plantatio ecclesiae* et de la conversion des âmes païennes. En effet, « La confluence des deux traditions missionnaires s'opère donc autour de 1960. Elle rend caduque la différence entre pays de mission et pays de chrétienté[15]. »

---

[13]   Très connue, elle visait trois points en particulier : 1. Les termes du vocabulaire religieux (particulièrement pour désigner Dieu) : des termes puisés dans les langues locales avec des risques de contamination avec les religions païennes. 2. La liturgie : peut-on tenir compte des répulsions des Indiens et des Chinois à l'égard de certains rites chrétiens secondaires (renoncer à l'insufflation et à l'effata en Inde dans l'administration du baptême) ? 3. Les coutumes traditionnelles qui sont des rites sociaux enracinés dans la religion (ce que l'on va appeler les « rites chinois » et les « rites malabares »)

[14]   Yves CARRIER, *Lettre du Brésil. L'évolution de la perspective missionnaire. Relecture de l'expérience de Mgr Gérard Cambron*, Louvain-la-Neuve, Academia-Bruylant, coll. « Sillages », 2008.

[15]   Claude PRUDHOMME, « Le grand retour de la mission ? », *Vingtième siècle. Revue d'histoire*, n° 66, 2000, p. 122.

Pour sa part, en revisitant des éléments fondamentaux de la foi du point de vue de leur sens et de leur portée, le Concile Vatican II rappelait la responsabilité de chaque croyant à vivre pleinement la mission de l'Église dans le monde en répondant à l'invitation inscrite au cœur même du baptême : être missionnaire. Ainsi, les baptisés actualisent, par leur participation, les fondements de la nature missionnaire de l'Église instituée par le don de Dieu au monde à travers l'envoi de son Fils ayant laissé l'Esprit Saint ou l'idée de *missio Dei* qui est à la base des *missiones ecclesiae*. La plupart des avancées conciliaires découlent en fait de cette perspective.

Quatre éléments principaux devraient retenir notre attention quant à la conception de la mission au moment de Vatican II. En premier lieu, la redécouverte d'une théologie de la réciprocité dont les implications eu égard au rapport de la mission avec l'Église locale sont déterminantes. Le chapitre 3 du décret *Ad Gentes*, consacré aux « jeunes Églises »[16], reconnaît le rôle joué par les Églises missionnaires – juridiquement sur un pied d'égalité avec leurs consœurs occidentales – dans leur propre développement ainsi que le rôle d'assistance et de collaboration que sont appelés à jouer les instituts missionnaires rénovés. Découlant de cette reconnaissance du statut des « jeunes Églises », elles sont alors invitées à faire l'exercice des responsabilités allant de pair avec leur pleine autonomie. Autrement dit, on reconnaît, dès lors, que la direction missionnaire revienne aux conférences épiscopales et aux évêques locaux.

En deuxième lieu, avec la reconnaissance des religions non chrétiennes dans l'encyclique *Ecclesiam Suam* (1964), la question quitte alors officiellement les marges de l'enceinte ecclésiale. Le dialogue avec les religions non chrétiennes est très fortement réclamé par les évêques asiatiques qui voient leurs efforts récompensés, par l'insertion de plusieurs passages dans le décret missionnaire *Ad Gentes* ainsi que la déclaration *Nostra Aetate*. Par ailleurs, l'objectif de la mission n'est plus strictement de convertir à la foi catholique, mais d'entrer dans un dialogue véritable avec des croyants de traditions religieuses non chrétiennes.

En troisième lieu, la question des religions non chrétiennes fait également écho à celle du rapport de l'Église et de la mission aux cultures. C'est sous l'enjeu de l'adaptation des rites aux différentes

---

[16] Une acception qui sera définitivement abandonnée dans l'encyclique *Evangelii Nuntiandi* (1974).

cultures et particulièrement à celles de peuples de pays de mission que la question est traitée par le concile, alors qu'elle occupe une place cruciale dans la constitution *Sacrosanctum Concilium* sur la liturgie. Par son impact concret sur la vie de millions de fidèles, elle représente l'une des transformations conciliaires les plus en vue de toutes. Durant les années postconciliaires, on a vu l'Église reconnaître la valeur de rites liturgiques encore plus inculturés comme le rite zaïrois.

En quatrième lieu, la promotion humaine, alors qu'elle se trouve au cœur de la réflexion et des discussions des Pères conciliaires dans la constitution pastorale *Gaudium et Spes*, n'est abordée que du point de vue de l'assistance économique et sociale aux pays du tiers-monde par *Ad Gentes*. Deux positions s'affrontaient depuis plusieurs années au sujet des liens entre les missions et le développement économique et social des peuples : d'une part, l'autonomie complète du développement et d'autre part, la promotion d'une alliance entre mission et développement. L'enjeu, avec le développement de la théologie de la libération en Amérique latine, demeurera sensible dans l'Église en général et sur le terrain missionnaire en particulier.

Les débats entourant la mission en contexte postconciliaire ont principalement porté sur la définition de son sens et de ses objectifs ainsi que sur sa relation avec la notion d'évangélisation. L'interpellation du Concile Vatican II à « élire en quelque sorte domicile chez l'autre » à travers la mission est confirmée, tant par Paul VI que par Jean Paul II. L'exhortation apostolique *Evangelii Nutiandi* (1975) de Paul VI marque un tournant dans la compréhension et la concrétisation de ce que l'Église est invitée à devenir : une Église avec les autres. Dans ce texte, écrit quelques années après la conférence de Medellín (1968) et le développement de la théologie de la libération, le pape met l'accent sur le message missionnaire de la libération qui doit tenir compte des rapports concrets existant entre l'Évangile et l'individu. En phase avec les délibérations du synode de 1971 sur la justice dans le monde où « l'Église, ont répété les évêques, a le devoir d'annoncer la libération de millions d'êtres humains, beaucoup d'entre eux étant ses propres enfants ; le devoir d'aider cette libération à naître, de témoigner pour elle, de faire qu'elle soit totale. Cela n'est pas étranger à l'évangélisation »[17], cette exhortation apostolique de Paul VI plaçait l'enjeu de la libération au cœur de l'exercice d'évangélisation.

---

[17] Klauspeter BLASER, *Repères pour la Mission chrétienne. Cinq siècles de tradition missionnaire. Perspectives œcuméniques*, Paris-Genève, Cerf-Labor et Fides, 2000, p. 98.

Par ailleurs, comme le rappelle Jean Paul II dans son encyclique *Redemptoris Missio* (1991), « la mission est essentiellement la communion et le don de Dieu aux êtres humains ». Dans ce texte, le pape réitère le caractère essentiel de la mission par rapport à l'évangélisation en affirmant que la mission *ad gentes* doit être dirigée vers les peuples, les groupes s'inscrivant dans des contextes socioculturels où le Christ et l'Évangile sont inconnus ou qui manquent de communautés chrétiennes suffisamment solides. Ce doit même être, selon lui, l'objectif premier de toute mission, peu importe le lieu où elle se déploie. Dans le contexte postconciliaire, la mission perd son orientation géographique habituelle, allant du Nord vers le Sud et elle est en même temps comprise comme étant partout, reconnaissant que tous les pays sont dans un état de mission. De plus, on peut affirmer sans se tromper que, dans la suite de Vatican II, les laïcs y acquièrent désormais une place de vis-à-vis, d'égaux face aux missionnaires consacrés et y gagnent une importance particulière. La pensée missionnaire de Jean Paul II s'est inscrite dans la poursuite d'un dessein plus global, la « Nouvelle évangélisation », dont la généalogie remonte à la rencontre de la Conférence épiscopale latino-américaine (CELAM) de 1968 à Medellín[18] et qui s'articulera au cours de son pontificat (1978–2005) comme une tentative de reconquête chrétienne, voire catholique, de la culture contemporaine. Ce pape fera de la nouvelle évangélisation l'un de ses chevaux de bataille, notamment au moment de demander officiellement la reconnaissance par l'Europe de ses racines chrétiennes.

À l'instar de Maurice Pivot qui avait cette formule : « […] un des étonnements les plus profonds naît du constat de la rapidité avec laquelle ces thèmes du dialogue, de la rencontre comme lieu de la mission, du rapport à l'autre, de la mission envisagée du point de vue de l'autre, ont envahi la réflexion missiologique dans le dernier demi-siècle »[19], le rôle structurant du dialogue dans l'analyse des missions ne peut être tu. C'est d'ailleurs l'un des enjeux qui traversent et fédèrent plusieurs des

---

[18] Michel DENEKEN, « La mission comme nouvelle évangélisation », *Revue des sciences religieuses*, vol. 80, n° 2, 2006, p. 217–231.

[19] Maurice PIVOT, *Au pays de l'autre : l'étonnante vitalité de la mission*, Ivry-sur-Seine (Val-de-Marne), Éditions de l'Atelier, 2009. Pour un approfondissement de la question, voir Francis Anekwe OBORJI, *Concepts of mission : the evolution of contemporary missiology*, Maryknoll, N.Y., Orbis Books, 2006. David Jacobus BOSCH, *Dynamique de la mission chrétienne : histoire et avenir des modèles missionnaires*, Paris, Karthala, 1995.

contributions réunies dans le présent ouvrage, que ce soit du point de vue de la rencontre interculturelle, interreligieuse ou en vue de la libération humaine.

Présentation de l'ouvrage

Aux vues des objectifs poursuivis et en tenant compte de la variété des objets analysés, des échelles envisagées et des périodes historiques couvertes par les contributeurs de ce volume, sa structuration exigeait une réflexion quant à l'ordonnancement des chapitres. Bien qu'une certaine temporalité chronologique ait été partiellement préservée, il va sans dire que l'approche thématique a été privilégiée. Cette dernière favorise le déploiement d'une approche diachronique permettant de mieux faire ressortir l'articulation des grands tournants propres au champ missionnaire catholique depuis le dernier tiers du XIXe siècle, entre continuités et ruptures.

De manière plus spécifique, les chapitres ont été organisés selon trois grandes thématiques. Placée à l'enseigne de l'adaptation, de l'acculturation et de l'indigénisation, la première section nous permet de plonger dans des contextes culturels différents, soit la Chine et la Corée, puis le Chili et le Brésil. Centrés respectivement sur la question liturgique et sur les processus ayant mené l'Église sud-coréenne à devenir particulièrement dynamique sur le plan missionnaire, les deux premiers chapitres traitent des enjeux relatifs à l'adaptation et à l'acculturation du christianisme ainsi qu'à l'indigénisation de l'Église, selon des perspectives qui s'intéressent aux logiques des rapports proprement institutionnels, tels qu'ils se déploient entre des Églises locales, des instituts missionnaires et un centre romain. Vincent Petit montre, à travers le cas de l'Église de Chine, la capacité de la liturgie catholique à s'instituer comme une grammaire supranationale et nationale tout à la fois. Pour sa part, par une analyse de la situation contemporaine de l'Église catholique en Corée du Sud, Olivier Sibre illustre comment le caractère dynamique d'une Église nationale peut se maintenir et même se développer, avec ou sans l'apport de Rome. En contrepartie, les deux chapitres suivants offrent une vue à la fois plus personnelle, mais aussi plus sociologique de la mission. À travers l'analyse du caractère transnational de figures marquantes de la piété française comme Thérèse de Lisieux et Élisabeth de la Trinité en contexte chilien (Alexandrine de La Taille-Trétinville) et les représentations des missions salettines au Brésil par le biais du traitement des contenus de revues publiées par les missionnaires de La Salette français installés dans ce pays (Paula Leonardi), ces deux auteures explorent les contours de la mission conçue comme espace de rencontres interculturelles des personnes et des idées. Dans l'analyse qu'elle fait des écrits de Thérèse des Andes, Alexandrine de La Taille-Trétinville montre à quel point les missionnaires françaises qu'a connues la sainte chilienne dans le cadre de son parcours scolaire ont eu une influence déterminante sur sa vie religieuse comme carmélite. Pour sa part, Paula Leonardi revient sur la manière dont les revues publiées par les missionnaires salettins français installés au Brésil ont joué des rôles de diffusion d'informations, de rites et de pratiques catholiques, de même qu'ils ont contribué à l'endoctrinement et à l'évangélisation en établissant des liens entre le fidèle et l'Église en vue d'un changement culturel et social.

Dans une deuxième partie, les auteurs convoqués évaluent les nouvelles formes de coopération missionnaire qui se mettent en place depuis les années 1950 jusqu'à aujourd'hui, suivant notre volonté de proposer une progression relativement respectueuse de la chronologie missionnaire. Alors que les trois premiers chapitres (Gilles Routhier, Olivier Chatelan et Caroline Sappia) abordent spécifiquement la question du point de vue des Églises du Québec, de la France et de la Belgique en lien avec l'Amérique latine sur une période allant de la décennie 1950 à la décennie 1980, le quatrième s'interroge sur le rôle des prêtres issus de pays du Sud engagés en France, entre suppléance et mission (Christian Sorrel). Gilles Routhier montre comment, dans la coopération entre l'Église canadienne et les Églises d'Amérique latine, les années 1950 représentent une charnière menant à l'émergence d'un système hybride où cohabiteront coopération entre Églises locales et direction missionnaire provenant des divers organes romains officiels. Olivier Chatelan analyse la coopération naissante entre l'Église de France et les Églises de l'Amérique latine, en illustrant comment elle posera, en phase avec le Concile Vatican II, des questions fondamentales relatives à la figure du prêtre et au sens du sacerdoce qui se posent aux évêques français. Adoptant une perspective européenne, Caroline Sappia propose une étude sur trois décennies de la coopération entre ces Églises et les Églises d'Amérique latine, montrant comment il fut difficile pour les Européens, sur un plan institutionnel, de se positionner relativement à la théologie de la libération, entre autres. Enfin, Christian Sorrel offre une étude exploratoire, l'une des très rares dans le monde catholique, du phénomène de l'implantation de prêtres venus de pays du Sud en

Occident (la France en l'occurrence), montrant bien qu'elle soulève de nombreuses questions culturelles, ecclésiales, financières et sociales.

La troisième et dernière partie est une occasion de revenir sur des formes d'inculturation qu'a pu prendre la mission par le biais de quatre études de cas nous permettant de voyager entre l'Amérique latine et l'Afrique et s'échelonnant sur une période de près d'un siècle. Agueda Bittencourt remonte le fil de la circulation des idées et de l'action du père dominicain Lebret et des acteurs français et brésiliens de la mission dominicaine, à travers une analyse de leur impact sur le devenir économique, politique et social d'un Brésil alors en phase de développement intense. Maurice Demers illustre le processus de transformation des missionnaires québécois en Amérique latine au contact de la réalité sociopolitique d'oppression de ces peuples. Dans une analyse de l'expérience inédite de sœurs blanches en Kabylie au cours des décennies 1940 à 1970, Catherine Foisy se penche sur la rencontre interculturelle et interreligieuse vécue par des religieuses et des filles et jeunes femmes kabyles dans le contexte algérien. Cette ultime partie de l'ouvrage se clôt sur l'analyse, réalisée par Louis Audet-Gosselin, des effets de la mise en place de politiques néolibérales sur la transformation de la mission par le biais de l'émergence d'organisations non gouvernementales (ONG) catholiques par des missionnaires au Burkina Faso. Ces quatre textes illustrent plusieurs des transformations déterminantes advenues dans le champ missionnaire au courant des années postconciliaires et que nous avons exposées précédemment.

Partie I

ENTRE ADAPTATION, ACCULTURATION ET INDIGÉNISATION

Un impératif liturgique : « C'est à la Chine de se faire latine ». Catholicisme romain et catholicisme a-national aux XIXe–XXe siècles

Vincent PETIT

À force de ne considérer la religion que comme l'auxiliaire, l'agent, voire le fondement du conservatisme social et du traditionalisme politique, sans doute a-t-on négligé l'hypothèse d'un catholicisme romain a-national, voire, dans une acception apocalyptique, d'un catholicisme anti-étatique[1], au sens de l'État-nation qui a cessé d'être chrétien dans son origine puis dans sa forme, et ce avant même la publication de la lettre apostolique *Maximum illud* (1919). L'intransigeantisme catholique, exprimé dans le *Syllabus* de 1864 qui récapitule nombre de positions antérieures, consiste en une posture politique qui entend repousser les séductions de l'habitus national pour, au contraire, promouvoir l'Église comme contre-société et contre-organisation. Dans une large mesure, il se nourrit de ce qu'il condamne : l'essor des nationalismes en Europe d'abord, puis dans le monde colonisé qui s'émancipe progressivement à partir des années 1950, induit une concentration toujours plus puissante de l'autorité pontificale et une uniformisation toujours plus croissante des pratiques cultuelles, alors même que l'Église connaît une plus grande extension géographique et se trouve confrontée à davantage de diversité culturelle.

Dans cette perspective, la liturgie, c'est-à-dire le déroulement des offices (bréviaire) et de la messe (missel) et l'administration des sacrements (rituel), est censée assurer l'identité et la visibilité de l'institution, à la fois communauté et appareil, appelée Église en assimilant universalité

---

[1] Des notations utiles dans Paul AIRIAU, *L'Église et l'Apocalypse du XIXe siècle à nos jours*, Paris, Berg, 2000, p. 17–20 et 28–32 ; Vincent PETIT, *God save la France. La religion et la nation*, Paris, Cerf, 2015, p. 54–66.

et romanité[2] avec l'emploi du latin et l'usage exclusif du rite romain. L'extension géographique de cette unité rituelle doit être considérée en regard de l'autorité pontificale sur l'Église, c'est-à-dire comme la manifestation d'une souveraineté apostolique nécessairement en contraste, si ce n'est en opposition, avec celle dont se réclament les États-nations. Une telle conception ne concerne pas l'instruction, la prédication et la catéchèse et ménage donc une certaine plasticité aux cérémonies et aux exercices du culte qui relèvent de l'extraliturgique et du paraliturgique : le problème réside moins dans l'opposition ou la coexistence des processus de latinisation et d'indigénisation que dans la détermination de leur ressort respectif. D'où l'importance de placer les rites en rapport avec leur(s) instance(s) de régulation et avec ceux qui s'en attribuent l'expertise[3] : l'unité ou la variété dans la liturgie, la définition de ce qui est liturgique et de ce qui ne l'est pas, la délimitation entre Église latine et Églises de rites orientaux, relèvent d'une modalité de gouvernance[4].

Catholicisme a-national et unité liturgique

« C'est à la Chine de se faire latine »[5] ! L'imprécation de dom Guéranger tirée du contexte intellectuel dans lequel elle a été lancée pourrait accréditer l'idée d'une expression, voire d'une spécificité de l'idéologie missionnaire[6]. Cet impératif d'unité et même d'uniformité

---

[2] Philippe LÉCRIVAIN, « Christianisme et cultures à la croisée de l'histoire et de la théologie », dans Jean-Marie MAYEUR*et al.* (dir.), *Histoire du christianisme*, t. 14, Paris, Desclée, 2000, p. 191–194.

[3] Vincent PETIT, « Béni soit le Léviathan ? Les liturgies catholiques et la souveraineté de l'État (fin XVIIIe–début XIXe siècle) », dans « Nouvelles approches et nouveaux objets du fait religieux en histoire et en sciences sociales », *Mélanges de l'École française de Rome. Italie et Méditerranée (MEFRIM)*, 2017, 129–1, p. 189–197.

[4] Bruno DUMONS et Christian SORREL (dir.), *Gouverner l'Église catholique au XXe siècle. Perspectives de recherches*, Chrétiens et Sociétés. Documents et Mémoires, n° 28, 2015 ; Olivier BOBINEAU, *L'empire des papes. Une sociologie du pouvoir dans l'Église*, Paris, CNRS Éditions, 2013 ; Bruno DUMONS, Vincent PETIT et Christian SORREL (dir.), *Liturgie et société (XIXe–XX siècles)*, Rennes, PUR, 2016.

[5] Cité dans *Institutions liturgiques*, Paris, Lanier-Lecoffre, 1851, t. 3, p. 131.

[6] Jacques GADILLE, « L'idéologie des missions catholiques en Afrique francophone », dans Giuseppe RUGGIERI (dir.), *Église et histoire de l'Église en Afrique. Actes du colloque de Bologne, 22–25 octobre 1988*, Paris, Beauchesne, 1990, p. 43–61 ; Marcel LAUNAY, « Stratégie missionnaire et obstacles à l'évangélisation pendant le grand

dont les membres du premier mouvement liturgique se font, souvent sans nuance, les hérauts, s'adresse à l'ensemble des rites particuliers, même lorsqu'ils sont les plus antiques et les plus légitimes comme les liturgies orientales[7].

Cette aspiration unitaire procède fondamentalement d'un processus de modernisation et de rationalisation de l'appareil de gouvernance, et pas seulement l'appareil de gouvernement, qu'est l'Église romaine en voie de mondialisation. L'unité de prière autour de Rome apparaît comme la réponse ecclésiale et sociale[8] au défi lancé par la philosophie individualiste et l'idéologie nationale, puisque la liturgie est désormais conçue comme « le lien le plus magnifique de tous les peuples en un seul, le moyen sublime de communication de toutes les races et de tous les siècles »[9], le « lien d'association des peuples chrétiens »[10] et l'« instrument de la fraternité des nations »[11]. Elle assure en outre la cohésion interne et la visibilité extérieure d'un appareil souverain confronté à la malédiction de Babel (Gn, 11, 1)[12], c'est-à-dire aux divisions induites par les États modernes. Missel, bréviaire, rituel romains constituent l'unité de langage du corps mystique et du corps social qu'est l'Église en participant de son « affranchissement » « de tant de chaînes de nationalité qui captivaient son action »[13]. L'unité de liturgie vaut donc affirmation du pouvoir souverain qu'est la papauté. L'unité inspirera le respect aux ennemis de

---

siècle missionnaire (XIXe siècle) », *Histoire, Monde et Cultures Religieuses*, n° 7, 2008/3, p. 59–77 ; Claude PRUDHOMME, *Missions chrétiennes et colonisation (XVIe–XXe siècle)*, Paris, Cerf, 2004, p. 95–130.

[7] Prosper GUÉRANGER, *Institutions liturgiques*, Le Mans-Paris, Fleuriot-Sagnier et Bray, 1841, t. 2, p. 724.

[8] Prosper GUÉRANGER, *Institutions liturgiques*, op. cit., t. 3, p. II.

[9] Prosper GUÉRANGER, *Lettre à Mgr l'archevêque de Rheims sur le droit de liturgie*, Le Mans, Fleuriot, 1843, p. 136–137.

[10] Prosper GUÉRANGER, *Institutions liturgiques*, op. cit., t. 3, p. 74.

[11] *Ibid.*, p. 76.

[12] Prosper GUÉRANGER, *Lettre à Mgr l'archevêque de Rheims*, op. cit., p. 137 ; *Défense des Institutions liturgiques*, Le Mans, Fleuriot, 1844, p. XIII. L'image des exilés de Babel qui retrouvent à Saint-Pierre de Rome « l'unité de langage et de pensée » se trouve aussi dans l'*Histoire universelle de l'Église catholique* de l'abbé Rohrbacher, cité dans Richard F. COSTIGAN, *Rohrbacher and the Ecclesiology of Ultramontanism*, Rome, Università Gregoriana, 1980, p. 185.

[13] Prosper GUÉRANGER, *Institutions liturgiques*, op. cit., t. 3, p. IV–VIII ; *Défense des Institutions liturgiques*, op. cit., p. 33 ; *Nouvelle défense des Institutions liturgiques*, 3e partie, Le Mans, Fleuriot, 1847, p. 94–101.

l'Église[14] : « L'unité seule, acceptée dans toutes ses applications, fera notre force et assurera notre triomphe »[15]. Toute « scission liturgique » ruine donc « l'unité catholique »[16].

De cette acception très juridique, voire très politique, de la liturgie, découlent non seulement le refus des rites particuliers, qu'ils soient européens ou non, mais plus encore la négation de toute entorse à l'égard des rubriques, c'est-à-dire les règles des offices et cérémonies, indiquées en rouge et en latin dans les livres liturgiques, parce qu'elles sont fixées « par l'autorité suprême ecclésiastique, le souverain pontife »[17] :

> « Il y a, dans la discipline ecclésiastique, des lois qui doivent se proportionner aux mœurs des sujets, mais les lois liturgiques, par exemple, ne sont pas de ce genre. Elles doivent être exécutées partout, telles que le pontife romain les a promulguées, car elles ne se règlent pas sur des considérations prises dans telle ou telle province, mais sur des considérations d'un ordre supérieur. La discipline ecclésiastique, destinée à réformer les chrétiens dans leurs mœurs et à les élever jusqu'aux actes les plus sublimes de la vie surnaturelle, peut être envisagée sous deux aspects principaux. Il faut qu'elle saisisse l'homme dans ses idées, ses actions, ses habitudes, et pour cela qu'elle se proportionne à lui ; c'est son côté contingent et variable, et c'est par là qu'elle s'assimile fort à propos les coutumes légitimes des divers temps et lieux. Puis, il faut qu'elle initie le fidèle aux mystères sacrés de la Rédemption. Ce dernier côté de la discipline ecclésiastique en est le côté divin, que l'Église doit régler directement par elle-même, et en dehors des inspirations parties d'en bas ; or, c'est ici que se place la liturgie, dont les actions ne sont pas des actions humaines à rectifier, mais des actions toutes divines que l'Église crée, institue et détermine, et dont il est inutile par conséquent de laisser la modification aux temps et lieux[18]. »

---

[14] *Nouvelle défense des Institutions liturgiques*, Le Mans, Fleuriot, 1846, 1ʳᵉ partie, p. 35 ; *Institutions* liturgiques, *op. cit.*, t. 3, p. III.

[15] Prosper GUÉRANGER, *Institutions liturgiques*, *op. cit.*, p. IV ; *Lettre à Mgr l'archevêque de Rheims*, *op. cit.*, p. 29 et 121 ; *Défense des Institutions liturgiques*, *op. cit.*, p. VIII. Elle est « comme un rempart puissant de l'unité catholique », écrira Mgr PARISIS, *De la question liturgique. État de la question au 1ᵉʳ janvier 1846*, Paris, Sirou, 1846, p. 48.

[16] *Nouvelle défense des Institutions liturgiques*, Le Mans, Fleuriot, 1846, 2ᵉ partie, p. 3.

[17] Jean-Baptiste FALISE, *Cérémonial romain. Cours abrégé de liturgie pratique*, Paris, Leroux et Jouby, 1855, p. I.

[18] Mgr Jean-Adrien DE CONNY, *Petit cérémonial romain*, cité dans Jean-François Bergier, *Études liturgiques. Première partie. Étude préliminaire du droit liturgique et de ses rapports avec les plus importantes questions ecclésiastiques*, Besançon, Imprimerie Dodivers, 1860, p. 116–117.

Toutefois, le strict respect des rubriques promu par les dicastères romains et par l'autorité épiscopale, et relayé par différents moyens canoniques (inscription dans les statuts synodaux, surveillance des curés, mise en place de commissions spécialisées, organisation d'examens), ménage une certaine latitude pour des usages particuliers (par exemple, les cantiques), avant ou après les offices, ou dans d'autres exercices du culte : catéchismes, missions ou retraites, cérémonies de confirmation, messes de première communion, messes basses des tournées pastorales.

Une telle conception des cérémonies ecclésiastiques constitue un moyen de repousser les prétentions régalistes et d'éventuelles revendications pastorales propres à un pays ou une région et d'affirmer au contraire la souveraineté absolue du Saint-Siège sur leur déroulement :

« L'ultramontanisme, c'est l'unité, l'unité dans la foi : donc l'unité dans la liturgie, qui exprime, qui réfléchit la foi. Pour qu'elle le fasse bien et en entier, il faut que tous les caractères que la foi présente, la liturgie les offre aussi ; il faut pour cela qu'elle soit réglée comme la foi elle-même, réglée par ce qui règle la foi, réglée où la foi se règle, c'est-à-dire à Rome, par la congrégation des rites, c'est-à-dire, au fond, par le Pape, par le Saint-Siège, seule autorité légitime et compétente pour trancher des questions qui ne sont pas seulement l'affaire d'un évêque, d'un diocèse, de tel ou tel pays, mais de la chrétienté entière, de toute l'Église[19]. »

Or ce sont ces caractères d'ecclésialité et de supranationalité, dévolus à la seule papauté, qui font de la liturgie romaine la seule liturgie réellement et proprement universelle :

« Cette Liturgie est souveraine dans l'Église latine de toutes les parties du monde. Les lointaines missions de la Chine, de l'Océanie, des rivages africains, de l'Amérique, la suivent. Partout où la catholicité fonde de nouvelles colonies de chrétiens, le missel, le bréviaire et le rituel de Rome sont les livres liturgiques[20]. »

---

[19] *Le Semeur. Journal philosophique et littéraire*, 20 octobre 1847, t. 16, n° 42, p. 312.

[20] Jean-Baptiste-Étienne PASCAL, *Origines et raison de la liturgie catholique en forme de dictionnaire*, t. 8 de l'Encyclopédie théologique publiée par Jacques Paul Migne, Petit-Montrouge, 1846, col. 723 ; Prosper GUÉRANGER, *Institutions* liturgiques, *op. cit.*, t. 2, p. 741 et *Le Semeur, op. cit.*, p. 331.

Le Corrèze comme le Zambèze ? La question liturgique sous les tropiques

La question liturgique sous les tropiques participe du mouvement qui s'observe au même moment dans les diocèses de la métropole. Les prolégomènes en sont assez largement identiques. Jusqu'à 1840–1850, les nouvelles chrétientés sont elles aussi confrontées à la « bigarrure » que dénonçaient les rubricistes du XIXe siècle, et avant eux, mais dans un autre point de vue, les partisans de l'*Aufklärung*, puisque les missionnaires avaient amené avec eux les livres liturgiques des différentes congrégations auxquelles ils appartenaient ou ceux de leurs diocèses d'origine. Arrivé à la Guadeloupe en 1839, l'abbé Lamache dénonce « le désordre » qui règne dans « la liturgie, le chant, la solennité des offices », avec la coexistence du rite romain et du rite parisien, et un certain nombre de discontinuités rituelles en particulier dans l'administration des sacrements. Joseph Bard écrit que, sous l'épiscopat du premier évêque d'Alger, Mgr Dupuch, « tout était précaire dans l'organisation de ce diocèse, incertain dans sa liturgie, indécis dans sa discipline, confus dans sa hiérarchie »[21].

Tout autant de discontinuités qui deviennent insupportables selon une chronologie comparable à la métropole. Dès novembre 1847, le préfet apostolique de la Guadeloupe avait cherché à imposer la liturgie romaine dans toutes les paroisses de l'île[22]. Peu de temps après, les nouveaux diocèses érigés en 1850 (Saint-Denis, Fort-de-France, Basse-Terre) suivent la liturgie romaine. En participant au mouvement synodal (les diocèses d'outre-mer sont rattachés à la province de Bordeaux ; celui d'Alger, érigé en 1838, est rattaché à la province d'Aix, publie des statuts en 1849 et organise un synode en 1853), leurs évêques entendent parfaire l'unité et se conformer en tout à ce que prescrit le rituel romain (sur le transport du viatique aux malades, sur l'exposition du Saint-Sacrement).

La romanisation s'y déploie avec d'autant plus de facilité qu'en métropole qu'il n'y a pas ici de coutume diocésaine légitime à opposer et que l'unité apparaît comme un besoin plus impérieux à la fois des raisons pratiques et apologétiques, en particulier dans les zones de concurrence

---

[21] J. LAMACHE, *Mémoire présenté à M. le ministre de la marine*, 1843, p. 51 ; Joseph BARD, *L'Algérie en 1854. Itinéraire général de Tunis à Tanger*, Paris, Maison, 1854, p. 8.

[22] Philippe DELISLE, *Histoire religieuse des Antilles et de la Guyane françaises. Des chrétientés sous les tropiques ? (1815–1911)*, Paris, Karthala, 2000, p. 190.

avec les missions protestantes. Les missionnaires, souvent issus de terres de chrétienté les plus romaines, sont acquis par avance à l'unité liturgique, qu'ils soient comtois comme l'abbé Pierre-François Néron qui, depuis le Tonkin, se félicite de l'adoption de la liturgie romaine dans son diocèse natal[23] ou savoyard comme l'abbé Truffet, spiritain, élu vicaire apostolique de la Guinée en 1847. En outre, les missionnaires français relevant de la *Propaganda* seraient, de par leur position canonique, moins soumis aux prétentions régalistes de l'État et aux influences gallicanes de l'épiscopat, en tout cas plus enclins à régler leur conduite sur les décisions des congrégations romaines, alors que pour la masse du clergé paroissial, ce n'est pas le cas avant au moins 1840. Les ordres missionnaires délivrent dans leur séminaire un enseignement très tôt favorable aux doctrines romaines et à l'unité liturgique : le bréviaire romain réimprimé par Méquignon en 1827 a été supervisé par l'abbé Langlois, supérieur des MEP ; le père Léon Le Vavasseur, professeur de liturgie et de chant au séminaire des colonies depuis 1849, publie le *Cérémonial selon le rite romain* de Baldeschi à partir de 1857. D'autant que certains appartiennent à des réseaux volontiers militants animés par le père Gaultier[24], professeur au séminaire du Saint-Esprit, ou le père d'Alzon, fondateur et supérieur des Augustins de l'Assomption. Même le travail d'un gallican comme l'abbé Lecourtier, curé des Missions étrangères et auteur d'un *Manuel de la messe* (1835), est salué par Mgr Parisis. La dimension internationale des ordres missionnaires nourrit le besoin d'unité liturgique : c'est ainsi que le supérieur général des lazaristes annonce, le 1er novembre 1851, l'adoption de la liturgie romaine et sollicite du pape un décret pour que la récitation du bréviaire puisse se faire au même moment par tous les membres de la compagnie[25]. Dès la fusion avec la Société du Saint-Cœur de Marie en

---

[23] Lettre du 19 novembre 1857, aimablement communiquée par M. Claude Bosc, archiviste du diocèse de Saint-Claude.

[24] Daniel MOULINET, « Un réseau ultramontain en France au milieu du XIXe siècle », *Revue d'histoire ecclésiastique*, vol. 1, 1997, p. 70–125 ; Bernard NOËL, « Mathurin Gaultier, professeur au séminaire du Saint-Esprit, Jacques-Paul Migne, son ami et la lutte contre les idées gallicanes », dans Paul COULON (dir.), *Claude-François Poullart des Places et les spiritains. De la fondation en 1703 à la restauration par Libermann en 1848. La congrégation du Saint-Esprit dans son histoire*, Paris, Karthala, 2009, p. 563–588.

[25] Le décret accordé par le pape le 22 août 1851 fixe une heure à laquelle tous les missionnaires peuvent réciter en même temps les matines du lendemain, à trois heures de l'après-midi depuis Pâques jusqu'à la Toussaint, et à deux heures depuis la Toussaint jusqu'à Pâques.

1848, la congrégation du Saint-Esprit adopte la liturgie romaine pure (en obtenant le droit de suivre le bréviaire *ut Romae recitatur* et en faisant venir de Rome des manuels de cérémonies) et le plain-chant restauré, sous la houlette du père Libermann et du père Lannurien[26].

D'autres liturgistes expliquent même que les populations culturellement les plus frustes, que ce soit les paysans du plateau de Langres ou les indigènes d'outre-mer, sont les plus disposées à cette romanisation :

> « Les populations les plus simples offrent plus de ressources que celles qui se croient civilisées ; parce que d'abord elles sont plus dociles, parce qu'ensuite, ne connaissant pas la musique mondaine, elles concentrent plus volontiers toutes leurs affections dans les saintes harmonies de l'Église, parce qu'enfin, comme le dit l'Écriture, tout ce qui tient au langage de la foi est plus intelligible aux âmes simples qu'aux esprits superbes[27]. »

Conçue sous les auspices de Mgr Gousset par l'abbé Tesson, directeur des MEP[28], l'édition rémo-cambraisienne[29] reçoit un accueil chaleureux de la part des partisans de la liturgie romaine comme Mgr Parisis qui l'introduit à Arras, le chanoine de Conny, vicaire général de Moulins, ou dom Guéranger, membre de la commission du Mans, d'autant qu'elle peut exciper d'un bref pontifical du 23 août 1854.

---

[26]   Philippe LEVILLAIN, Philippe BOUTRY et Yves-Marie FRADET (dir.), *150 ans au cœur de Rome. Le Séminaire français (1853–2003)*, Paris, Karthala, 2004, p. 26 ; Roger BILLY et Étienne OSTY (dir.), *Le Père Louis-Marie Lannurien (1823–1854). Spiritain, disciple de Libermann. Fondateur du Séminaire français de Rome*, Paris, Karthala, 2004, p. 60–61 ; Paul COULON (dir.), *Claude-François Poullart des Places et les spiritains, op. cit.*, p. 579.

[27]   *Instruction pastorale de Monseigneur Parisis, évêque de Langres, sur le chant de l'Église, précédée De la question liturgique par le même prélat*, Bruxelles, Revue de Bruxelles, 1846, p. 51–52.

[28]   La commission est composée en outre du P. Gaultier, du séminaire du Saint-Esprit, des abbés Bandeville, aumônier du lycée de Reims, Tonzé, vicaire à Saint-Gervais, Simon, curé de Notre-Dame à Tourcoing, Crombes, missionnaire apostolique, et Dupont, curé de Fenain du diocèse de Cambrai. Voir le *Rapport à S. E. le cardinal Gousset, archevêque de Reims au nom de la commission chargée de préparer la nouvelle édition du graduel et de l'antiphonaire*, mars 1851, signé par l'abbé Tesson, AAV, Segr. di Stato, anno 1856, rubrica 248, ff. 45–51.

[29]   Voir les manipulations de la commission dans Xavier BISARO, « La plume ou le goupillon ? – Le manuscrit H 159 de Montpellier entre érudition et restauration grégorienne », dans Xavier BISARO et Rémy CAMPOS (dir.), *La musique ancienne entre historiens et musiciens*, Genève, Droz, 2014, p. 17–61.

L'édition rémo-cambraisienne du chant est en vigueur dans des diocèses comme Saint-Denis, Basse-Terre, Fort-de-France, ainsi que dans les établissements des ordres religieux comme la congrégation du Saint-Esprit, la congrégation des Sacrés-Cœurs de Jésus et Marie (religieux de Picpus) et les Missions étrangères de Paris[30].

Il n'est dès lors pas étonnant que, d'après un inventaire établi en 1843, la bibliothèque du collège général des Missions étrangères de Paris, à Penang (Malaisie), ne contient que des ouvrages classiques de droit canon (rituel de Toulon) et des manuels d'obédience romaine (*rituale romanum, graduale romanum*). Dès 1874, le règlement de la Société imposait déjà aux missionnaires de suivre, « en tout et uniquement, autant que les circonstances le permettent, les lois, les rites, les cérémonies et la discipline de notre sainte mère l'Église Catholique Romaine »[31]. En 1851, le père Mériais, de la Société de Marie, à Wallis demande qu'on lui envoie de quoi enseigner la liturgie romaine à savoir le cérémonial romain, le cérémonial des évêques, le *rationale divinorum officiorum*, un *directorium chori* pour le chant, le *sacerdotale romanum* en guise de rituel et un recueil de décrets récemment imprimés[32]. L'abbé Theurel des MEP donne en 1876 une version imprimée à Ke-so (Vietnam) du cérémonial romain de l'abbé Falise. En 1883, le Saint-Siège publie l'instruction *Quae a praesulibus* qui oblige les vicaires apostoliques en Chine à observer les règles à la romaine au sujet de l'ouverture de petits et de grands séminaires, la liturgie, la formation sacerdotale et la catéchèse[33].

---

[30] Nicolas CLOET, *Examen du Mémoire sur les chants liturgiques du R.P. Lambillotte ou réponse au R.P. Dufour*, Paris, Didron, 1857, p. 108.

[31] Bernard PATARY, *Homo Apostolicus. La formation du clergé indigène au Collège général des Missions étrangères de Paris, à Penang (Malaisie) (1808–1968) : institution et représentations*, thèse de doctorat, Université Lyon II, 2009, http://theses.univ-lyon2.fr/documents/lyon2/2009/patary_b.

[32] Charles GIRARD, *Lettres reçues d'Océanie par l'administration générale des pères maristes pendant le généralat de Jean-Claude Colin*, Paris-Rome, Karthala-Société de Marie, vol. 8, 2009, p. 398. L'auteur de l'appareil critique renvoie à un *Decretum sacrae congregationis de Propaganda Fide*, mais il se peut qu'il s'agisse plutôt du volume des décrets de la Congrégation des rites publié par l'abbé Falise.

[33] Claude PRUDHOMME, *Stratégie missionnaire du Saint-Siège sous Léon XIII (1878–1903). Centralisation romaine et défis culturels*, Rome, École Française de Rome, 1994, p. 201–220.

Le gouvernement des rites

Dans leur lutte contre toutes les formes de régalisme et d'épiscopalisme, les militants de l'ultramontanisme assoient définitivement la suprématie pontificale en matière de liturgie[34] : en considérant les rites sur un plan ecclésiologique, voire juridique, mondialisé, ils en viennent à minorer les questions d'ordre culturel. Un disciple de dom Guéranger, l'abbé Jean-François Bergier, explique que « cette bonne Mère, pleine d'indulgence pour la faiblesse humaine, n'a pas empêché du tout les payens de conserver, autant que faire se pouvait, certaines coutumes auxquelles ils étaient habitués, et elle les leur a laissées, après leur conversion, à condition qu'ils donneraient à ces actes, matériellement les mêmes, un tout autre objet, et une tout autre fin »[35]. Il cite à l'appui de son propos l'exemple du rite chinois promu par les jésuites dont « le principe lui-même était bon et inattaquable ». Un autre liturgiste, l'abbé Pascal, range le chinois parmi les langues liturgiques, même si elle n'est pas utilisée, et souhaite, à la suite du père Lebrun, que la messe en chinois soit autorisée par la *Propaganda Fide*[36].

[34] Vincent PETIT, *Église et nation. La question liturgique en France au XIXᵉ siècle*, Rennes, PUR, 2010 ; Vincent PETIT, « De la modernité en religion : l'invention de la norme liturgique à travers le cas du monde francophone (France, Suisse, Belgique, Canada) », *Schweizerische Zeitschrift für Religions-und Kulturgeschichte. Revue suisse d'histoire religieuse et culturelle*, 105, 2011, p. 487–508.

[35] Jean-François BERGIER, *Études liturgiques, op. cit.*, p. 253.

[36] Jean-Baptiste-Etienne PASCAL, *op. cit.*, col. 723. Sur la question des rites chinois : Louis Tsing-sing WEI, *La politique missionnaire de la France en Chine (1842–1856). L'ouverture de cinq ports chinois au commerce étranger et la liberté religieuse*, Paris, Nouvelles Éditions Latines, 1961 ; François BONTINCK, *La lutte autour de la liturgie chinoise aux XVIIᵉ et XVIIIᵉ siècles*, Louvain-Paris, Nauwelaerts, 1962 ; René ÉTIEMBLE, *Les jésuites en Chine. La querelle des rites (1552–1773)*, Paris, Julliard, 1966 ; Joseph BRUCKER, « Chinois (Rites) », dans *Dictionnaire de Théologie Catholique*, vol. 2/2, Paris, Letouzey et Ané, 1932, col. 2364–2391 ; Henri BERNARD-MAITRE, « Chinois (Rites) », *Dictionnaire d'Histoire et de Géographie Ecclésiastiques*, t. 12, Paris, Letouzey et Ané, 1953, col. 731–741 ; Eugène JARRY, « La querelle des rites », dans Simon DELACROIX (dir.), *Histoire universelle des missions catholiques*, vol. 2, Paris, Grund, 1957, p. 337–352 ; Johannes ROMMERSKIRCHEN, « Riti, Questione dei », *Enciclopedia Cattolica*, Cité du Vatican, 1963, vol. 10, col. 995–1005 ; Georg MINAMIKI, *The Chinese rites controversy: from its beginning to modern times*, Chicago, Loyola University Press, 1985.

La conception juridique de la liturgie et le rôle juridictionnel dévolu à la papauté dans ce domaine introduit tout de même une dynamique, non pas de l'adaptation mais de l'exception. En effet, comme le dit le pape Pie IX lors d'un consistoire secret tenu le 19 décembre 1853 :

> « L'Épouse sans tache de Jésus-Christ est distinguée par une sorte de variété admirable qui ne nuit point à l'unité, c'est-à-dire que l'Église, qui n'est circonscrite dans aucune limite de pays, embrasse tous les peuples et toutes les nations, liées ensemble par l'unité et l'accord de la foi, quoique différentes de mœurs, de langues et de rites, approuvés néanmoins par l'Église romaine, mère et maîtresse de toutes les autres[37]. »

L'appel à Rome et à ses dicastères ouvre la voie à la satisfaction possible de certaines revendications, fût-ce sous un statut dérogatoire. La primauté donnée à l'unité ecclésiologique autorise paradoxalement un relatif desserrement de l'unité rituelle, puisque les exceptions, même minimes, procèdent dès lors de l'autorité d'un appareil de gouvernement en voie de rationalisation : les terres de mission participent pleinement de ce processus, par exemple lorsque les églises de Guinée et de Sénégambie demandent et obtiennent l'autorisation de faire les encensements, au moins les jours solennels, aux messes chantées sans diacre et sous-diacre[38]. De ce point de vue, la compétence territoriale dévolue à la *Propaganda* et la compétence thématique de la congrégation des rites se recoupent sans se contredire. La dimension universelle de la congrégation des rites explique que l'essentiel de son activité s'adresse aux évêques et prêtres des diocèses, y compris ceux qui relèvent, jusqu'au pontificat de Pie X, soit de la *Propaganda*, soit de la congrégation des Affaires ecclésiastiques extraordinaires[39]. Les vicariats et préfectures apostoliques sont concernés par tout au plus une quinzaine de décrets, sur plus d'un millier, entre 1851 et 1911. En outre, son activité tend à privilégier une approche toujours plus globale, comme en témoigne l'augmentation des textes généraux (instructions, décrets, circulaires, *dubia*), qui constituent 26,6 % des

---

[37] Jean-François BERGIER, *Études liturgiques, op. cit.*, p. 119.

[38] Cité dans Théodore BOULANGE, *Cérémonial romain à l'usage des églises paroissiales et des chapelles publiques*, Le Mans, Gallienne, 1858, p. 38.

[39] Claude PRUDHOMME, *Stratégie missionnaire, op. cit.*, p. 343–345 ; Giovanni PIZZORUSSO, « Agli antipodi di Babele. Propaganda Fide tra immagine cosmopolita e orizzonti romani (XVII–XIX secolo) », dans Luigi FIORANI et Adriano PROSPERI (dir.), *Roma la città del papa. Vita civile e religiosa dal Giubileo di Bonifacio VIII al Giubileo di Papa Wojtyla*, Turin, Einaudi, 2000, p. 476–518.

décrets pour 1900–1911 contre 15,6 % pour 1871–1899 et 4,4 % pour 1851–1870, et celle des décrets adressés aux congrégations religieuses, ordres monastiques et communautés de missionnaires (de 8,5 % en 1851–1870 à 20,1 % en 1900–1911). Sur le terrain, l'uniformisation rituelle est assurée par la *Propaganda Fide*, avant même la plus forte centralisation qui s'observe sous le pontificat de Léon XIII[40] et la réforme de la Curie avec la constitution *Sapienti consilio*[41] promulguée par Pie X en 1908. Dès 1877, par le moyen de questionnaires adressés aux vicaires et aux délégués apostoliques, la *Propaganda Fide* entend assurer une parfaite uniformisation pour tout ce qui touche les exercices du culte et la liturgie[42]. Le renouvellement régulier de facultés spéciales octroyées aux vicaires apostoliques résidant dans les terres de missions constitue l'occasion de vérifier si cette exigence a été remplie.

Cependant, l'application de la législation pontificale est assurée moins par une voie administrative et hiérarchique que par une pratique d'autorégulation[43] des missionnaires, propre à une culture d'état[44], issue de leur formation dans les séminaires, tant métropolitains que coloniaux[45], et de la mise à disposition de manuels. Les décrets de la congrégation

---

[40]   François JANKOWIAK, *La Curie romaine de Pie IX à Pie X. Le gouvernement central de l'Église et la fin des États pontificaux*, Rome, École Française de Rome, 2007, p. 250–254 ; Claude PRUDHOMME, « Centralité romaine et frontières missionnaires », *MEFRIM*, 109/2, 1997, p. 487–504 ; Claude PRUDHOMME, « Stratégie missionnaire et grande politique sous Léon XIII. Le heurt des logiques », dans Vincent VIAENE (dir.), *La papauté et le nouvel ordre mondial. Diplomatie vaticane, opinion catholique et politique internationale au temps de Léon XIII*, Leuven, Leuven University Press, 2005, p. 351–379 ; François JANKOWIAK, « La curie romaine au temps de Léon XIII. Hommes et structures d'un gouvernement sans État », *ibid.*,p. 69–99.

[41]   Giorgio FELICIANI, « La riforma della Curia romana nella costituzione apostolica "Sapienti consilio" del 1908 e nel Codice di diritto canonico del 1917 », *MEFRIM*, 116/1, 2004, p. 173–187.

[42]   Claude PRUDHOMME, « Centralité romaine et frontières missionnaires », *art. cit.*, p. 490–491.

[43]   Claude PRUDHOMME, « Stratégie missionnaire et grande politique », *art. cit.*, p. 357.

[44]   Philippe BOUTRY, « "Vertus d'état" et clergé intellectuel : la crise du modèle "sulpicien" dans la formation des prêtres français au XIXᵉ siècle » *Problèmes d'histoire de l'éducation*, Rome, École française de Rome, 1988, p. 207–228.

[45]   Bernard PATARY, *op. cit.* ; « Dans ce grand séminaire [Pondichéry], les études sont exactement celles qui se font en France, et pour tout on suit les prescriptions du droit canon » (1924) : Catherine MARIN (dir.), *La Société des Missions étrangères de Paris. 350 ans à la rencontre de l'Asie (1658–2008)*, Paris, Karthala, 2011, p. 105.

des rites font l'objet de plusieurs éditions à partir du travail de Luigi Gardellini, assesseur de la congrégation des rites et vice-promoteur de la foi[46]. Les MEP utilisent le recueil manuscrit puis autographié des constitutions et des décrets qui traitent des questions relatives aux missions, composé à Rome à partir de 1792 par l'abbé Boiret, ancien missionnaire en Cochinchine[47], jusqu'à l'édition en 1880 des *Collectanea constitutionum, decretorum, indultorum ac instructionum Sanctæ Sedis ad usum operariorum apostolicorum societatis missionum ad exteros* de l'abbé Rousseille, qui avait été reçu directeur au séminaire des MEP en 1860 où il enseignait la liturgie[48]. En 1893, c'est la *Propaganda Fide* qui reprend à son compte les *Collectanea*. La discipline sacramentelle occupe les deux tiers de cette sélection des décrets et instructions destinée aux missionnaires et émise par la *Propaganda Fide*, mais aussi le Saint-Office pour les aspects plus disciplinaires et la congrégation des rites pour les aspects plus techniques et les questions calendaires. La jurisprudence des trois dicastères est parfaitement cohérente et s'inspire, en tout cas sur ce point, du même mécanisme : consultations sur saisine, résolutions de *dubia*, octroi d'indults. Cette unité est moins le produit d'échanges officiels, très rares, que du recours aux mêmes experts (les maîtres des cérémonies pontificales, le pape lui-même) et d'une certaine porosité de leur personnel respectif (entre 1814 et 1846, quatre consulteurs siègent à la fois à la Congrégation des rites et à la *Propaganda*, dont Luigi

---

[46] Les décrets authentiques de la congrégation des rites ont été publiés par Luigi Gardellini (6 vol., 1808–19 ; 2ᵉ éd., 7 vol., 1820–26 ; 3ᵉ éd., 4 vol., 1856–58, avec suppléments), reprise par Wolfgang Mühlbauer (4 vol. 1863–67, avec suppléments). Une édition par ordre alphabétique est faite par l'abbé Jean-Baptiste Falise à Liège en 1850 (réédités en 1851 et 1854, une 4ᵉ éd. en 1862). L'abbé Barbier de Montault publie une *Collection des décrets authentiques des Sacrées Congrégations romaines consacrée à la Sacrée Congrégation des Rites* (8 vol.) en 1869–71. Ce travail sert de référence à l'abbé Étienne Girou, auteur d'un *Manuel des décrets de la Sacrée Congrégation des Rites, annotés et classés méthodiquement* en 1902. La collection officielle est publiée entre 1898 et 1901 en 5 vol. (avec 1 vol. supplémentaire en 1912 et un autre en 1928).

[47] *Compendium excerptum e plurimis Summorum Pontificum constitutionibus, sacrarumque Congregationum Sancti-Officii et de Propaganda Fide decretis ac responsis, circa casus in missionibus Sinarum, Tunkini, Cocincinæ, Siami, etc., occurrentes. Ad usum episcoporum, vicariorum apostolicorum et missionariorum in prædictis locis sacrum ministerium exercentium*, Paris, Simon, 1863.

[48] Il a laissé un cahier manuscrit (archives des MEP, cote : 163) intitulé *Liturgie* datant de 1860 et publié plusieurs opuscules sur les fonctions et les rubriques liturgiques.

Gardellini[49]. Elle s'inspire également d'un même invariant : respecter autant que possible les prescriptions et les formules contenues dans les livres liturgiques romains, à moins d'obtenir une dispense territoriale ou personnelle. Les quelques discontinuités par rapport au cérémonial et au rituel concernent les défauts de matière (absence de vin pour célébrer la messe, d'huile pour donner le baptême, de lin et de chanvre pour les linges liturgiques, de cire d'abeille pour les luminaires)et des accommodements liés à certaines particularités climatiques (comme la possibilité pour un missionnaire d'avancer avant l'aurore ou retarder après-midi l'heure de la messe, de la célébrer sur un navire, de décaler la procession du Saint-Sacrement à cause de la mousson). La variété des situations explique la survivance de cas complexes, comme celui soumis à la congrégation des rites par la *Propaganda* en 1870 à propos d'une bénédiction nuptiale non conforme au rituel romain importée dans le vicariat apostolique de Madras par des missionnaires irlandais. Mais ni la *Propaganda Fide* ni la congrégation des rites ne fondent de droit spécifique en faveur des missions.

Par exemple, l'emploi du latin, même s'il peut poser problème pour les nouveaux convertis, ne souffre d'aucune exemption. Toutefois, dans l'administration du sacrement du baptême, les missionnaires ont le droit de doubler les formules latines en langue vernaculaire et d'interroger parrains et marraines en annamite (Cochinchine Occidentale 1879), mais il s'agit ici de la reconnaissance d'une coutume au même titre que l'indult accordé au diocèse de Paris en 1891. L'usage d'interrompre les cérémonies du baptême solennel des adultes pour expliquer ces cérémonies en langue vernaculaire est prohibé. Comme l'explicite toute la législation de la congrégation des rites, les cantiques en langue vulgaire sont interdits au cours des offices liturgiques, mais possibles en dehors. Des prières ou hymnes en langue vulgaire peuvent être autorisées, mais uniquement pour la messe basse, au contraire de la messe solennelle. Les prêtres indigènes qui maîtrisent mal le latin peuvent réciter, au lieu des

---

[49]   Philippe BOUTRY, *Souverain et Pontife. Recherches prosopographiques sur la Curie romaine à l'âge de la Restauration (1814–1846)*, Rome, École Française de Rome, 2002. Voir aussi Josef METZLER, « Präfekten und Sekretäre im Zeitalter der neueren Missionära (1818–1918) », dans Josef METZLER (dir.), *Sacrae congregationis de Propaganda Fide memoria rerum 1622–1972*, Rome/Fribourg, Herder, 1975, vol. III/1, p. 30–66.

offices du bréviaire, le petit office de la Vierge, qui peut être fait en langue vulgaire, à condition que la traduction ait été approuvée par l'ordinaire.

Le processus de romanisation porté par le premier mouvement liturgique implique que les décrets des différentes congrégations romaines soient traduits, classés, interprétés et surtout considérés comme des lois, en partant de l'analogie entre droit civil et droit canon, entre État et Église[50]. L'abbé François-Xavier Marette (il a été missionnaire au Tonkin Occidental entre 1828 et 1841 et qui, en 1853 et 1857, sert d'intermédiaire dans les archives et bibliothèques romaines pour le clergé français soucieux de disposer d'informations à la source[51]) explique que les décrets authentiques de la Propagande ont force de constitutions apostoliques et que ceux de la congrégation des rites obligent aussi, à condition qu'ils aient été officiellement publiés, ce qu'il estime être le cas depuis Gardellini. L'uniformisation liturgique est conçue dès l'origine comme une obligation missionnaire. En juin 1839, Mgr Retord, vicaire apostolique au Tonkin occidental, écrit de ses fidèles : « Tous suivent le rite latin de la sainte mère Église catholique, apostolique et romaine. S'il y a quelques diversités, elles sont de peu d'importance et pour la plupart elles tirent leur origine des privilèges conférés par le Saint-Siège[52]. » Le Code de droit canonique de 1917 confirme un état de fait plus qu'il ne le crée, en assimilant les vicaires et préfets apostoliques aux évêques (cn 293–312) et les curés de missions appelés quasi-curés (cn 451, 216§ 2) aux curés, et en les astreignant aux mêmes obligations cultuelles[53].

Le processus d'unité rituelle, produit d'une ecclésiologie intransigeante, affecte tout autant les territoires d'Afrique, d'Océanie et d'Asie que les pays de vieille chrétienté, et sans doute avec davantage d'intensité encore. Car la différenciation culturelle, quand elle est explicitée, ne sert pas à exonérer les terres de mission des règles qui s'appliquent pour la célébration

---

[50] Vincent PETIT, « Béni soit le Léviathan ? Les liturgies catholiques et la souveraineté de l'État (fin XVIII–début XIXe siècle) », *art. cit.*

[51] C'est lui qui, dans l'introduction de Victor-Daniel BOISSONNET, *Dictionnaire dogmatique, moral, historique, canonique, liturgique et disciplinaire des décrets des diverses congrégations romaines* (t. 26 de la Nouvelle encyclopédie théologique de Jacques Paul Migne), Petit-Montrouge, 1852, col. 31–70, explique le fonctionnement de la congrégation des rites.

[52] Adrien LAUNAY, *Mgr Retord et le Tonkin catholique (1831–1858)*, Lyon, Emmanuel Vitte, 1893, p. 125.

[53] Louis STERCKY, *Manuel de liturgie et cérémonial selon le rit romain, par les PP. Léon Le Vavasseur et Joseph Haegy*[…], 17e éd., Paris, Gabalda, 1940, t. 1, p. 366.

du culte et l'administration des sacrements, même si demeurent certaines exceptions. À partir des années 1950, une théologie contemporaine qui entend se fixer une « tâche universelle, unifiée [...] et mondiale »[54], dont se réclame le second mouvement liturgique – mouvement international qui a des objectifs transnationaux[55] –, entend approfondir ce processus d'unité au nom de l'exigence de participation des fidèles : la conception pastorale de la liturgie implique l'intégration des discontinuités rituelles dans un culte rénové. Ce changement de paradigme liturgique, parce que pastoral, s'explique lui aussi par les évolutions du contexte historique – et les deux conflits mondiaux n'y sont pas pour rien. Après la publication des encycliques *Maximum illud* (1919) et *Rerum Ecclesiae* (1926), les Églises asiatiques connaissent une période de réformes importantes : la *Propaganda Fide* lève l'interdiction de rites chinois (hommage rendu aux ancêtres et à Confucius) en 1935 pour l'Église mandchoue, en 1936 pour l'Église japonaise et, finalement le 8 décembre 1939, pour toute l'Église chinoise. Le pape Pie XII publie l'encyclique *Summi pontificatus* (20 octobre 1939) pour souligner l'attention que l'Église universelle doit porter aux coutumes traditionnelles locales de tous les peuples, ouvrant la voie à la mise en chantier d'une théorie de l'inculturation.

Liturgie missionnaire et réformes liturgiques

La Semaine internationale d'études qui a lieu du 12 au 18 septembre 1959 à Nimègue et Uden aux Pays-Bas est une des nombreuses manifestations du dynamisme réformiste qui précède et prépare la réunion du concile de Vatican II. Dès avant, les encycliques *Mystici Corporis* (1943) et *Mediator Dei* (1947), ainsi que les premières réformes de la liturgie, que ce soit la restauration de la vigile pascale (1951) puis la réforme de la Semaine Sainte (1955) ou celle de la discipline du jeûne eucharistique (1952), ont encouragé l'expression de certaines revendications de même nature que

---

[54] Augustin Kerkvoorde et Olivier ROUSSEAU, *Le mouvement théologique dans le monde contemporain*, Paris, Beauchesne, 1969, p. 35. L'adjectif unifié est écrit avec des guillemets. Sur le contexte intellectuel, Étienne FOUILLOUX, *Une Église en quête de liberté. La pensée catholique française entre modernisme et Vatican II (1914– 1962)*, Paris, DDB, 1998.

[55] Vincent PETIT, « D'un siècle l'autre : réflexions sur deux mo(uve)ments liturgiques », Bruno DUMONS, Vincent PETIT, Christian SORREL (dir.), *Liturgie et société (XIXᵉ–XXᵉ siècles)*, *op. cit.*, p. 13–29.

dans les diocèses de vieille chrétienté, en particulier l'emploi de la langue vernaculaire dans le déroulement des offices. Les textes sur la musique et le chant sacré, comme l'encyclique *Musicae sacrae disciplina* (1955) et l'instruction *De musica sacra* (1958), avaient insisté sur les spécificités du monde missionnaire, tout en distinguant les « populations ayant une culture humaine, parfois millénaire et très riche, et celles qui n'ont pas encore atteint un degré de culture assez élevé »[56]. La traduction du rituel romain en langue vernaculaire, accordée aux diocèses germanophones en 1937 et francophones (ce qui inclut l'île Maurice) en 1947, l'est aussi à ceux des missions : dès 1941, la *Propaganda* a donné des directives en ce sens et, en 1949, le pape a ordonné la création d'un comité dans chaque délégation apostolique pour superviser l'opération, d'où la promulgation du rituel en hindoustani, en bambara, en swahili[57]. Cette semaine internationale prolonge une réunion de représentants venus des pays de mission qui s'était tenue la veille du Congrès international de liturgie d'Assise en septembre 1956[58] et constitue donc en quelque sorte une excroissance du mouvement liturgique européen, dont elle accompagne la dynamique propre, en militant pour la création de centres de pastorale liturgique et la rédaction de manuels. Elle l'est tout autant à travers ses acteurs institutionnels – que ce soit l'Institut liturgique de Trèves ou le secrétariat liturgique interdiocésain de Nimègue –, ses experts, avec le père Jungmann et le père Gelineau pour ne citer que les plus célèbres, et son rayonnement au sein des épiscopats allemand et néerlandais. La session assure aussi la convergence avec le mouvement missiologique néerlandais et belge[59], avec la présence active de Mgr Alphonse Mulders et d'André Seumois, omi. La cheville ouvrière en est le jésuite autrichien,

---

[56] Maria PAIANO, *Liturgia e società nel Novecento. Percorsi del movimento liturgico di fronte ai processi di secolarizzazione*, Rome, Edizioni di storia e letteratura, 2000, p. 256–260 ; *Sur la musique sacrée et la liturgie. De Musica Sacra (3 septembre 1958)*, Paris, Éditions de la Bonne Presse, 1959, p. 56.

[57] Mgr GERLIER, « Les rituels bilingues et l'efficacité pastorale des sacrements », *La Maison-Dieu*, 47–48, 1956, p. 83–97.

[58] Voir la communication de Mgr Guillaume VAN BEKKUM, vicaire apostolique de Ruteng (Indonésie), « Le renouveau liturgique au service de missions », reproduite dans *La Maison-Dieu*, 47–48, 1956, p. 155–176.

[59] Jean PIROTTE, « D'une missiologie "confessante" à une missiologie "distanciée". Les études missiologiques en Belgique au XXᵉ siècle », *Bilan et perspectives en histoire missionnaire (France, Belgique, Pays-Bas, Italie), Histoire et Missions Chrétiennes*, nº 1, mars 2007, p. 51–62. Voir aussi *Liturgie en mission. Rapports et compte rendu de la XXXIIIᵉ semaine de missiologie*, Louvain 1963.

Johannes Hofinger[60], élève de Jungmann, professeur au séminaire chinois de Manille et auteur de nombreux ouvrages dont *La pastorale liturgique en chrétienté missionnaire* paru en 1959 en anglais, allemand et français.

Le congrès, dans les résolutions et les débats auxquels il donne lieu, exprime les lignes de force réformatrices portées par le mouvement liturgique : l'importance d'une éducation liturgique, l'usage de la langue vivante[61], la restauration de l'*oratio fidelium* et de la procession de l'offertoire[62], la restauration du diaconat permanent, l'introduction de la messe dialoguée, la célébration face au peuple. La tonalité dominante des rapports insiste sur la dimension kérygmatique et catéchétique[63] afin « de donner à la liturgie son maximum de rendement comme valeur d'enseignement et d'éducation »[64]. De ce point de vue, et même si à plusieurs reprises les congressistes dénoncent le caractère trop occidental de la liturgie romaine[65], ils déplorent le retard du renouveau liturgique dans le monde missionnaire[66] en raison de la formation insuffisante des missionnaires et de l'incompréhension des fidèles.

La volonté d'abréger, simplifier, réformer ne procède pas d'une singularité exotique, mais du primat donné à la pastorale liturgique, en particulier la signification communautaire de la messe[67] : l'assimilation entre liturgie et mission (au sens large du terme) amène à distinguer plus encore l'avant-messe (appelée aussi messe des catéchumènes ou liturgie de la parole) et la messe-sacrifice[68], mais aussi la messe populaire, avec chant du peuple en langue vulgaire, et les messes plus solennelles, tout en

---

[60]   http://www.talbot.edu/ce20/educators/catholic/johannes_hofinger/ Il sera nommé consulteur de la commission conciliaire préparatoire de liturgie (*Osservatore Romano*, 26 août 1960).

[61]   *Missions et liturgie. Rapports et compte rendu de la première semaine internationale d'études de liturgie missionnaire*, Bruges, Abbaye de Saint-André-Desclée de Brouwer, 1960, p. 12 et 31–34.

[62]   Anne-Marie PETITJEAN, *De l'offertoire à la préparation des dons. Genèse et histoire d'une réforme*, Münster, Aschendorff, 2016.

[63]   *Missions et liturgie, op. cit.*, p. 38 et 48.

[64]   *Ibid.*, p. 81–82.

[65]   *Ibid.*, p. 26–27, 72–73, 80–81 et 127.

[66]   *Ibid.*, p. 6.

[67]   *Ibid.*, p. 30–31.

[68]   Joseph-André JUNGMANN, *La liturgie de l'Église romaine*, Mulhouse-Paris-Tournai, Salvator-Casterman, 1957, p. 104 et 116.

latin[69]. D'ores et déjà, certains indults permettent l'emploi de la langue vernaculaire pour la lecture de l'épître et de l'évangile après le latin, pour le chant du commun de la messe, pour les leçons du Samedi Saint (diocèses d'Agras et de Madras, île de Florès). Mais là aussi, le modèle promu n'a rien de spécifique aux pays de mission, puisqu'il correspond à la messe chantée à l'allemande[70] ! Il s'agit davantage de mettre les terres de mission dans le droit commun liturgique et de privilégier une application plus souple des rubriques en fonction des circonstances locales au lieu de multiplier les exceptions[71]. Un certain nombre de vœux s'attachent à prendre en considération la spécificité missionnaire en réclamant des adaptations (comme le transfert de certaines célébrations liturgiques), l'emploi des ressources de la musique et de l'art indigènes, et surtout une réforme du rituel : cérémonie du baptême, bénédictions, rites funéraires[72]. C'est sur ce point que les experts, et en particulier le prémontré belge Boniface Luykx, expriment le plus d'audace en souhaitant non pas une traduction littérale du rituel romain, mais bien une incorporation des rites indigènes[73]. Est cité l'exemple ghanéen de faire boire les époux à la même coupe de vin de palme[74]. La différenciation culturelle, qui est alors exposée avec beaucoup d'acuité[75], ne sert pas à réclamer une liturgie spécifique aux terres de mission, mais à intégrer dans le rite romain les ressources d'une religiosité communautaire qui s'est perdue en Occident. Cependant, et comme le montre la grande prudence du cardinal Valerian Gracias qui inaugure et clôt la session, c'est moins la revendication d'indigénisation ou d'inculturation portée par des missionnaires européens qui pose problème que le contexte politique (communisme, décolonisation, nationalisme[76]) dans lequel elle s'exprime et risque de se confondre.

---

[69] *La Maison-Dieu*, 44, 1955, p. 161–163.

[70] *Missions et liturgie, op. cit.*, p. 116.

[71] *Ibid.*, p. 9 et 14.

[72] *Ibid.*, p. 17–18.

[73] *Ibid.*, p. 164–166 et 174–184.

[74] *Ibid.*, p. 14.

[75] Voir par exemple, *Liturgie romaine et négritude. Des prêtres noirs s'interrogent*, Paris, Cerf, 1956 : Pierre DIARRA, « *Des prêtres noirs s'interrogent*. Colloque pour le 50ᵉ anniversaire du livre paru aux éditions du Cerf en 1956 réédité aux éditions Karthala en 2006 », *Histoire, Monde et Cultures Religieuses*, 2007/1, n° 1, p. 156–160.

[76] *Ibid.*, p. 21 et 29.

Conclusion

Faisant écho aux imprécations de dom Guéranger, le cardinal Gracias écrit en 1959 que, « dans le monde moderne, une des forces les plus puissantes et les plus militantes est celle du nationalisme et [que] les chrétiens ne peuvent pas éviter d'entrer en conflit avec elle »[77]. L'Église des pays de mission est confrontée aux États en construction comme l'avait été l'Église dans l'Europe du XIXe siècle ; plus encore est-elle confrontée, à l'heure des indépendances, à la revendication toute pastorale des laïcs et du clergé de prier dans leur langue, à leur façon. Au congrès d'Assise en 1956, Mgr van Bekkum souligne l'antipathie croissante des pays de mission envers l'esprit occidental et toutes « les formes étrangères » du culte[78], tandis que Mgr Gerlier entend défendre « l'exemple supranational du latin, langue commune de l'Église d'Occident » contre les éventuelles immixtions du « nationalisme jusque dans la prière de l'Église ». Si les lignes de force du premier mouvement liturgique s'interprètent comme les vecteurs et les signes d'une réaffirmation de l'Église romaine, en tant qu'institution souveraine et unité sociale et culturelle, celles du deuxième mouvement liturgique expriment davantage une conception de l'Église qui est plus collégiale et plus communautaire. La définition du nouvel *ordo missae* en 1969–1970 satisfait un certain nombre de revendications, qui ne sont pas propres au monde missionnaire, comme l'introduction de la prière universelle ou l'emploi des langues vernaculaires. Elle octroie une certaine latitude aux Églises locales avec le rôle des conférences épiscopales qui, en pays de mission, ont pouvoir pour les couleurs liturgiques et les rituels bilingues : l'utilisation d'une autre huile que l'huile d'olive pour l'onction des malades, la récitation des heures canoniales en langue vernaculaire dans les communautés religieuses, la possibilité pour une religieuse de proclamer les lectures en langue vernaculaire. Elle ménage la possibilité de certaines hybridations, avec par exemple la reconnaissance ultérieure du rite zaïrois[79]. Mais elle ne fonde pas pour autant un droit liturgique spécifique : en 1975, Mgr Georges-Hilaire Dupont, omi, évêque de Pala, au Tchad, est contraint de démissionner après avoir remplacé le pain et le vin par le mil et la bière de mil dans un

---

[77] *Ibid.*, p. 29.

[78] *La Maison-Dieu*, 47–48, 1956, p. 169.

[79] Édouard KABONGO, *Le rite zaïrois de la messe. Théologie de l'Eucharistie en contexte africano-congolais*, thèse de doctorat, Université de Fribourg, 2005 ; Marie-Jeanne

souci d'inculturation. Si l'on considère que la liturgie *fait* Église, quelle que soit l'acception, théologique ou sociologique, que l'on donne à la communauté des chrétiens, elle inscrit l'assemblée priante par rapport à d'autres formes d'appartenance, locale, régionale ou nationale, selon des modalités parfois divergentes entre les experts, qui se prévalent d'une compétence académique ou d'une expérience pastorale, et les instances de régulation ecclésiale. Au-delà d'une approche diachronique souvent résumée en des termes positifs (progrès, inculturation, mondialisation, modernisation), la question liturgique peut aussi s'appréhender en termes de technique de gouvernement, comme la langue d'une Église qui se veut à la fois de toutes et d'aucune nation.

MUENDE-MAMPUYA, *Contexte historique du christanisme et inculturation de la liturgie catholique : de la liturgie orientale aux rites africains*, thèse de doctorat, Université Nancy II, 2008. Voir aussi Stephen B. BEVANS et James A. SCHERER (dir.), *New Directions in Mission and Evangelization. Faith and Cultural (3)*, New York, Orbis, 1999 ; Joseph RATZINGER, *L'esprit de la liturgie*, Genève, Ad Solem, 2001, p. 133 et 157.

La Corée : espace de mission, espace missionnaire

Olivier SIBRE

Les missions d'Asie orientale ont toujours constitué un espace préférentiel en termes de représentation, pour ne pas dire un quasi-fantasme, et un investissement matériel et humain considérable de la part du Saint-Siège, et ceci dès le début du XIVe siècle avec l'envoi et l'installation de Jean de Montecorvino près de Pékin, franciscain, premier évêque catholique en Chine.

Alors que les missionnaires jésuites, franciscains, dominicains ou lazaristes sont à l'œuvre et de plain-pied en Chine et au Japon (mais avec un arrêt brutal sous les Tokugawa) dès les XVIe et XVIIe siècles, la Corée ne reçoit ses premiers missionnaires occidentaux que dans les années 1830, lorsque le pape Grégoire XVI a confié l'évangélisation de la péninsule à la Société des missions étrangères de Paris[1].

Cette société, fondée en 1659, avait pour but initial d'être au service exclusif du nouveau dicastère de la *Propaganda Fide*, créé en 1622, en vue de détacher la stratégie et les intérêts missionnaires des patronats portugais et espagnols et mettre fin au système constantinien qui présidait alors à la mission *ad gentes* depuis le traité de Tordesillas en 1492. Aussi, les prêtres des Missions étrangères portaient le titre de « prêtres missionnaires apostoliques », dépendant directement de Rome et de la Propagande. C'était aussi une société spécialisée sur l'Asie orientale depuis l'origine, à l'exception de Madagascar et du Canada français.

---

[1]   Bernward H. WILLEKE, « Die Propagandakongregation und die Erneuerung der japanischen Kirche (1800–1922) », *Sacrae Congregationis de Propaganda Fide memoria rerum, 350 anni a servizio delle missioni, 1622, 1972*, vol. III/1, Rom-Freiburg-Wien, 1975, p. 541–558.

Pourtant, au pays du matin calme, ce sont les autochtones qui lancent eux-mêmes deux appels successifs au pape, d'abord Pie VII puis Léon XII, mais l'échange de correspondance n'aboutit qu'avec Grégoire XVI. Car le christianisme est en fait entré en Corée par la Chine dans les années 1780. En effet, c'est par la caravane coréenne se rendant une fois par an à Pékin pour payer le tribut du roi de Corée à son « frère aîné », l'empereur de Chine, que « l'aristocratie coréenne » prend connaissance des catéchismes en chinois disponibles à Pékin et rentre avec ces documents pour organiser et structurer une communauté chrétienne, sans aucun prêtre. Le premier prêtre, le père You, arrive en Chine au début des années 1790. Les premières « persécutions » ne tardent pas, en application de la législation en vigueur, contre l'intrusion d'un Chinois et d'une doctrine étrangère au royaume de Corée et à son ordre politico-religieux structuré par le confucianisme depuis le début de la dynastie Choson (XVe siècle).

En résumé, le christianisme en Corée est d'abord historiquement un catholicisme initialement coréanisé par l'expérience d'une Église quasi *sui generis*, sans clergé missionnaire, sauf un prêtre chinois. En 2014, lorsque le pape François[2] se rend en Corée du Sud, le pays a l'une des plus importantes communautés chrétiennes d'Asie orientale. Par conséquent, l'expérience historique du christianisme en Corée est quasiment unique au monde. Et c'est aussi par le catholicisme que passent les premiers contacts et la première présence permanente d'Occidentaux en Corée, en l'occurrence des missionnaires français du XIXe siècle, issus très souvent des campagnes chrétiennes françaises, à l'époque du néogothique, du culte marial triomphant et de la naissance de celui du pape sous Pie IX. Autant dire qu'il s'agit d'emblée d'un catholicisme français, ultramontain, cultivant la mémoire du martyre, du sang versé. Et c'est encore cette mémoire du martyre que les papes Jean Paul II et François sont venus honorer en Corée du Sud depuis les années 1980. Depuis trois décennies, le pays s'est révélé, par ses effectifs cléricaux et laïcs, par ses moyens matériels aussi, et son dynamisme, pays missionnaire pour l'Asie orientale, et même au-delà.

La question prioritaire est de dégager, si possible, quelques facteurs qui ont conduit au passage d'un pays de mission à un pays missionnaire.

---

[2]   Olivier SIBRE, « Le Saint-Siège et l'Asie orientale à l'heure du pape François : au croisement des enjeux missionnaires et diplomatiques », *Outre-Terre. Revue européenne de géopolitique*, n° 45/4, 2015, p. 293–317.

À cette fin, il apparaît d'abord utile de distinguer les différentes échelles et contextes : l'Église locale, dans le contexte politique, culturel et économique ; l'Église globale, notamment les grandes impulsions pontificales missionnaires, doctrinales et diplomatiques, et l'événement conciliaire. J'ajouterai également le développement des coopérations interecclésiales horizontales et la naissance de la conférence épiscopale d'Asie. Ces distinctions permettent d'éviter des chronologies arbitraires dépendantes de facteurs différents, mais non cumulés.

L'Église catholique en Corée, de l'occupation japonaise jusqu'aux années 1960 : une croissance malgré tout

En quelques décennies, l'Église catholique en Corée du Sud est passée de religion ultra-minoritaire à une confession solidement implantée, à la base et auprès des relais du pouvoir.

L'héritage de la mission « traditionnelle » et de la période japonaise

Comme le souligne François Charles-Roux, ambassadeur de France près le Saint-Siège en 1937, les bénéfices de la stratégie et de l'effort missionnaire de l'Église au Japon semblent péniblement acquis. En revanche, dans une Corée colonisée, où l'Église a évolué vers un pacte de soumission à l'autorité « légitime » japonaise, après l'insurrection populaire coréenne du 1er mars 1919, « pacte » confirmé par des réceptions officielles et des récompenses du régime colonial, le nombre de catholiques coréens ne cesse d'augmenter. Pourtant, l'autorisation des rites du shinto civil par la Propagande en mai 1936 oblige tous les catholiques de l'empire – donc également les Coréens – à participer aux célébrations du culte national, symbole et arme de l'agression culturelle et politique, le *jinja shinto*, seul culte géré et administré par le ministère de l'intérieur nippon. À tel point que Mgr Morris (Maryknoll), préfet apostolique de Pyongyang, proteste contre cette décision et se voit contraint à la démission. Car, pour le délégué apostolique à Tokyo, Mgr Marella, qui fait rapport à Rome sur la péninsule depuis 1934, comme ses prédécesseurs depuis 1919, date de la création de la délégation apostolique à Tokyo, l'Église doit considérer ce culte du shinto national comme un culte civil et donc se soumettre à toutes les exigences des autorités nippones à ce sujet. Or, malgré cette politique d'Église dans l'empire japonais, le nombre de catholiques coréens augmente bien plus vite que celui des catholiques japonais, et ce en dépit de l'absence d'institutions d'enseignement supérieur catholiques (il y a en revanche une université jésuite à Tokyo, Sophia ou *Jochi Daigaku*), à la différence des investissements protestants[3]. Au début des années 2000, une commission « indépendante » coréenne a été chargée d'établir la liste des collaborateurs au régime d'occupation[4] : on y comptait même le premier ordinaire coréen du pays, nommé administrateur puis vicaire apostolique de Séoul en 1942, Mgr Ro Ki-nam. À Daegu, en 1944, le clergé coréen fait bloc au côté de Mgr Hayasaka, administrateur apostolique et Japonais, contre les missionnaires français dont ils demandent l'expulsion, au nom d'un patriotisme clérical coréen, mais pro-japonais et anti-occidental[5].

La croissance du catholicisme en Corée se fait alors beaucoup dans les campagnes, dans un pays encore très rural, où les missionnaires témoignent d'un engagement social et humanitaire qui se substitue aux carences de l'État colonial japonais, tout en ne desservant pas totalement les velléités de résistance culturelle sur le terrain. Le père Louis Deslandes (MEP), fondateur de l'une des deux premières congrégations autochtones en Corée en décembre 1934, est arrêté « pour espionnage » par la police japonaise fin 1941, après Pearl Harbor, et libéré sur intervention du consul français, M. Veujoz, suite, au printemps 1942, à l'accord entre le Saint-Siège et le Japon permettant l'ouverture d'une représentation diplomatique nippone permanente auprès du Vatican[6].

Plantation et redéploiement catholique avant et après la guerre de Corée

La guerre de Corée modifie une seule chose : la rupture avec l'Église au nord de la péninsule. Aujourd'hui, il n'en reste certainement presque plus rien ou rien du tout. Pourtant, Rome attend 1973 pour reconnaître

---

[3]   Olivier Sibre, *Le Saint-Siège et l'Extrême-Orient (Chine, Corée, Japon) de Léon XIII à Pie XII*, Rome, École Française de Rome, 2012.

[4]   *Bulletin EDA*, n° 425, 16/09/2005.

[5]   *Ibid.*

[6]   Olivier Sibre, *Louis Deslandes, missionnaire apostolique en Corée*, mémoire de maîtrise, Paris-Sorbonne, 1999. Traduction et publication en coréen, Daegu, 2002.

la vacance du siège de Pyongyang et pour nommer l'archevêque de Séoul administrateur apostolique dudit diocèse[7].

Les années 1950 et 1960 sont surtout les années américaines de l'Église de Corée[8], dans le contexte géopolitique que l'on connaît. La société des missions étrangères de Maryknoll a ses entrées auprès du président Kennedy et fait le lien parfois avec la Maison bleue quand elle reçoit des conseillers américains. C'est vrai pour le lancement de la réforme économique des « nouveaux villages », sur initiative du général Park Chung-hee qui prend le pouvoir en 1961, après l'épisode démocratique de quelques mois du premier ministre catholique Chung Myon. D'ailleurs, le premier délégué apostolique en Corée qui arrive en 1947 est un Américain, décédé lors des marches forcées vers le nord après la reprise de Séoul par les alliés en septembre 1950. Mgr Byrne aligne alors complètement la politique du Saint-Siège sur celle des États-Unis et réclame rapidement la reconnaissance par le pape du régime du Sud, après les élections de mai 1948. En 1949, les autorités de Séoul obtiennent du pape que le visiteur apostolique devienne délégué apostolique permanent pour toute la Corée[9].

Les missions américaines sont fortes et l'indigénisation de l'épiscopat se poursuit, ainsi que la subdivision des circonscriptions ecclésiastiques. L'Église catholique en Corée est d'ailleurs très aidée par l'Église des États-Unis, notamment par la NCWC (National Catholic Welfare Conference), présidée initialement par le cardinal Spellman.

Pour la période des années 1950, la statistique manque, mais à la base, on peut constater le développement très fort des œuvres et des vocations catholiques, ce que montre très bien le développement de la congrégation des Servantes du Sacré-Cœur de Jésus à Tegu.

---

[7]   *Annuario Pontificio.*

[8]   Robert Martin LILLY, *Mission in the South. A Korea Religion Society (1942–2002)*, M.M., 2002, p. 201.

[9]   Olivier SIBRE, *Le Saint-Siège…, op. cit.*

L'érection de la hiérarchie en Corée

L'érection de la hiérarchie coréenne arrive enfin le 10 mars 1962[10]. Enfin, car le Japon a connu l'érection de sa hiérarchie en 1891 et la Chine en 1946. Bien sûr, cette érection, qui est le passage des circonscriptions ecclésiastiques missionnaires, avec un ordinaire non titulaire de son siège, à des ordinaires titulaires de leurs sièges, permet de consacrer plus facilement évêques des prêtres coréens. Cette hiérarchie est érigée après le coup d'État du général Park Chung-hee, alors qu'elle avait été réclamée par le premier ministre catholique Chang Myon[11]. L'érection était également souhaitée par les missionnaires et les catholiques coréens pour souligner l'indépendance du pays, alors que les voisins asiatiques disposaient de cette hiérarchie régulière. La communauté catholique compte alors 500 000 fidèles. Le 25 mars 1962, le pape fait connaître sa décision. Il érige trois provinces ecclésiastiques, trois archidiocèses, tous en Corée du Sud, et huit diocèses suffragants, dont deux se trouvent en Corée du Nord. Le Saint-Siège ne reconnaît toujours pas la division de la péninsule, comme d'autres États d'ailleurs. Si le nouveau diocèse de Hamheug en Corée du Nord a un évêque porté disparu, en revanche, le Saint-Siège ne reconnaît pas le décès du vicaire apostolique de Pyongyang, Mgr Francis Hong Yong-ho, disparu depuis 1950. Les deux archidiocèses de Séoul et de Taegu sont confiés à des Coréens du clergé séculier, tandis que le troisième, Kwangju, a pour titulaire un évêque américain, Mgr Harold William Henry (société missionnaire de Saint-Colomban). Entre-temps, un prêtre américain de Corée du Sud devient administrateur du diocèse de Pyongyang, et un autre Américain du diocèse de Hamheug depuis les États-Unis, tout en étant administrateur de l'abbaye *nullius* de Tokwon en Corée du Nord, anciennement gérée par les bénédictins allemands de Sainte-Odile[12]. Pourtant, cette érection de la hiérarchie coréenne ne modifie en rien la gestion de la Corée par

---

[10]   « Coreanæ Sacra Hierarchia in Corea constituitur, Ioannes Episcopus, Servus Servorum Dei ad perpetuam rei memoriam », *Acta Apostolicae Sedis*, 10 mars 1962, p. 552–555.

[11]   AMAE, Asie-Océanie, 1956–1967, non classé, Corée du Sud, Religion catholique, 12–9–1, du 1/11/1961 au 31/12/1962, *Rome, le 29 mars 1962, Guy de la Tournelle, Ambassadeur de France près le Saint-Siège à Son Excellence Monsieur Couve de Murville, Ministre des Affaires Étrangères, a/s Hiérarchie épiscopale en Corée, communiqué à EU, Tokyo, Séoul, Washington*, p. 2–3.

[12]   *Ibid.*, p. 1–2.

le dicastère des missions, *de Propaganda Fide*, dont elle dépend toujours aujourd'hui. Concrètement, cette situation canonique n'empêche pas l'existence d'une Église catholique coréenne, à l'identité forte, qui passe aussi par une forte romanité.

Le tournant conciliaire et diplomatique pour une Église « engagée »

La Corée au Concile

La Corée du Sud est très faiblement représentée au Concile, et pas par des évêques coréens, mais plutôt par des Occidentaux, notamment par un Américain, alors l'un des plus jeunes évêques du concile – il a 34 ans –, Mgr William J. Mc Naughton, nommé vicaire apostolique d'Inchon le 26 octobre 1961, et membre de la société missionnaire américaine de Maryknoll[13]. Son témoignage récent en octobre 2012[14] en dit long, lorsqu'il décrit son entrée dans la basilique Saint-Pierre avec les autres Pères du concile : « Toutes les sources d'éclairage étaient allumées dans la basilique en raison de la présence de la télévision. Littéralement, j'étais bouche bée tandis que j'entrai le regard levé, car j'étais habitué aux minuscules chapelles et aux petites églises en Corée. C'était incroyable. Je pensais que j'étais à la porte du ciel. » Il a participé aux quatre sessions de Vatican II de 1962 à 1965, ne manquant que deux journées pour raison de santé. Et pourtant, la hiérarchie coréenne avait été érigée juste avant le début du concile.

L'engagement politique et social

Cependant, la traduction des documents a été rapide : en 1969, tous les documents sont traduits en coréen. Cependant, l'étude et l'accueil des documents conciliaires étaient limités à certains évêques et théologiens. C'est avec l'arrestation en 1974 de Mgr Daniel Tji Kak-soon, évêque de Wonju, que les choses commencent à changer. L'Église en Corée s'engage dans une prise de conscience politique et sociale qui la conduit

---

[13]   Martin LILLY, *Mission in the South. A Korea Religion Society (1942–2002), op. cit.*, p. 201.

[14]   http://www.riposte-catholique.fr/americatho/leveque-americain-qui-a- participe-a-vatican-ii-en-parle

à faire retour sur les documents du concile. En 1974, Mgr Tji a été emprisonné pour son engagement au sein d'un groupe d'étudiants que le gouvernement sud-coréen accusait d'être un instrument de la Corée du Nord. La détention de Mgr Tji déclencha une veillée nationale de prière et donna naissance à l'Association des prêtres catholiques pour la justice (ACPJ). Clergé et laïcs commencèrent alors à manifester contre la dictature du gouvernement militaire et justifièrent leurs actions par les enseignements de Vatican II. En se fondant sur ce qu'ils interprétaient de l'esprit du concile, ils ont développé une théologie de participation, dans laquelle le comité « justice et paix » de la conférence épiscopale, les prêtres de l'ACPJ et plusieurs évêques ont pris une part décisive : le cardinal Kim Su-hwan, archevêque de Séoul, Mgr Victorinus Youn Kong-hi, archevêque émérite de Kangju, et Mgr Tji. En 1984, le congrès pour la pastorale, organisé à l'occasion du 200ᵉ anniversaire de la fondation de l'Église catholique en Corée, peut être considéré comme le signe de la généralisation dans toute l'Église de Corée de la dimension sociale de sa mission pastorale. Après cette date, le « mouvement progressiste » a commencé à s'étioler, notamment quand les évêques devinrent plus « conservateurs » suite au soulèvement populaire pour un changement démocratique en 1987. Les groupes qui prônaient l'engagement social commencèrent à se désagréger, à s'assouplir[15]. Dans ce mouvement politique et social de l'Église, le cardinal Kim su-hwan, premier cardinal coréen, créé par Paul VI le 28 avril 1969, fut un soutien important, arrivant à le maintenir, tout en contenant ses débordements éventuels, et sans se mettre complètement à dos le pouvoir en place. Devenant une Église engagée politiquement et socialement, l'Église coréenne s'est défaite en même temps progressivement de la dépendance missionnaire sans y parvenir totalement.

Rome en Corée

La Corée reçoit son premier représentant pontifical en 1947, visiteur apostolique, puis délégué apostolique permanent en 1949, décédé lors des marches forcées vers le nord après la reprise de Séoul par les alliés en septembre 1950, Mgr Patrick James Byrne. En 1962, avec l'érection de la hiérarchie, Jean XXIII érige la délégation apostolique en internonciature puis, en 1966, en nonciature. Or, à ce jour, la Corée

---

[15] *Bulletin Églises d'Asie* (EDA), n° 427, 16/10/2005.

est toujours administrée par la congrégation pour l'évangélisation des peuples, anciennement de *Propaganda Fide*. Pourtant, cette Église, à part la division de la péninsule, compte environ 5 millions de fidèles et dispose d'un clergé abondant et de beaucoup de moyens.

C'est que le chemin parcouru conduisant à la fin du statut de pays de mission *de facto* a été assez laborieux. En effet, l'une des premières missions de Mgr Byrne est de pacifier une transition douloureuse, notamment dans la circonscription ecclésiastique de Daegu, où le délégué apostolique a imposé un prêtre japonais (Mgr Janvier Hayasaka, frère de l'évêque de Nagasaki), après avoir contraint tous les ordinaires de l'empire du Japon à la démission, pour exécuter la loi sur les corporations religieuses de 1939. Arrivé à Daegu en 1942, Mgr Hayasaka a rallié une grande partie du clergé coréen à sa cause contre les missionnaires étrangers, notamment les Français des Missions étrangères de Paris. Cette crise profonde est réglée par le visiteur apostolique qui propose le relogement des missionnaires français dans une circonscription ecclésiastique nouvelle et séparée dont la société des MEP serait gestionnaire (Daejon). En revanche, le clergé américain trouve ses marques car, avec lui, c'est l'aide de l'allié pour Séoul, l'argent de la NCWC et donc tout un réseau politique, économique et religieux. D'ailleurs, les Maryknolliens sont proches du pouvoir depuis Mgr Byrne, qui a ses entrées directes auprès du président Sygman Rhee, et ensuite, certains de ses confrères dans les années 1960 auprès du dictateur Park Chung-hee. Plusieurs circonscriptions ecclésiastiques sont créées et les Américains sont en bonne place[16]. Les Coréens succèdent progressivement aux Américains, dans les années 1950 et 1960, mais c'est en 1990 que Mgr Dupont (MEP) laisse à un Coréen son siège d'Andong, diocèse créé tardivement en 1969, dans une région où la culture traditionnelle confucéenne est très forte.

D'une mission à l'autre

À titre d'exemple précis pour illustrer ce cheminement, on pourrait prendre celui de la congrégation des Servantes du Sacré-Cœur de Jésus de Daegu. Le 8 décembre 1934, le père Louis Deslandes (MEP), du vicariat apostolique de Daegu, fonde une communauté de vierges consacrées. En 1952, il crée un noviciat qui signifie aussi l'érection canonique de la

---

[16] Robert Martin LILLY, *Mission in the South. A Korea Religion Society (1942–2002)*, *op. cit.*, p. 201.

congrégation des Servantes du Sacré-Cœur de Jésus. Cette congrégation est associée à un ensemble d'œuvres construites depuis 1946 sur un terrain abandonné par l'armée japonaise à proximité d'une base américaine, et qui compte 35 bâtiments à la fin des années 1950. À cause de la création du plus grand centre de sidérurgie en Corée sur la plage des œuvres, le père et les sœurs sont expulsés en 1967. Mais entre-temps, Louis Deslandes s'est installé à Kalpyeng, près de Daegu, où il essaie d'aider les populations dans le sens d'une stratégie d'aide au développement plutôt que d'assistance et dans l'esprit de l'encyclique *Populorum Progressio* (1967) et des impulsions conciliaires : routes, activité économique, bourses. Le père Deslandes est honoré par la présidence coréenne pour ses œuvres sociales. Aujourd'hui, la congrégation compte environ 600 religieuses coréennes, présentes également au Japon, aux Philippines, en Bolivie, au Vietnam et en Europe, notamment à Lourdes où elles accueillent les pèlerins coréens[17].

Durant la même période, le financement par les œuvres pontificales missionnaires *stricto sensu* se tarit au profit de financements et de dons internationaux. Le père Deslandes entretient d'ailleurs une correspondance très régulière avec des bienfaiteurs d'Europe et des États-Unis dont certains adoptent des enfants coréens. Progressivement, ce volet missionnaire par la charité et les œuvres sociales décline, en raison du développement économique du pays, mais aussi des relais locaux au sein de l'Église. L'histoire contemporaine de la société de Maryknoll est d'ailleurs représentative de ce glissement[18].

Puis, dans les années 1970, l'Église coréenne développe ses premières œuvres sociales, comme le « village des fleurs » en 1976, pour accueillir les enfants handicapés. Il y a donc la constitution d'un épiscopat local intégral, d'un réseau d'œuvres en voie d'émancipation des transferts étrangers, surtout romains. S'ajoute à cela une augmentation forte du nombre de catholiques pendant trois décennies, passant d'environ 200 000 après 1945 à environ 500 0000 aujourd'hui.

Le dernier volet du transfert concerne la mission exercée par un ancien pays « de mission » avec le déploiement du clergé coréen dans de nombreuses paroisses à l'étranger, mais surtout via les congrégations

---

[17] Olivier SIBRE, *Louis Deslandes…*, *op. cit.*

[18] Robert Martin LILLY, *Mission in the South. A Korea Religion Society (1942–2002)*, *op. cit.*

religieuses. Pourtant, ce déploiement missionnaire et la morphologie du catholicisme en Corée, ainsi que sa croissance, semblent poser quelques défis non relevés, si l'on en juge par les différents voyages pontificaux dans ce pays depuis 1984. Par ces voyages, le clergé, déjà très romanisé depuis fort longtemps, s'est renforcé, au détriment peut-être d'une laïcisation progressive de la confession catholique en Corée. Ce souci de la Corée s'inscrit aussi dans une approche régionale du Saint-Siège, tout à fait d'actualité. Car si les missionnaires coréens protestants sont extrêmement nombreux dans le monde, c'est moins le cas des catholiques malgré leur présence au sommet de l'État, par exemple le prix Nobel de la paix Kim Dae-jung, président de 1998 à 2003.

La place de la Corée du Sud dans les affaires générales de l'Église

La Congrégation pour l'évangélisation des peuples et la Corée

Du 30 septembre au 6 octobre 2013, Mgr Filoni, préfet de la Congrégation pour l'évangélisation des peuples, s'est rendu en Corée du Sud à l'occasion du 50ᵉ anniversaire de la création du diocèse de Suwon, de loin le plus important après celui de Séoul (430 prêtres pour 1 million de catholiques, 202 paroisses pour une moyenne de 4000 fidèles par paroisse) et qui forme abondamment le clergé coréen, notamment ses élites. Cette visite a précédé celle du pape de 2014, qui s'est inscrite dans une convergence d'événements ecclésiaux et internationaux : les Journées de la jeunesse asiatique, la béatification de nouveaux martyrs coréens, même motif que pour la visite de Jean Paul II en 1984, les tensions au sein de la péninsule, l'Assomption (la Corée a été consacrée à l'Immaculée Conception par Mgr Mutel à la fin du XIXᵉ siècle)[19], et la date de la libération de l'occupation japonaise[20] (15 août 1945).

D'emblée, et au-delà du diagnostic apparemment euphorique sur l'Église catholique en Corée du Sud et son élan missionnaire, le cardinal Filoni a mis le doigt sur les limites et les problèmes de l'accroissement

---

[19] Olivier SIBRE, *Le père Louis Deslandes…, op. cit.* ; Olivier SIBRE, *Le Saint-Siège et l'Extrême-Orient…, op. cit.*

[20] Olivier SIBRE, « Le Saint-Siège et l'Asie orientale à l'heure du pape François », *art. cit.*

apparemment continu de la communauté catholique en Corée du Sud. Du point de vue strictement ecclésial, la visite du cardinal préfet devient la feuille de route du voyage pontifical au cœur du « tigre asiatique de l'Église » :

> « Ne vous contentez pas du prestige dont l'Église jouit dans votre pays, ni de la progression dans les statistiques, aussi significatives soient-elles [...]. Le plus dur reste à faire [...] dans le domaine de l'audace missionnaire[21]. »

Le cardinal critique en creux la course aux chiffres engagée par la Conférence des évêques catholiques de Corée (CBCK), « Evangelization twenty twenty », visant à augmenter le nombre de catholiques de 20 % d'ici 2020, dans la perspective à moyen terme de rattraper la communauté protestante qui décline légèrement et représente un peu moins du double de la communauté catholique en Corée du Sud. Dans le cadre de cette évangélisation chiffrée, qui rappelle un peu la culture du chiffre des rapports à la *Propaganda Fide* à l'époque missionnaire[22], les néo-convertis ne suivent que six mois de préparation avant le baptême. Dans la continuité des exigences catéchuménales – fixées en particulier par le précédent pontificat ayant théorisé le rôle des minorités catholiques profondes et dynamiques dans des sociétés sécularisées comme levain dans la pâte –, le cardinal Filoni souhaite davantage voir cibler la qualité du tissu ecclésial, de la convergence de l'action cléricale et laïque. Il s'agit en effet de construire une Église missionnaire utile et efficace pour l'environnement régional, voire mondial, plutôt que de faire du chiffre en Corée même. S'ajoute à cela un problème absolument récurrent dans le monde confucéen, mais en Corée tout particulièrement : le prestige dont jouit souvent le clergé, longtemps considéré comme « pères » de famille des paroisses et diocèses. Le respect dû, y compris matériel, au représentant de l'ordre ecclésial, est copié sur les devoirs dus aux parents et aux représentants de l'État. Comme en témoignait Mgr de Berranger lorsqu'il était prêtre en Corée du Sud[23], les Coréens traduisent par une

---

[21] *Bulletin EDA*, 10/10/2013.

[22] Au sujet de cette culture du chiffre, lire Claude PRUDHOMME, *Stratégie missionnaire du Saint-Siège sous Léon XIII (1878–1903). Centralisation romaine et défis culturels*, Rome, École Française de Rome, 1994.

[23] Mgr Olivier de BERRANGER, *L'Évangile de Séoul à Saint-Denis*, Paris, Éditions de l'Atelier, 1999.

révérence personnelle, systématiquement matérielle, leur attachement à l'Église à travers le clergé.

Face à une forme de « gentrification » de la base sociale du catholicisme en Corée, le cardinal Filoni prêche le maintien d'une mission sociale, et qui a fait historiquement, depuis les années 1970 au moins, le succès de l'Église catholique en Corée du Sud. L'évêque de Suwon, Mgr Ri long-hoon, rappelle dans ce contexte que le diocèse « pratique l'accueil et l'assistance aux immigrés (Philippins pour l'essentiel) [...], a mis en place un service pastoral des prisons et consacré un secteur spécifique de la Caritas pour s'occuper de l'accompagnement des ressortissants de Corée du Nord ». En effet, les Coréens du Nord passés en Chine s'adressent souvent en premier recours aux Églises protestantes nombreuses de l'autre côté de la frontière. Aussi sont-ils souvent protestants en arrivant à Séoul[24]. Mais dans la ligne fixée par Mgr Filoni, il s'agit non seulement d'éviter l'effritement de la courbe de croissance des baptêmes par une conversion rapide, mais surtout de préparer et d'inciter directement l'Église coréenne à assumer désormais un destin missionnaire. De ce point de vue, la Corée du Sud représente certainement pour la Congrégation pour l'évangélisation des peuples un laboratoire du passage d'un espace de mission à une Église dynamique, dans un contexte plurireligieux – qui était encore le point focal du synode d'Asie sous Jean Paul II – faisant face au défi de la sécularisation par la technique dans le pays le plus connecté du monde :

> « Un pays ayant une forte prédilection pour la technologie (avec) une certaine propension à la bureaucratisation, au rendement ou à l'efficacité professionnelle, aux dépens d'une vision plus personnelle de l'être humain, comme si l'Église était une entreprise à but non lucratif ou une sorte de "pieuse ONG"[25]. »

Le point final de l'avertissement vise donc à éloigner l'Église en Corée de la tentation d'un modèle d'organisation et de développement entrepreneurial et néolibéral, reprenant en cela l'ensemble de l'enseignement du pape argentin. Par conséquent, ce voyage du cardinal Filoni en Corée du Sud montre encore tout le poids de la congrégation pour l'évangélisation des peuples sur l'Église en Asie orientale, et ceci malgré

---

[24] *Bulletin EDA*, 14/10/2015.

[25] Olivier SIBRE, « Le Saint-Siège et l'Asie orientale à l'heure du pape François », *art. cit.*

la présence d'un nonce apostolique à Séoul. Or toutes les interventions du pape en août 2014 furent parfois assez incisives, mais peut-être moins précises sur la situation ecclésiale et les remèdes aux maux qu'on ne voit pas ou qu'on ne veut pas voir localement. Cette situation exprime aussi quelques fractures au sein de l'Église, et en particulier du clergé coréen. En 2015, le voyage du pape ne rajoute rien, si ce n'est sa présence, et la signification plus géopolitique en raison de son statut de chef de l'Église, de chef d'État et de sujet de droit international.

Le pape et la Corée

Le pape amplifia ce que le cardinal préfet avait prêché deux ans plus tôt, en le diluant de fait dans son enseignement général à l'égard du clergé et qui est augmenté les mois suivants jusqu'aux vœux du 22 décembre à la Curie romaine, énumération des « 15 plaies ou maladies de la Curie » : « L'hypocrisie de ces hommes et femmes consacrés qui font le vœu de la pauvreté et vivent cependant comme des riches blesse les âmes des fidèles et abîme l'Église », en incluant les vœux de chasteté et d'obéissance. La richesse du clergé coréen attire d'ailleurs le commentaire suivant de Mgr Dupont : « Il est vrai que les prêtres disposent de ce qu'il faut pour vivre, et parfois même de plus qu'il ne faut[26]. » De la même façon, il insiste sur la dénonciation d'une Église riche dont l'intervention sociale se limite à l'assistance, sans promouvoir un véritable développement, la « promotion humaine ».

Sur le plan plus politique, le 14 août à la Maison Bleue, devant la présidente Park Geun-hye, le pape se limite à des considérations générales qui reflètent les grandes lignes de son action : une diplomatie active de la paix, de dialogue, du pardon[27] et la dénonciation d'une modernisation par trop libérale, souhaitant un développement « compris en termes humains et pas seulement économiques »[28]. Et c'est encore le pivot de son discours lors de la messe à Daejeon, dans un ancien stade de la Coupe du monde de 2002, fustigeant les « modèles économiques inhumains » qui créent de « nouvelles formes de pauvreté ». La prédication du pape s'adressait donc, à travers la Corée du Sud, à toute la modernité asiatique

---

[26]   *Bulletin EDA*, 16/08/2014.

[27]   Entretien de *La Croix* avec Mgr Gallagher sur la « guerre mondiale en morceaux », Centre Saint-Louis, Rome, 15 décembre 2015.

[28]   *Bulletin EDA*, 14/08/2014.

façonnée par un modèle économique ultralibéral, particulièrement implanté sur le continent, même s'il s'accompagne du développement de régimes autoritaires qui ne sont pas libéraux.

À la rencontre de l'ensemble de la jeunesse asiatique réunie autour du thème du martyre au sanctuaire de Solmoe (lieu du martyre du premier prêtre coréen, André Kim Taegon), martyre très structurant dans la genèse, l'identité et la mémoire des Églises d'Asie orientale[29], le pape renforce non seulement son analyse du témoignage de la foi, mais rappelle le rejet nécessaire de « l'inégalité croissante entre riches et pauvres dans nos sociétés », dénonçant une « idolâtrie de la richesse, du pouvoir et du plaisir qui s'obtiennent à un prix très élevé dans la vie des hommes ». Et de stigmatiser la désespérance spirituelle de la jeunesse aisée, en concluant sur la miséricorde et le pardon, devenu la clé de l'année sainte 2015–2016[30]. Le passage du pape Jean Paul II en 1984 et en 1989, et du pape François, notamment pour béatifier des martyrs, illustre le problème d'identification d'une Église jeune à un passé récent et la nécessité de faire valoir ce rappel du martyre comme stimulation et orientation vers un témoignage contemporain missionnaire. En revanche, il fit cohabiter et fusionner les identités catholiques d'Asie orientale. L'expression la plus symbolique en fut l'intention de prière d'un prêtre chinois en mandarin lors de la messe de béatification des 123 martyrs[31] le 16 août, à Séoul :

« Seigneur, nous sommes une Église persécutée. Mais toi, Seigneur de toute espérance, aide-nous. Bien que nous ayons reçu ton Évangile et soyons tes

---

[29] Une abondante littérature montre comment l'histoire-mémoire des Églises d'Asie s'enracine dans le martyre. D'où le souci des Églises locales de les faire béatifier, voire canoniser.

[30] *Bulletin EDA*, 18/8/2014.

[31] Entre 1791, date de l'exécution de Paul Yun Ji-Chung, et 1888, 10 000 croyants auraient subi le martyre. Les 103 martyrs canonisés par Jean Paul II avaient été tués, pour la plupart d'entre eux, lors des répressions de 1839, 1846 et 1866. Les 124 béatifiés par le pape François appartiennent, pour la majorité d'entre eux, à la première génération des martyrs, celle mise à mort en 1801, à quelques exceptions près comme Joseph Yun Pong-Mun, pendu en 1888 à Chinju, soit deux ans après la signature du traité d'amitié entre la France et la Corée, qui comprenait une clause de respect de la liberté religieuse. Tous sont coréens et laïcs, à l'exception du père Jacques Ju Wen-mo (1752–1801), chinois et premier prêtre catholique entré en Corée, arrêté, exécuté et empalé par les autorités en 1801.

enfants, nous souffrons. Aide-nous à être autonomes et en communion avec l'Église et à ne jamais perdre espoir[32]. »

Le voyage pontifical n'omit pas les questions plus éthiques notamment celle de l'avortement, massif en Corée du Sud[33], et l'accueil des personnes handicapées, en rendant hommage à l'entreprise du père John OhWoong-jin initiée en 1976, le « Village des fleurs »[34], dans le diocèse de Cheongju. Le voyage se termina par le retour aux problématiques initiales du pontificat de Jean Paul II et d'*Ecclesia in Asia* : l'inculturation du message chrétien, perfectionnant l'héritage religieux et culturel de l'Asie, dans une vision très Ricci de l'évangélisation[35], du dépassement plutôt que du rejet. De ce point de vue, il est assez clair que le pape, en perspective des journées de la jeunesse d'Asie en 2017 en Indonésie, entendait ainsi rappeler que la Corée du Sud demeurait une exception dans cette partie du monde, avec les Philippines et le Vietnam, l'essentiel demeurant l'évangélisation de la région. Pourtant, il notait, et c'est nouveau, les incompatibilités culturelles avec le catholicisme qui ne relèvent pas de l'héritage mais de l'importation de la modernité occidentale, certains aspects de la culture contemporaine « qui sont marqués par le péché, sont corrompus et conduisent à la mort ». Ce positionnement montre que, depuis le décret *Plane Compertum* de 1939 et la théologie asiatique des années 1970, les problèmes de fond de l'évangélisation sont passés de la rencontre/confrontation classique aux religions/cultures locales – même si l'échange habituel avec des responsables des autres cultes eut lieu – à l'identification plus urgente des « dangers et

---

[32]   *Bulletin EDA*, 16/08/2014.

[33]   D'après le *Bulletin EDA*, l'avortement est une réalité massive en Corée du Sud. Dans ce pays de près de 50 millions d'habitants, le gouvernement recense environ 340 000 avortements par an. L'Église catholique en dénombre 1,5 million. Un tel écart s'expliquerait par le fait que l'avortement n'étant pas un acte remboursé par les assurances, il est le plus souvent payé en liquide et non déclaré et échappe aux statistiques officielles, tout en améliorant le quotidien de nombre d'obstétriciens et de gynécologues qui subissent par ailleurs les conséquences d'une natalité très déprimée (le taux de fécondité des Coréennes se situe parmi les plus faibles au monde).

[34]   *Bulletin EDA*, 16/08/2014.

[35]   Les jésuites en Chine considéraient qu'il fallait accepter les formes d'altérité culturelle pour évangéliser l'Asie orientale, dans la mesure où les pratiques cultuelles n'engageaient pas le « for interne », c'est-à-dire qu'il n'y avait pas syncrétisme dans la pratique religieuse.

obstacles » liés à certains éléments structurants de la mondialisation. Et l'ensemble fut télescopé par le calendrier des entraînements militaires américano-coréens le 18 août, la visite de femmes de réconfort de l'armée japonaise, les blessures régionales, donc la Corée du Nord et le passé du Japon colonial[36].

Conclusion

L'Église en Corée du Sud, tigre de l'Église catholique, constitue l'une des communautés catholiques les plus dynamiques et les plus riches du monde. L'Église est intégralement coréenne, mais dominée par un clergé nombreux et très romanisé. Cette évolution s'est faite, d'une certaine façon, malgré les stratégies peu productives du Saint-Siège à l'égard de ce pays. Les facteurs culturels et anthropologiques de la perméabilité de la société coréenne – éminemment bouddhiste et confucéenne, voire chamanique – sont fort complexes pour une situation complètement inverse à celle du Japon. Pourtant, le statut de pays missionnaire est loin d'être gagné, tant sur le plan ecclésiologique – dépendance à l'égard de la congrégation pour l'évangélisation des peuples – que sur le plan de la mentalité d'une Église dont le principal souci demeure sa propre croissance au sein du pays, même si les structures missionnaires ailleurs en Asie existent. Le Saint-Siège tente de faire comprendre à l'Église en Corée que sa progression interne est dépendante de son dynamisme extérieur, de son rayonnement mondial, alors que les moyens humains et matériels ne manquent pas. Il est vrai que le libéralisme triomphant en Corée du Sud laisse beaucoup de place aux œuvres catholiques, tandis que la « gentrification » de la base catholique favorise une conception élitiste et le développement de réseaux facilitant le placement. Symboliquement, l'Église est surtout préoccupée par la béatification d'un maximum de martyrs de l'époque où elle amorçait sa christianisation. Pour le moment, il n'est question nulle part de procès d'un laïc ou d'un prêtre coréen non martyr.

La présence des œuvres coréennes dans d'autres pays d'Asie et l'envoi de prêtres à l'étranger montrent très bien que cette Église est aussi en mission, et très certainement toujours fortement en mission (sociale) en Corée même. Mais, du point de vue romain, l'approfondissement de

---

[36] *Bulletin EDA*, 18/08/2014.

l'identité catholique et l'expansion de la mission *ad gentes* vont de pair. Dans tous les cas, si l'on considère l'histoire singulière du catholicisme en Corée, et de la Corée de façon générale, il est certain que ce sont les Coréens eux-mêmes, avec ou sans Rome, qui inventeront ou non leur avenir missionnaire.

Thérèse de Lisieux et Thérèse des Andes : Carmel et mission au Chili au début du XXe siècle[1]

Alexandrine de La Taille-Trétinville

Thérèse des Andes (Juanita Fernández Solar), première sainte chilienne, naît à Santiago du Chili le 13 juillet 1900[2]. Issue d'une famille

---

[1] Cet article a été réalisé grâce au projet Fondecyt 11121496 « Construcción de un proceso de santidad en el siglo XX chileno » (2012–2015).

[2] Les principales études sur sainte Thérèse des Andes, dans l'ordre chronologique, sont les suivantes. La première biographie a été écrite par les religieuses de son monastère en 1927 et a été bientôt rééditée : *Un lirio del Carmelo. Sor Teresa de Jesús*, Santiago, Imprenta de San José, 1931 ; Congregatio Pro Causis Sanctorum, *Sancti Philippi Canonizationis Servae Dei Teresiae a Iesu ("de los Andes") positio super virtutibus*, Roma, 1985 ; Ana María RISOPATRÓN, *Teresa de Los Andes. Teresa de Chile*, Santiago, Paula, 1988 ; Eduardo GIL DE MURO, *Teresa de Los Andes. Cada vez que mire el mar*, Santiago, San Pablo, 1992 ; Marino PURROY, « Misión de Teresa de Los Andes », Orden del Carmelo Descalzo, *Santa Teresa de Los Andes*, Santiago, 1993 ; Marino PURROY, *Teresa de Los Andes vista por su hermano Lucho*, Santiago, Ediciones Carmelo Teresiano, 1993 ; Valentín CARRO, *Mi centro y mi morada. El corazón de Jesús en la espiritualidad de Santa Teresa de Los Andes*, Burgos, Editorial Monte Carmelo, 1995 ; Félix MÁLAX, *Santa Teresa de Los Andes. Vivencia y pensamiento*, Burgos, Editorial Monte Carmelo, 1997 ; Frère Philippe de Jésus-Marie, « Thérèse des Andes et l'Eucharistie », *Carmel*, 98, diciembre 2000, p. 95–102 ; Armando SEJAS ESCALERA, « Proceso psicológico y espiritual en Teresa de Jesús de Los Andes. La fuerza del amor como una propuesta de integración », *Vida Espiritual*, 134, 2000 ; Gerardo GÜEMES SEDANO, *Santa Teresa de los Andes y su espiritualidad*, tesis doctoral en teología, Universidad de Navarra, Pamplona, 2001 ; Elena SÁNCHEZ, « Semblanzas paralelas : Juana Fernández y Alberto Hurtado », *Humanitas*, n° 39, Invierno 2005, p. 458–464 ; Juan Manuel VARAS, *Centralidad de la figura de Jesucristo en los escritos de Santa Teresa de Jesús de Los Andes*, tesis doctoral, Universidad de Navarra, Pamplona, 2007 ; Ana María RISOPATRÓN, « ¿De dónde nace su amor a Dios ? Santa Teresa de Los Andes a 20 años de su canonización », *Humanitas*, 69, 2013 ; Alexandrine DE LA TAILLE, « El amor esponsal en Santa Teresa de Los Andes », *Teología y vida*, 2015, 56/3, p. 261–286 ; Vivien Lay PRADEL, *Teresa de Los Andes. La construction d'une sainteté dans le Chili du XXe siècle*, thèse de doctorat, EHESS, 2014.

appartenant à l'élite aisée, elle a été éduquée dans un milieu social dont le référent culturel est la France. Comme plusieurs de ses contemporains, elle est liée au monde francophone depuis son enfance, recevant son éducation dans une école tenue par les religieuses du Sacré-Cœur qui étaient arrivées dans le pays en 1853[3].

Ces religieuses amènent avec elles, outre des programmes d'études imprégnés de la culture française, de nouvelles pratiques de piété qui sont acceptées et adoptées par de nombreuses familles. Ainsi, beaucoup de filles et futures mères comprenaient parfaitement bien la langue française et avaient même le sentiment d'appartenir à un réseau qui dépassait les frontières chiliennes.

Ce milieu a imprégné les jeunes Chiliennes d'une série de traditions et de dévotions venues de France. Dans le domaine spirituel, elles ont pu alors éprouver, dans leur propre chair, le pouvoir missionnaire de quelques femmes qui venaient au bout du monde, protégées par une congrégation religieuse qui leur a ouvert beaucoup de portes.

C'est ainsi que Juanita Fernández Solar, dès l'âge de sept ans, commence à compléter la formation reçue à la maison – en particulier de la part de sa mère – avec l'éducation dans la foi qu'elle reçoit dans son école[4]. Cette éducation à la française lui permet de comprendre et de prendre à sa charge la spiritualité des deux religieuses carmélites françaises, Thérèse de Lisieux et Élisabeth de la Trinité, qui, comme filles de leur temps, enflamment en elle les aspirations les plus élevées de sainteté projetées dans le refuge du Carmel, comme une possibilité de mission concrète depuis la cellule.

Dans cet article, nous proposons une approche historique de la vie de Juanita Fernández Solar, la Thérèse chilienne, en ce qui concerne son expérience personnelle de la mission catholique que nous aborderons selon trois niveaux. En premier lieu, nous analysons l'influence académique et spirituelle des Dames du Sacré-Cœur, dont le travail missionnaire et sa réception autour du monde sont énormes durant le XIXe siècle et au début du XXe. En deuxième lieu, parallèlement à la formation qu'elle reçoit au

---

[3] Pour plus de détails sur la Société du Sacré-Cœur au Chili, Alexandrine DE LA TAILLE-TRETINVILLE, *Educar a la francesa. Anna du Rousier y el impacto del Sagrado Corazón en Chile*, Santiago, Ediciones Universidad Católica, 2012.

[4] TERESA DE LOS ANDES, *Diario. Obras Completas*, Burgos, Ediciones Monte Carmelo, 1995, p. 75.

collège, elle entreprend la lecture et approfondit sa compréhension des textes de Thérèse de Lisieux et d'Élisabeth de la Trinité. Selon nous, c'est justement l'éducation reçue « à la française » qui lui permet une compréhension de ces lectures, et encore plus une connexion à celles-ci, en devenant sa référence au moment d'opter pour sa vocation religieuse. Un troisième niveau d'analyse correspond à l'histoire événementielle concernant la formation scolaire et les lectures des carmélites françaises, étant donné sa conviction du pouvoir de la clôture et en particulier de la cellule du Carmel comme un choix non seulement convenable, mais « idéal », de la mission. Ce sont les écrits des Françaises qui la conduisent à la lecture de Thérèse d'Avila, élément clé dans son choix de la vie contemplative. Grâce à Juanita, nous pouvons comprendre alors comment l'élite féminine chilienne a été réceptive à l'enseignement des religieuses françaises et comment elle s'est sentie proche de ce monde missionnaire, fruit d'un catholicisme mis à l'épreuve durant la Révolution.

Dans le cas du Chili, bien qu'un affrontement sanglant déclenché par des luttes séculières n'ait pas eu lieu, à partir de la décennie de 1860, commencent les premières discussions parlementaires visant à la séparation de l'Église et de l'État qui aura lieu seulement en 1925. Pour cette même raison, les catholiques perçoivent l'importance du rôle féminin dans la transmission des valeurs, renforçant ainsi l'éducation religieuse proposée par la nouvelle congrégation de vie active qui, après avoir traversé l'océan, démontrait empiriquement le rôle principal que l'Église lui attribuait dans la transmission et la défense de la foi. Les témoignages multiples de religieuses françaises qui ont laissé leur patrie pour transmettre la foi sur tous les continents, prenant des risques de toutes sortes, sont éloquents en ce sens[5].

En ce qui concerne les sources, pour ce qui est du cadre de l'éducation reçue par Juanita au collège du Sacré-Cœur, nous avons pu examiner

---

[5] Élisabeth DUFOURCQ, *Les aventurières de Dieu. Trois siècles d'histoire missionnaire française*, Paris, Jean-Claude Lattès, 1993 ; Sol SERRANO (dir.), *Vírgenes viajeras. Diarios de religiosas francesas en su ruta a Chile (1837–1874)*, Santiago, Ediciones Universidad Católica de Chile, 2000 ; Chantal PAISANT, *La mission au féminin. Anthologie de textes missionnaires. Témoignages de religieuses missionnaires au fil d'un siècle (XIXᵉ–début XXᵉ siècle)*, Brepols, Turnhout, 2009 ; Rebecca ROGERS, « Congrégations féminines et diffusion d'un modèle scolaire français : propositions pour une histoire transnationale », jan./abr. 2014, vol. 25, n° 1, p. 55–74 ; Agnès BROT, Guillemette DE LA BORIE, *Héroïnes de Dieu. L'épopée des religieuses missionnaires au XIXᵉ siècle*, Paris, Artège, 2016.

les archives chiliennes (Santiago et Concepción), ainsi que des dépôts essentiels de Rome et de Poitiers. Cette recherche a été décisive pour comprendre le monde dans lequel Juanita grandit et se forme[6]. Les sources qui lui sont directement liées, son journal intime et sa correspondance sont essentiels à ce portrait[7]. Celles-ci révèlent la trace profonde que laissent dans son âme tant les religieuses du Sacré-Cœur qu'elle connaît personnellement que les lectures des Carmélites françaises mentionnées ci-dessous et, de la même manière, d'autres lectures propres à l'époque comme *Récit d'une sœur*.

L'analyse des écrits de la sainte sous l'angle de la question de l'influence du monde missionnaire français dans sa vie a été un choix méthodologique de cette recherche. Nous soutenons que son attirance pour la lecture des mystiques françaises, ses commentaires de textes et son entente avec la spiritualité qui prédomine sont le fruit de la formation francophone reçue dans ses années de collège.

À l'école du Sacré-Cœur

En 1907, Juanita entre à l'école, d'abord comme élève externe, puis comme interne en 1914. Elle reste sous la protection de cette institution jusqu'en août 1918, quand, pour des raisons familiales, elle revient au foyer.

Juanita est la quatrième de six frères et sœurs, ses premières années de vie s'écoulent entre la campagne et la ville. Chez elle, il y avait du personnel domestique et le confort propre à son milieu social[8]. Pour cette raison, comme pour les premières petites filles chiliennes qui ont fréquenté le collège, il n'est pas facile de vivre sous un régime d'internat à

---

[6] Pour cette enquête, les archives suivantes ont été consultées : Archivos generales de la Sociedad del Sagrado Corazón en Chile (Santiago) ; Archivo provincial del Sagrado Corazón (Concepción) ; Archives Françaises, Société du Sacré-Cœur (Poitiers) ; Archivi Generali della Società del Sacro Cuore, Rome.

[7] Ces sources sont compilées dans TERESA DE LOS ANDES, *Diaro. Obras completas, op. cit.* Les documents originaux se trouvent à Los Andes, Archivo del Monasterio del Espíritu Santo. Au cours des années 2013 et 2014, grâce au fonds d'aide à la recherche de l'université des Andes (FAI), nous avons géré le projet *Rescate de un archivo en riesgo: el legado de Santa Teresa de los Andes*, afin de cataloguer, numériser et préserver ces sources.

[8] TERESA DE LOS ANDES, *Diario. Obras Completas, op. cit.*, p. 66–209.

la discipline stricte et ordonnée. Cependant, devenue adulte, elle se rend compte des effets positifs que cela a eus pour ce qui est de la formation de son caractère, de son intellect et de sa foi.

Les religieuses du Sacré-Cœur s'étaient installées dans le pays au milieu du siècle précédent, sous la conduite de la Française Anna du Rousier. Travaillantes et persévérantes, même si elles étaient très peu nombreuses – au début seulement trois –, elles se sont établies en remarquant rapidement la réponse positive de la société chilienne. Peu de temps après leur arrivée, elles fondaient des écoles à Talca, Concepción, Valparaiso, Chillán et dépassaient la frontière en arrivant à Lima et à Buenos Aires. En imitant le modèle qu'elles avaient mis en œuvre avec succès en Europe et en Amérique du Nord, elles ont établi dans lesdites villes des établissements spacieux qui abritaient des élèves internes et également externes dans des écoles appelées « écoles des pauvres ». La congrégation avait été fondée en 1800 par Sophie Barat. C'était l'un des quatre cents ordres de vie active féminine qui ont surgi en France après la Révolution, comme une sorte de reconquête spirituelle à la tête de laquelle se trouvaient des femmes fortes et si convaincues de l'importance de leur rôle social qu'elles ont pu changer l'histoire de la vie consacrée[9]. Il s'agissait d'ordres religieux qui ont combiné des éléments de la clôture propre à la congrégation de l'Ancien Régime avec l'aide sociale concrète, notamment dans le domaine de l'éducation et de la santé. Les filles de Sophie Barat n'ont pas fait le choix de rester uniquement en France, mais leur esprit missionnaire les a menées un peu partout dans le monde[10].

Cet esprit missionnaire n'a pas été une caractéristique exclusive des filles de Sophie Barat, mais il était commun à la plupart des nouvelles congrégations actives du XIXe siècle qui, imprégnées par la force de la Contre-Révolution, ont compris que le renforcement de la foi n'était pas seulement une nécessité pour la France, mais pour l'époque. De la même manière, les femmes ont assumé l'importance de leur rôle évangélisateur et les nouvelles congrégations de vie active caractéristiques du siècle leur ont ouvert la possibilité de partir elles-mêmes en mission. L'historiographie française des dernières décennies a repris les exploits de ces « aventurières de Dieu », d'après les mots d'Élisabeth Dufourcq,

---

[9] Claude LANGLOIS, *Le catholicisme au féminin. Les congrégations françaises à supérieure générale au XIXe siècle*, Paris, Cerf, 1984, p. 62–63.

[10] Pour plus de détails sur les congrégations missionnaires, on peut se reporter à l'ouvrage d'Élisabeth DUFOURCQ, *Les aventurières de Dieu, op. cit.*

ou « héroïnes de Dieu », suivant le titre de l'ouvrage d'Agnès Brot et de Guillemette de la Borie. Les récits des voyages ont été compilés dans divers ouvrages tels que l'anthologie de textes missionnaires de Chantal Paisant intitulée *La mission au féminin*, faisant écho à l'œuvre de Claude Langlois, *Le catholicisme au féminin*, lecture obligatoire en la matière. Pour ce qui est du Chili, les journaux de voyage des premières religieuses missionnaires arrivées au pays entre 1838 et 1874 ont été récupérés ; ils sont d'un grand intérêt pour ce travail puisqu'ils révèlent l'ambition évangélisatrice, les appréhensions caractéristiques des voyageuses et leurs impressions devant les nouvelles terres qui les recevaient.

Dès le début, Sophie Barat a conçu la congrégation comme missionnaire et s'imaginait les religieuses emportant le culte au Cœur Sacré « jusqu'aux confins de la Terre »[11]. Cependant, la conjoncture politique française a encouragé ses filles à entreprendre avec une grande force la fondation de missions hors de France. On craignait toujours une éventuelle expulsion à cause de la précarité de la situation. Ainsi, durant les décennies 1820 et 1830, l'expansion de la Société a atteint un rythme impressionnant, au-delà des frontières françaises et encore davantage, en traversant l'Atlantique. L'attitude évangélisatrice des religieuses du Sacré-Cœur a été également renforcée par la dévotion spéciale, héritée des jésuites, aux saints missionnaires comme François-Xavier. Avec ce référent, rien ne semblait freiner ces « vierges voyageuses »[12], qui, sur une période de dix ans, ont réussi à atteindre une croissance importante de leur congrégation. Quelques maisons ont été fondées en France, au Piémont et aux États-Unis. Philippine Duchesne est devenue une véritable icône, elle qui, désireuse d'évangéliser le Nouveau Monde, est partie en 1818 pour fonder un établissement en Louisiane, le premier d'Amérique.

Bien que les traversées et la mise en place de la mission aient été déléguées par Barat aux religieuses, à son avis, elles pouvaient entreprendre des tâches de ce genre – comme ce sera le cas d'Anna du Rousier lorsqu'elle a entrepris la mission chilienne –, la décision de fonder dépendait d'elle. Évidemment, le sujet était analysé par la plus

---

11 Pauline PERDRAU, *Les loisirs de l'Abbaye*, I, Maison-mère, 1934, p. 422–424 ; Phil KILROY, *Magdalena Sofía Barat. Una vida*, Madrid, Ediciones Encuentro, 2000, p. 77–78.

12 L'expression vient de Sol Serrano car, à l'époque, l'archevêque de Santiago les appelait les « vierges de la charité ».

haute hiérarchie avant de donner l'aval et on résolvait au sein de cette instance la forme par laquelle il serait réalisé. Une fois la fondation achevée, la supérieure générale entretenait une correspondance soutenue avec la responsable pour se tenir au courant de la situation et instruire la nouvelle communauté de ses responsabilités. Bien que l'idéal de la société ait toujours été l'uniformité dans l'éducation, en tenant compte du *Ratio Studiorum* jésuite, plusieurs fois, celle-ci devait être adaptée aux coutumes des nouveaux lieux où elles arrivaient.

Au début, c'étaient les religieuses qui cherchaient des lieux où s'installer, situation qui s'est rapidement inversée, car des demandes de fondations ont commencé à surgir. Sans doute, le facteur économique était important pour monter une nouvelle maison, un financement concret étant cherché pour satisfaire les demandes de fondations qui augmentaient. Même si, dans certains cas, les demandes étaient accompagnées par une proposition de revenus, la maison mère s'est toujours assurée de trouver aussi d'autres sources de revenus. Cela explique le retard et la quantité de correspondance qu'a impliquée chaque nouvelle fondation. Cependant, l'analyse de l'ensemble met au jour des chiffres étonnants. En 1843, il y avait 553 religieuses professes ; vingt ans après, la société était formée de 3500 religieuses en 86 établissements : 44 en France ; 15 aux États-Unis ; 5 au Canada ; 4 en Italie ; 3 dans l'Empire autrichien ; 3 en Irlande ; 2 en Amérique latine ; 2 à Cuba ; 2 en Prusse ; 2 en Belgique ; 2 en Espagne ; 1 en Angleterre et 1 en Hollande[13]. Cette politique missionnaire était aussi une façon de fortifier le lien entre les religieuses et le clergé, puisque les constitutions mentionnaient que les maisons du Sacré-Cœur dépendaient de l'évêque du lieu. C'est pour cette raison que la supérieure générale devait être en lien avec tous les évêques qui avaient un établissement dans leur diocèse.

Lors de l'établissement de la fondation chilienne, la Société du Sacré-Cœur se trouvait dans une période de grande expansion. Cependant, les religieuses disponibles pour réaliser des nouveaux projets étaient peu nombreuses, d'où le nombre si réduit de celles qui arrivent au Chili, le dernier coin du monde. Les trois pionnières en Amérique du Sud ont réussi à consolider l'œuvre en peu d'années.

La Société du Sacré-Cœur proposait une éducation pour les filles avec un programme d'études particulier, comprenant l'enseignement

---

[13] Phil KILROY, *Magdalena Sofía Barat. Una vida, op. cit.*, p. 617, 757 et 770.

de beaucoup de matières en français, ce qui, éventuellement, pouvait s'adapter aux mœurs du pays. C'était une manière de continuer à répandre la culture française durant une période où la France exerçait une forme d'« impérialisme culturel »[14]. Étant donné qu'au Chili, les femmes venaient tout juste de commencer à aller à l'école systématiquement, cette éducation continuerait de façonner l'influence francophone chez les élèves et, plus tard, dans la société. Cela explique que, durant les dernières décennies du XIXe siècle et même vers 1950, il était commun que les personnes « cultivées » aient eu une maîtrise correcte de la langue française[15].

Les Dames du Sacré-Cœur amenaient un régime moderne d'éducation, qui impliquait que les élèves soient internes, ce qui, selon les paramètres de cette époque, était la seule manière de réussir à avoir une véritable éducation. Les connaissances élémentaires étaient enseignées de manière systématique, selon un programme d'études préconçu. Les matières principales étaient la religion, la lecture, la calligraphie, l'histoire, la géographie, la cosmographie, la grammaire, l'arithmétique, la littérature, la mythologie, la physique, l'histoire naturelle, les travaux manuels, le piano et le chant, le dessin et la peinture. Cependant, le concept d'éducation était beaucoup plus ample que le programme d'études. Il ne s'agissait pas seulement d'instruire les petites filles en leur transmettant des connaissances basiques, mais aussi de leur donner une formation morale profonde pour pouvoir faire face au monde. De plus, on enseignait l'attitude nécessaire et les bonnes manières dignes de leur nature féminine.

Au Chili, jusqu'à cette époque, les femmes n'avaient pas pu opter pour une éducation scolarisée. Durant la période espagnole, les petites filles étaient envoyées dans les monastères pour apprendre selon la tradition baroque en portant une attention toute particulière à l'acquisition de connaissances à travers les sens, par les travaux manuels et les tâches ménagères. Allant de pair avec l'avènement de la république, l'éducation est devenue une priorité, mais les efforts principaux s'étaient orientés

---

[14]   Francisco Javier GONZÁLEZ, *Aquellos años franceses (1870–1900). Chile en la huella de París*, Santiago, Taurus, 2003. L'auteur explore dans différents domaines le rôle de la France en tant que référence culturelle pour l'Amérique latine, en particulier le cas du Chili, à travers la lecture, la littérature, le journalisme, la langue, entre autres.

[15]   *Ibid.*, p. 70–76.

vers les hommes. Avec l'arrivée des religieuses des Sacrés Cœurs de Jésus et de Marie (Picpus) en 1838 se met en pratique le modèle éducatif qu'elles apportent, semblable à celui du Sacré-Cœur. Dans le cas du Chili, comme elles s'installent à Valparaiso et ensuite à Santiago, elles se concentrent sur l'école gratuite plus que sur l'éducation des petites filles de l'élite. C'est grâce aux Dames du Sacré-Cœur que s'introduit certainement le modèle de Sophie Barat reposant sur le *Ratio Studiorum* jésuite qui permet aux femmes d'accéder aux connaissances et pratiques qui, auparavant, étaient strictement réservées aux hommes en mettant un fort accent sur la religion, mais sans négliger les connaissances profanes[16].

Dans le Chili du XIXe siècle, ainsi que dans la France post-révolutionnaire, l'éducation féminine a acquis une grande importance pour l'Église, reconnaissant le rôle de la femme comme un agent éducatif de premier ordre au sein de la famille, appelée la « petite république ». De plus, tout ceci devient important, étant donnée la conjoncture idéologique éprouvée par la société chilienne qui vivait un processus de laïcisation[17]. Ce ne fut pas facile de mettre en place le modèle français dans la société chilienne. D'une part, parce qu'on n'envoyait pas les filles à l'école, et d'autre part, parce que, selon les religieuses, elles ne semblaient pas avoir été formées dans la rigueur. Dans les sources, les commentaires à ce sujet sont nombreux. Par exemple, ce qui attirait l'attention des religieuses, c'était la « répugnance » qu'avaient les petites filles chiliennes face au travail et au mouvement[18]. Elles se référaient aussi en général au manque de ponctualité et au manque de discipline dans la vie quotidienne[19]. Ainsi, il a fallu commencer par imposer l'ordre.

---

[16] Sol SERRANO (dir.), *Vírgenes viajeras, op. cit.* L'étude préliminaire met en contexte l'impact et la nouveauté que ces sœurs françaises actives ont signifiée pour la société chilienne.

[17] À partir des années 1860, des discussions parlementaires ont commencé au Chili afin de séparer l'Église de l'État. Cela n'a été réalisé qu'avec la constitution de 1925. Cependant, à mesure que le XIXe siècle progressait, l'Église se sentait menacée et, par conséquent, il était nécessaire de renforcer la formation catholique au sein des foyers parmi les futurs citoyens de la République.

[18] *Vida de la Reverenda Madre Ana du Rousier, fundadora de las casas de las religiosas del Sagrado Corazón en Chile*, Friburgo, Herder, 1904, p. 260.

[19] À la fin des vacances, les internes ne retournaient pas à l'école ponctuellement, les familles agissant selon leur propre calendrier, Alexandrine DE LA TAILLE-TRETINVILLE, *Educar a la francesa, op. cit.*, p. 205.

À quelques exceptions près, généralement, les leçons étaient données en français, de même que la communication entre les religieuses et les élèves. C'est ainsi que la différence de langues qui semblait une difficulté a très vite été considérée comme l'un des plus grands avantages de leur enseignement, la plupart des élèves du collège ayant pu apprendre la langue française à la perfection, en étant pratiquement bilingues, ce qui leur ouvrait une opportunité culturelle. La scolarité de Juanita Fernández est assurément un élément essentiel de sa trajectoire spirituelle, lui donnant plus qu'une instruction, une « éducation dans la foi ». Cette pédagogie avait comme référent le *Ratio Studiorum* jésuite, grâce à l'audace de sa fondatrice, Sophie Barat, qui a réussi à concilier le religieux, le moral, la question de la discipline et l'académique, l'ensemble se trouvant toujours au centre de l'instruction religieuse[20].

Des moments importants dans la formation chrétienne de Juanita au collège ont été sa première communion et son admission comme « fille de Marie » dans la congrégation portant ce nom. Elle écrit : « Ma vie comprend deux périodes, plus ou moins depuis l'âge de raison jusqu'à ma première communion. Jésus m'a comblée de faveurs autant dans la première période que dans la deuxième : de ma première communion jusqu'à présent [c. 1917][21]. »

Ce sont ces religieuses qui ont introduit au Chili la coutume de célébrer cet événement avec une fête d'après l'usage européen, tradition qui s'est maintenue jusqu'à présent. Cela s'explique par l'importance particulière accordée au sacrement de l'Eucharistie par les dévots du Sacré-Cœur[22]. Juanita, élevée chrétiennement dans son entourage familial, et pénétrée de l'esprit des religieuses de son école, depuis toute petite, attendait avec un désir ardent ce jour : « Chaque jour, je demandais à ma maman la permission de faire ma première communion. […] Il me semblait […] que ce jour n'arriverait jamais[23]. »

---

[20] Marie-France Carreel, *Sophie Barat. Un projet éducatif pour aujourd'hui*, Paris, Éditions Don Bosco, 2003.

[21] « Mi vida se divide en dos periodos : más o menos desde la edad de la razón hasta mi Primera Comunión : Jesús me colmó de favores tanto en el primer periodo como en el segundo : desde mi Primera Comunión hasta ahora », Teresa de Los Andes, *Diario. Obras Completas, op. cit.*, 1, p. 67–68.

[22] Alexandrine de la Taille-Tretinville, *Educar a la francesa, op. cit.*, p. 289–292.

[23] « Yo cada día pedía permiso a mi mamá para hacer mi Primera Comunión. […] Me parecía […] que ese día no llegaría jamás », Teresa de Los Andes, *Diario. Obras Completas, op. cit.*, 5, p. 75–76.

Cette hâte à s'approcher de l'autel n'était pas rare dans son temps, puisqu'il s'agissait de la cérémonie la plus importante de l'enfance pour les catholiques. Pendant toute l'enfance, les petites filles se préparaient pour ce moment, elles s'habillaient comme des petites fiancées pour recevoir le sacrement, occasion où l'on rappelait explicitement que son être s'acheminait vers l'éternité. Telle était la portée de la fête pour laquelle il était usuel que les petites filles soient photographiées dans une attitude de prière. C'est le cas de Thérèse des Andes, qui est à genoux, portant des habits blancs et délicats, et contemple une image de l'Immaculée Conception[24].

Le pouvoir de la mission catholique est évident si on analyse la cérémonie de la première communion, puisqu'on reproduit le modèle européen avec une fidélité absolue. Comme l'a justement remarqué Carol E. Harrison, la réception du sacrement dans des circonstances spéciales était une manière de donner un exemple de l'importance de l'Église et de son adaptation au monde moderne[25] et d'intégrer les enfants à la communauté catholique. Les enfants renaissaient grâce à la communion pour faire face au monde dans lequel ils vivaient : le « pouvoir mystique » attribué à ce moment laisse des traces dans la vie de Juanita[26]. Perçu comme « un jour sans nuages », elle a raconté l'épisode en démontrant une maturité spirituelle caractéristique d'une femme catholique de son époque plutôt que d'une fillette de dix ans : « Ce n'est pas pour décrire ce que j'ai éprouvé pour Jésus dans mon âme… : "Ah, Jésus, je t'aime ; je t'adore !" Et [la Vierge], je la sentais près de moi. Oh, combien se dilate le cœur ! Et pour la première fois, j'ai senti une délicieuse paix[27]. »

À partir de là, Juanita commence à communier presque tous les jours, demeurant très attachée à la Vierge Marie et au Christ. Elle s'approprie des dévotions héritées de France, que lui ont transmises les religieuses françaises, notamment celles du Sacré-Cœur, qui sont des clés de sa

---

[24] Il y a une photographie de sa première communion dans les archives du monastère du Saint-Esprit à Los Andes au Chili.

[25] Carol E. Harrison, *Romantic Catholics. France's Postrevolutionary Generation in Search of a Modern Faith*, New York, Cornell University Press, 2014, p. 35.

[26] *Ibid.*, p. 65.

[27] « No es para describir lo que pasó por mi alma con Jesús. […] ¡Ah, Jesús, yo te amo ; yo te adoro !' […] Y [a la Virgen] la sentía cerca de mí. ¡Oh, cuánto se dilata el corazón ! Y por primera vez sentí una paz deliciosa », Teresa de Los Andes, *Diario. Obras Completas, op. cit.*, 6, p. 78.

spiritualité. Elle vit une première expérience surnaturelle à treize ans alors qu'ayant invoqué le Sacré-Cœur en regardant une image du Christ affichée dans sa chambre, ce dernier lui aurait parlé[28].

Par ailleurs, la dévotion à la Vierge Marie marque sa vie, en lien avec le monde français et d'abord Notre-Dame-de-Lourdes. Cette dévotion a eu beaucoup de force au Chili. En 1880, on a même construit à Santiago, dans un secteur éloigné de la ville, un sanctuaire dédié sous la forme d'une grotte imitant celle de Massabielle[29]. Les religieux assomptionnistes étaient les animateurs de ce centre spirituel et, rapidement, des personnes de toutes les couches sociales se sont mobilisées, s'y rendant en pèlerinage. Juanita constate dans son journal que, depuis son enfance, une image l'a toujours accompagnée[30]. Elle décrit sa visite à la grotte avec sa mère, à l'âge de 16 ans, pour la célébration du 11 février comme un événement important et, avec ces mots, elle exprime la signification du sanctuaire pour les fidèles : « Lourdes ! Cette seule parole fait vibrer les cordes les plus sensibles du chrétien, du catholique. C'est un ciel dans l'exil. Porte enrobée dans son manteau de mystère toute la grandeur que le cœur catholique est capable de sentir[31]. »

Allant de pair avec cette expérience mystique, Juanita fait un grand pas de plus lorsqu'elle intègre la confrérie des Filles de Marie. À partir d'une pratique française, les religieuses ont également instauré au Chili cette association. Les Filles de Marie constituaient une élite à l'intérieur de l'école. Dirigées par un prêtre et à l'aide d'un règlement, en revenant au monde, elles conservaient leur dignité et continuaient à être groupées sous le titre de « Filles de Marie de dehors ». En plus d'être une manière de maintenir le lien entre le collège et ses anciennes élèves, c'était la preuve que la formation reçue ne s'achevait pas lorsqu'on quittait le pensionnat, mais demeurait tout au long de la vie dans leurs âmes. Elles avaient des symboles et des rites propres, tels que la « résolution de fidélité à leurs

---

[28]   *Ibid.*, p. 81.

[29]   Sol SERRANO, *¿Qué hacer con Dios en la República ? Política y secularización en Chile*, Santiago, Fondo de Cultura Económica, 2008, p. 284 et s.

[30]   TERESA DE LOS ANDES, *Diario. Obras Completas, op. cit.*, 5, p. 74.

[31]   « ¡Lourdes ! Esta sola palabra hace vibrar las cuerdas más sensibles del cristiano, del católico. Significa un cielo en el destierro. Lleva envuelto en su manto de misterio todo lo grande de que es capaz de sentir el corazón católico », TERESA DE LOS ANDES, *Diario. Obras Completas, op. cit.*, 19, p. 112.

exercices de piété » et le port d'une médaille, la même à travers le monde, « signe de dévotion à Marie »[32].

En tant que Fille de Marie, Juanita s'engage à poser des gestes de piété et à pratiquer un apostolat d'aide à son prochain, toujours d'après le modèle français[33]. D'après Élisabeth Dufourcq, le « catholicisme en mouvement », dont le but était le soutien des nécessiteux, incluait même la visite des pauvres dans leurs domiciles pour les réconforter du point de vue moral et matériel[34]. Juanita perçoit cette appartenance comme si importante qu'elle commence à signer sa correspondance en tant que « Fille de Marie ».

Lectures carmélitaines : la petite Thérèse de Lisieux

C'est bien ce substrat culturel et religieux complet qui a préparé Juanita à lire et à appréhender la spiritualité des Françaises mystiques du XIXe siècle, Thérèse de Lisieux et Élisabeth de la Trinité. Elle le fait peu à peu au fil de sa formation, c'est-à-dire qu'elle grandit avec celles-ci et elles deviennent partie prenante de sa vie.

Son rapprochement des carmélites françaises a lieu parallèlement à la lecture du fameux roman autobiographique *Récit d'une sœur* de Pauline Craven, qui dresse le portrait de la vie d'une famille aristocratique autour de l'amour pur et de la tragédie de la mort durant la Contre-Révolution[35]. À 17 ans, Juanita avoue l'avoir lu pour la deuxième fois pendant ses vacances. Le livre, publié à Paris en 1866, fut un succès de ventes et, à la surprise de son auteur, après un an, il comptait plus de dix mille exemplaires, les personnages du roman étant devenus partie intégrante de la vie des lecteurs, principalement des femmes. En 1903, il était déjà édité à Santiago du Chili en espagnol, conduisant les lectrices de l'autre

---

[32] *Reglamento de la Congregación de las Hijas de María establecida en la Casa del Sagrado Corazón de Jesús*, Santiago, Imprenta del Correo de Ramón Varela, 1875, p. 10–17.

[33] Alexandrine DE LA TAILLE-TRÉTINVILLE, *Educar a la francesa*, *op. cit.*, p. 286–298.

[34] Alexandrine DE LA TAILLE et Macarena PONCE DE LEÓN, « Mujer católica y caridad activa : agentes de cambio en las formas de protección de la nueva pobreza urbana. Santiago (1850–1890) », *Catolicismo social*, Santiago, Teología Universidad Católica, 2009, p. 115–138.

[35] TERESA DE LOS ANDES, *Cartas, Obras Completas*, c. 11 a Carmen de Castro, Chacabuco, 4 février 1917, p. 227.

côté de l'Atlantique à éprouver le même désir d'éternité et il marquait, comme en Europe, toute une génération de catholiques de tous âges.

Ce livre a fait partie de beaucoup de bibliothèques de familles chiliennes, étant une lecture obligée pour les filles qui y cherchaient plus qu'un passe-temps, une forme de croissance spirituelle[36]. Ainsi, pour Juanita et ses contemporaines, les personnages de la famille de La Ferronnays ont été des modèles de sainteté moderne dans le monde bouleversé par la Révolution[37]. Elles ont fortement illustré, dans la même ligne que les Dames du Sacré-Cœur, l'importance du rôle féminin pour transmettre la foi depuis le foyer.

Cette proximité avec la culture française marquée notamment par les années de collège, les lectures, l'architecture d'une ville qui assimile les modèles parisiens et les pratiques de piété, est ce qui a permis à Juanita de connaître et de comprendre l'entourage de la petite Thérèse, dont la proximité et la dévotion sont prises en charge à l'adolescence. Juanita raconte dans son journal qu'à l'âge de 14 ans, quand elle subit une opération de l'appendicite, au cours de laquelle elle craint pour sa vie, sa mère aurait adressé à la jeune carmélite de Lisieux une neuvaine pour son rétablissement. À ce stade, elle se considérait déjà « très dévote » de la carmélite française[38]. Et plus tard, elle ne révèle pas seulement sa connaissance de la Française, mais aussi sa proximité particulière et même son identification à la sainte[39].

Formée dans le microcosme que représentait l'école du Sacré-Cœur, Juanita comprend non seulement ce qu'elle lit, mais elle l'assume, et on pourrait prendre le risque de la considérer comme faisant partie de « l'histoire événementielle » de la mission carmélite du siècle qui l'a précédée. Elle perçoit en elle l'émergence, d'abord grâce à Thérèse puis grâce à Élisabeth, du rôle de la carmélite qui réussit à évangéliser depuis le silence et la solitude, depuis sa cellule jusqu'au dernier recoin

---

[36] La correspondance et les journaux privés sont pleins d'allusions au roman. Par exemple Blanca WALKER DE PÉREZ, « Cartas a mis nietas ». Ces mémoires inédits racontent l'enfance et la jeunesse de deux sœurs catholiques chiliennes au début du XXᵉ siècle. Pour elles, le *Récit d'une sœur* était une référence.

[37] Carol E. HARRISON, *Romantic* Catholics, *op. cit.*, p. 150 et s. L'étude fournit une étude approfondie du roman, de son auteure et de son impact sur les lecteurs, en particulier les femmes.

[38] « Muy devota », TERESA DE LOS ANDES, *Diario. Obras Completas*, *op. cit.*, 8, p. 82.

[39] TERESA DE LOS ANDES, *Diario. Obras Completas*, *op. cit.*, 13, p. 94.

du monde. Bien que la sainte de Dijon[40] ait été considérée comme la plus proche de Juanita (« son âme est pareille à la mienne »[41]), l'influence de la future patronne des missions est essentielle. La similitude entre celle-ci et Juanita se manifeste dans sa propre vie jusqu'à l'intimité de l'âme. Bien qu'elle souligne les ressemblances, la Chilienne n'ose pas s'identifier complètement à la Française : « Son âme a quelques aspects semblables à la mienne[42]. » Elle ne se sentait probablement pas digne d'une telle concordance. Cependant, elle a toujours pensé qu'elle mourrait à 24 ans comme la sainte de Lisieux[43].

En supposant que Juanita est dévote de la petite Thérèse dès 1914, il n'est pas étonnant que sa figure soit un protagoniste et un modèle dans ses écrits. La prose des deux est similaire, de même que les aspects biographiques. De plus, du point de vue historique, la proximité d'époque peut être considérée comme l'un des facteurs qui les a unies. Le courage et l'inconditionnalité des récits de Thérèse de Lisieux, presque contemporaine de Juanita, et son langage pareil au sien l'encouragent à comprendre sa vocation au Carmel. La plume de Thérèse de l'Enfant Jésus est une plume amoureuse. Les paroles qu'elle adresse à Jésus exhortent la jeune Chilienne à se projeter dans l'avenir : « J'ai compris que l'amour contenait en soi toutes les vocations, que l'amour était tout, que l'amour embrassait tous les temps et lieux […] ? En un mot que l'amour est éternel ! Alors, au bord de ma joie délirante, je me suis exclamée : Jésus, mon amour… Enfin j'ai trouvé ma vocation ! Ma vocation c'est l'amour ![44] »

Pour notre étude, il est essentiel de constater l'efficacité du réseau culturel existant outre-mer, puisque Juanita ne connaissait aucun Carmel ni aucune religieuse de l'ordre. Elle a eu accès à leur charisme uniquement par les lectures. Dûment formée par des religieuses françaises, elle comprend la signification profonde de ces écrits, si simples, semble-t-il, en se sentant attirée par la vie de sacrifice et d'amour que lui ont montrée ces carmélites à travers leurs écrits.

---

[40]   Canonisée le 16 octobre 2016 à Rome.

[41]   « Su alma es parecida a la mía », Teresa de Los Andes, *Diario. Obras Completas, op. cit.*, 28, p. 128.

[42]   « Su alma tiene algunos puntos parecidos a la mía », Teresa de Los Andes, *Diario. Obras Completas, op. cit.*, 13, p. 94.

[43]   Teresa de Los Andes, *Diario. Obras Completas, op. cit.*, 10, p. 87.

[44]   Thérèse de Lisieux, *Œuvres complètes*, manuscrit B, Paris, Cerf, 2011, p. 226.

À 16 ans, Juanita constate clairement sa proximité dévote avec Thérèse de Lisieux : « Quand je suis revenue chez moi pour une journée, j'ai vu que la mère supérieure Carmen, sans me connaître, m'avait envoyé avec ma mère un portrait de Thérèse de l'Enfant Jésus, ce qui m'a fait grand plaisir. Je vais me confier à la petite Thérèse pour qu'elle me soigne et que je devienne carmélite. Mais je veux seulement que la volonté de Dieu s'accomplisse. Il sait mieux que personne ce qui me convient. Oh, Jésus, je t'aime ; je t'adore de toute mon âme ![45] » Elle se sent interpellée par la carmélite française en raison de la similarité de leurs âmes, comme nous l'avons déjà dit et, à partir de sa lecture, une fois de plus, elle idéalise son avenir derrière la clôture : « Depuis ce moment-là, j'ai compris que le Carmel est un petit bout du ciel et que le Seigneur m'appelait vers ce Mont[46]. »

Néanmoins, à l'âge de 18 ans, lorsqu'elle a déjà quitté le collège et qu'elle envisage son avenir proche comme « épouse de Christ », elle doute du chemin à suivre. Fille de son temps où prospèrent les congrégations de vie active, elle hésite entre la clôture et la société qui l'a formée. De même qu'elle connaissait seulement les carmélites par ses lectures[47], elle avait un lien profond d'affection, de gratitude et d'admiration envers les religieuses françaises du Sacré-Cœur : « Par ailleurs, j'aimerais être du Sacré-Cœur, parce que c'est une vie de sacrifice perpétuel ; c'est aussi une vie de prière […]. De plus, quand les petites filles au cours de leur formation rencontrent des difficultés, à qui recourent-elles sinon à Dieu, pour qu'il leur ouvre le chemin afin d'amener ces âmes à Lui ? […]. Elles passent du temps à voir constamment chez les petites filles l'émergence de l'esprit du monde, de l'amour, du confort et cependant, elles doivent constamment se sacrifier en vivant dans la plus grande pauvreté […].

---

[45]   « Cuando salí a la casa por el día, me encontré que la Madre Superiora del Carmen, sin conocerme, me había enviado un retrato de Teresita del Niño Jesús, con mi mamá ; lo que me ha proporcionado mucho gusto. Me encomendaré a Teresita para que me sane y pueda ser Carmelita. Pero no quiero sino que se cumpla la voluntad de Dios. El sabe mejor lo que me conviene. ¡ Oh, Jesús, te amo ; te adoro con toda mi alma ! », Teresa de Los Andes, *Diario. Obras Completas, op. cit.*, 11, p. 91.

[46]   « Desde entonces he comprendido que el Carmen es un cachito de cielo y que a ese Monte santo me llamaba el Señor », Teresa de Los Andes, *Cartas. Obras Completas, op. cit.*, C. 14, a la Madre Angélica Teresa, 5 septembre 1917, p. 235.

[47]   Elle a remarqué dans sa correspondance : « Je ne connais aucun Carmel, et non plus aucune Carmélite » (« No conozco ningún Carmen, ni he visto ninguna carmelita »), Teresa de Los Andes,*Cartas. Obras Completas*, 1995, C 36 à Madre Angélica Teresa, 7 septembre 1918, p. 284.

Sans avoir même une pauvre cellule, elles dorment toutes ensemble [...]. La carmélite a besoin de se joindre à Dieu et de se remplir de Lui complètement, mais elle le garde ; alors que celle du Sacré-Cœur doit se remplir de Dieu et le donner aux âmes ; donc, elle a besoin d'un lien très fort ; sinon, elle restera sans Dieu et alors, elle ne pourra rien donner aux âmes[48]. »

Finalement, elle se décide pour le Carmel, surtout par son désir ardent de se joindre pour toujours à Jésus et de l'avoir comme priorité unique : « La vie de la carmélite consiste à aimer, à contempler et à souffrir. Elle vit seule avec son Dieu. Entre elle et lui, il n'y a pas de créature, il n'y a pas de monde, il n'y a rien, puisque son âme atteint la plénitude de l'amour, elle se fond dans la divinité, atteint la contemplation du Dieu Amour[49]. »

Le Carmel : onze mois

En embrassant définitivement la vocation et sa nouvelle vie au Carmel, par son langage mystique, ce qu'elle décrit comme « un ciel »[50], sa proximité avec la petite Thérèse de Lisieux sera chaque fois plus grande. Sur la même longueur d'onde que la religieuse française, elle résume sa vie en deux mots : « souffrir et aimer »[51].

---

[48] « Por otra parte me gustaría ser del Sagrado Corazón, porque es una vida de perpetuo sacrificio ; es también vida de oración, [...] además cuando en la educación de las niñas encuentran dificultades ¿ a quién recurren sino a Dios, para que les allane el camino para llevar esas almas a Él ? [...] Viven viendo constantemente en las niñas el espíritu del mundo, el amor a la comodidad, y, sin embargo, ellas deben sacrificarse constantemente viviendo en la mayor pobreza [...] Sin tener ni siquiera una pobre celda, duermen de a cuatro [...] La Carmelita necesita unirse a Dios y llenarse de Él por completo, pero lo guarda ; mientras que la del Sagrado Corazón debe llenarse de Dios y darlo a las almas ; luego necesita mucha unión, pues si no, se quedará ella sin Dios y entonces no podrá dar nada a las almas », TERESA DE LOS ANDES, *Diario. Obras Completas, op. cit.*, 47, p. 177 et s. ; *Cartas*, C. 45, à padre José Blanch, 13 décembre 1918.

[49] « La vida de la carmelita consiste en amar, contemplar y sufrir. Vive sola con su Dios. Entre ella y Él no hay criaturas, no hay mundo, no hay nada, pues su alma alcanza la plenitud del amor, se funde en la Divinidad, alcanza la contemplación del Dios Amor », TERESA DE LOS ANDES, *Diario. Obras Completas, op. cit.*, 47, p. 178.

[50] « Un cielo », *ibid.*, p. 178.

[51] « Sufrir y amar », TERESA DE LOS ANDES, *Diario. Obras Completas, op. cit.*, 1, p. 67.

Ce double aspect de son passage par le Carmel, clairement exprimé dans son journal et dans sa correspondance, nous révèle la certitude de la part de Juanita, à présent Thérèse de Jésus : l'oraison, fondement du Carmel, comme moyen efficace pour le salut des âmes.

La lettre du 25 mars 1919, dans laquelle Juanita demande la permission à son père d'entrer dans l'ordre, transmet clairement cette urgence missionnaire : « C'est pourquoi j'irai au Carmel : pour assurer mon salut et celui de tous les miens. Votre fille carmélite est celle qui veillera toujours au pied des autels pour les vôtres, qui se livrent aux nombreuses préoccupations dont ils ont besoin pour vivre au monde[52]. » Par son essence, le Carmel avait toujours été un lieu propice pour l'ardeur missionnaire. Ainsi le manifestait Thérèse d'Avila, la réformatrice de l'Ordre au XVIe siècle, après avoir offert sa vie en permanence pour la conversion des pécheurs et la sanctification des missionnaires : « Je donnerai mille vies pour sauver une seule âme parmi toutes celles qui se perdent[53]. »

En suivant ses pas, Thérèse de Lisieux, reconnue par Pie XI comme patronne des missions en 1927, démontrait par sa propre vie que l'idéal de la sainte d'Avila continuait à être vivant. Benoît XVI l'a d'ailleurs souligné : « Même en vivant dans un cloître, elle a pris tellement au sérieux son rôle de collaboratrice des missionnaires que, comme dans un droit d'adoption, elle a offert pour eux à son époux divin Jésus ses prières, les pénitences volontaires et réglementaires, et surtout les douleurs aiguës que sa pénible maladie lui provoquait. »

En suivant le modèle des deux Thérèse, Thérèse la Chilienne s'efforce de devenir missionnaire, depuis l'humilité de sa cellule. Dans ce but, à l'image de ses devancières, elle offre ses multiples souffrances et profite de la correspondance comme moyen d'apostolat. Par exemple, elle écrivait à son frère Lucho : « La nécessité d'âmes est encore plus grande, parce que livrées complètement au service de Dieu, elles le louent constamment à cause des injures qu'ils lui font dans le monde [...]. Des âmes qui

---

[52]   « A eso iré al Carmen : a asegurar mi salvación y la de todos los míos. Su hija carmelita es la que velará siempre al pie de los altares por los suyos, que se entregan a mil preocupaciones que se necesitan para vivir en el mundo », Teresa de Los Andes, *Cartas.Obras Completas*, à son père, 25 mars 1919, p. 410.

[53]   Teresa de Ávila, *Camino de perfección*, 1, 2 ; Catherine Marin, « L'Union apostolique de Thérèse de l'Enfant Jésus et d'Adolphe Rolland, missionnaire en Chine (1896–1897) », *Histoire et Missions Chrétiennes*, n° 15, 2010, p. 64–65.

s'immolent dans le silence, sans aucune ostentation de gloire, au fond des cloîtres pour l'humanité déicide. Oui, Lucho. La carmélite donne plus de gloire à Dieu que n'importe quel apôtre. Avec sa prière, sainte Thérèse a sauvé plus d'âmes que saint François-Xavier ; et cet apostolat, elle l'a fait en l'ignorant elle-même[54]. »

Alors que la carmélite de Lisieux n'a pas encore reçu les honneurs liturgiques, sa renommée de sainteté est arrivée loin et la jeune novice chilienne se centre sur son idéal missionnaire. Il est frappant de voir comment la lecture de la mystique française faite depuis l'enfance a transpercé son âme. Nous reconnaîtrons toujours son influence dans ses écrits, depuis le récit de la première communion jusqu'aux profondes réflexions sur l'amour sponsal. Nous percevons, chez ces deux carmélites, le désir ardent pour la mission, la valeur de la souffrance et le vœu du martyre : « Entre-temps, je peux également [être martyre au Carmel], en mourant moi-même à chaque instant[55]. »

Ce trait de leur spiritualité est aussi de son temps puisque, bien que le XIXe siècle ait connu une augmentation de la dévotion à la Vierge Marie, aux saints patrons et au Sacré-Cœur[56], il a aussi perpétué une religiosité marquée par la Passion de Christ, propre à l'âge baroque[57], en mettant davantage l'accent sur les souffrances physiques de Jésus pour la rédemption de l'humanité. Cela reflète une piété très orientée vers la douleur et la souffrance, conduisant à une tendance, surtout féminine, au sacrifice. La « voie douloureuse » est même arrivée à être considérée, par certains, comme la manière pour les femmes[58] d'avoir une relation

---

[54] « Mayor aún es la necesidad de almas que, entregadas completamente al servicio de Dios, lo alaben constantemente por las injurias que en el mundo se le hacen […]. Almas que se inmolen en el silencio, sin ninguna ostentación de gloria, en el fondo de los claustros por la humanidad deicida. Sí, Lucho. La carmelita da más gloria a Dios que cualquier apóstol. Santa Teresa, con su oración, salvó más almas que San Francisco Javier ; y este apostolado lo hizo desconociéndolo ella misma », Teresa de Los Andes, *Cartas. Obras Completas, op. cit.*, lettre à Lucho, 14 avril 1919, p. 431.

[55] « Entre tanto, también puedo ser mártir en el Carmen, muriendo a mí misma en cada instante », Teresa de Los Andes, *Cartas. Obras Completas, op. cit.*, lettre à Padre José Blanch, 28 avril 1919, p. 463.

[56] Philippe Martin, *Une religion des livres (1640–1850)*, Paris, Cerf, 2003, p. 221–226.

[57] *Ibid.*, p. 232.

[58] Richard D. E. Burton, *Holy Tears, Holy Blood. Women, Catholicism, and the Culture of Suffering in France (1840–1970)*, Ithaca and London, Cornell University Press, 2004, p. XIII–XIV.

à Dieu. La femme catholique pouvait jouer ces rôles : servir, obéir, s'occuper du souffrant et souffrir elle-même[59].

Chez les deux carmélites, la notion de « souffrance vicaire » a été décisive : la nécessité de souffrir pour les autres, pour ceux qui souffrent et ceux qui ne souffrent pas, pour qu'ils se sauvent[60]. Ainsi l'écrivait Thérèse des Andes à son frère Miguel : « Crois-moi que ma vie entière sera une immolation perpétuelle pour toi, pour que tu sois un bon chrétien. Souviens-toi de ta sœur carmélite [...]. S'il est nécessaire que je perde ma vie pour que tu reviennes sur tes pas et commences la véritable vie chrétienne, la voici pour Dieu[61]. »

La souffrance que les deux Thérèse ont éprouvée, et pour laquelle elles ont remercié Dieu, était un instrument pour la mission et leur but était le salut des hommes, en particulier celui des prêtres. Dans de nombreuses occasions, elles l'indiquent dans leurs écrits. Par exemple, Thérèse des Andes s'immolait pour eux avant d'entrer au couvent : « Je voudrais passer ma vie en souffrant pour réparer mes péchés et ceux des pécheurs. Pour que les prêtres soient sanctifiés[62]. »

Selon Claude Langlois, dont la recherche sur la petite Thérèse a éclairé l'interprétation et la contextualisation de ses écrits, il est essentiel dans la vie des carmélites, et dans le cas de Thérèse de Lisieux, de se considérer « victime d'holocauste » donnée à l'amour miséricordieux de Dieu, cette prémisse devenant le noyau de la vie et de la relation avec Dieu. Cette affirmation est vécue comme une continuation dans la pensée de Thérèse de Los Andes : « Je vois que ma vocation est très grande : sauver des âmes, donner des ouvriers à la vigne du Christ. Tous les sacrifices que nous faisons sont peu nombreux en comparaison de la valeur d'une âme. Un Dieu a donné sa vie pour celles-ci et nous, combien nous négligeons son salut. Moi, comme fiancée, je dois avoir soif des âmes, offrir à mon

---

[59]   *Ibid.*, p. XII et s.

[60]   *Ibid.*, p. 16.

[61]   « Créeme que mi vida entera será una continua inmolación por ti, para que seas buen cristiano. Acuérdate de tu hermana carmelita. [...] Si es necesario que yo pierda mi vida porque tú vuelvas sobre tus pasos y comiences la verdadera vida cristiana, aquí la tiene Dios », Teresa de Los Andes, *Cartas. Obras Completas, op. cit.*, lettre à Miguel, 7 mai 1919, p. 473–474.

[62]   « Quiero pasar mi vida sufriendo para reparar mis pecados y los de los pecadores. Para que se santifiquen los sacerdotes », Teresa de Los Andes, *Diario. Obras Completas, op. cit.*, 35, p. 148–149.

Fiancé le sang qu'il a versé pour chacune d'elles. Quel est le moyen pour attirer des âmes ? La prière, la mortification et la souffrance[63]. »

Par conséquent, les deux carmélites, séparées géographiquement par un océan, mais proches dans une époque et une culture, se rencontrent du point de vue du sens transcendant de la souffrance, avec une emphase si particulière qui met en évidence l'influence de la sainte française sur la Chilienne. Il s'agit d'une idée-force qui parcourt leurs écrits en démontrant comment elles ont compris leur vocation et leur appartenance au Carmel sous l'angle de la « souffrance vicaire », représentative du XIXe siècle et du début du XXe siècle[64]. De la même manière, c'est une preuve du legs de la patronne des Missions jusqu'au bout du monde, grâce à la circulation de l'écriture et de la dévotion françaises, grâce au travail missionnaire des Dames du Sacré-Cœur qui ont rapproché Juanita des pratiques de pitié et de la culture françaises.

Valeur de la correspondance pour évangéliser

Comme Thérèse de Lisieux a été autorisée par les prieures de son monastère à avoir des « frères spirituels » (Maurice Bellière, Adolphe Roulland), avec lesquels elle a maintenu une correspondance proche et fluide, Thérèse des Andes est autorisée à écrire beaucoup de lettres durant son bref passage par le Carmel.

Au contraire de son homonyme française, Juanita s'est proposé de rapprocher du ciel ses plus proches parents, son père et ses frères, Miguel et Lucho. Avant d'être religieuse, vers l'âge de 16 ans, elle notait un dialogue avec le Christ : « Enfin, il m'a ouvert et m'a montré son cœur sur lequel, par mes prières, il y avait écrit le nom de mon papa. Il m'a dit que je me résigne à ne pas voir leurs fruits, mais que j'atteindrais tout. Après, il m'a révélé son amour, mais tellement que j'ai pleuré[65]. » Des

---

[63] « Veo que mi vocación es muy grande : salvar almas, dar obreros a la Viña de Cristo. Todos los sacrificios que hagamos es poco en comparación al valor de un alma. Dios entregó su vida por ellas y nosotros cuánto descuidamos su salvación. Yo, como prometida, tengo que tener sed de almas, ofrecerle a mi Novio la sangre que por cada una de ellas ha derramado. ¿Y cuál es el medio de ganar almas ? La oración, la mortificación y el sufrimiento », Teresa de Los Andes, *Diario. Obras Completas*, *op. cit.*, 16, p. 101.

[64] Richard D. E. Burton, *Holy Tears, Holy Blood*, *op. cit.*

[65] « En fin, me abrió su corazón y me mostró que por mis oraciones tenía escrito el nombre de mi papá. Me dijo que me resignara a no ver el fruto de ellas ; mas que lo

mois après, attristée, elle disait : « J'ai de la peine parce que, bien que j'aie prié et en même temps me sois mortifiée, je n'ai pas réussi à ce que mon papa, Miguel et Lucho entrent dans une retraite. Mais que la volonté de Dieu soit faite[66]. »

Cette réalité familiale sera un *leitmotiv* dans ses écrits. Avec la correspondance écrite derrière les grilles conventuelles, elle tentera de persuader ces hommes de s'approcher plus de Dieu. Cet apostolat ne s'arrête pas à eux, mais avec la même force, il s'étend vers ceux qu'elle sent plus près de Dieu, telles sa sœur, sa mère et ses amies, en leur suggérant toujours à chacune un « chemin de perfection », selon leur niveau de piété. C'est dans ces cas, en citant Élisabeth de la Trinité, dont elle recommande la lecture, qu'elle invite notamment sa sœur Rebeca et ses amies intimes à faire de leurs âmes « une maisonnette » pour héberger Jésus[67].

Cette proximité avec la carmélite de Dijon sera de plus en plus évidente dans la correspondance de Juanita, en particulier les lettres écrites dans la dernière année de sa vie. Sans la nécessité de la mentionner, la plume de Juanita, comme Alain-Marie de Lassus l'a remarqué, est marquée par la présence des sujets élisabéthains[68]. Par exemple, à son amie et cousine Elisa Valdés Ossa, avec qui elle a toujours maintenu une correspondance, elle s'adresse, depuis son entrée au couvent, comme à Élisabeth. D'après Lassus, cela est probablement dû à sa proximité avec la sainte de Bourgogne, avec qui elle sent un lien fraternel.

Conclusion

La lecture de la correspondance et du journal intime de Thérèse des Andes sous l'angle de la contribution de la mission catholique française dans la seconde moitié du XIXe siècle et au début du XXe au Chili, établit

---

[66] alcanzaría todo. Después me reveló su amor, pero de tal manera que lloré », TERESA DE LOS ANDES, *Diario. Obras Completas, op. cit.*, 37, p. 154.
« Tengo pena porque, a pesar de haber rogado y al mismo tiempo haberme mortificado, no he obtenido que mi papá, Miguel y Lucho entraran a retiro. Pero que se haga la voluntad de Dios », TERESA DE LOS ANDES, *Diario. Obras Completas, op. cit.*, 39, p. 159.

[67] « Una casita », TERESA DE LOS ANDES, *Diario. Obras Completas, op. cit.*, 16, p. 102.

[68] Alain-Marie DE LASSUS, *Dieu est joie infinie. Études sur sainte Thérèse des Andes*, Toulouse, Éditions du Carmel, 2014, p. 31–47.

ces sources comme des documents importants pour la compréhension de ce phénomène. La plume de la sainte chilienne révèle comment, en elle, convergent trois dimensions de cette mission. Les onze années qu'elle passe au collège du Sacré-Cœur impliquent une première approche puis une approche approfondie de la culture française écrite ; les lectures réalisées pendant son enfance et sa jeunesse, les romans tout autant que les textes spirituels des carmélites contemporaines, l'attirent et la conduisent à opter pour la vie de clôture. Cela la conduit aussi à faire son propre travail missionnaire comme carmélite depuis sa cellule à travers sa correspondance. Ces éléments montrent le chemin qu'elle a parcouru dans le monde jusqu'au moment où elle le quitte pour prendre sa vocation apostolique en suivant les pas de Thérèse de Lisieux.

Le parcours de la sainte pour réussir à atteindre la maturité spirituelle et intellectuelle s'éclaire sous cette évidente influence française, accompagnée d'une série d'expériences surnaturelles de foi, comme les dialogues avec la divinité qu'elle raconte dans son journal. Après avoir pris l'habit de carmélite, elle prend à sa charge le legs reçu et met particulièrement en évidence, à travers ses lettres, le pouvoir de la mission dans cloître et la valeur de son immolation pour le salut des âmes, en suivant de très près Thérèse de Lisieux.

Le cas de la Thérèse chilienne démontre donc la portée de la mission française dans tous ses états, des « héroïnes » de Dieu qui risquent leur vie pour évangéliser aux prières intimes d'une jeune carmélite qui écrit dans le silence de sa cellule et s'offre en holocauste au profit des âmes. Elle assimile et unit, dans son option contemplative, le message hérité des filles de Sophie Barat avec celui du Carmel en mettant en évidence la force d'attraction que les Françaises missionnaires ont exercée sur elle : « J'ai compris ici au Carmel ma vocation. Je n'ai jamais compris qu'il y avait un Cœur que je ne connaissais pas ni n'honorais. Mais Lui, maintenant, il m'a illuminée. C'est ce Cœur divin où j'ai trouvé mon centre et ma maison. Ma vocation est le produit de son amour miséricordieux[69]. »

---

[69] « [...] He comprendido aquí en el Carmen mi vocación. He comprendido como nunca que había un Corazón al cual yo no conocía ni honraba. Pero Él ahora me ha iluminado. En ese Divino Corazón es donde he encontrado mi centro y mi morada. Mi vocación es el producto de su amor misericordioso », TERESA DE LOS ANDES, *Cartas, Obras Completas, op. cit.*, C. 162, À sa mère, 18 février 1920, p. 674.

Universalisation culturelle et mode d'endoctrinement : deux publications des missionnaires de Notre-Dame de La Salette[1]

Paula Leonardi

Cet article analyse deux publications périodiques de la congrégation des Missionnaires de Notre-Dame de La Salette durant les premières décennies du XXe siècle : *le Bulletin des Missionnaires de La Salette* (1903–1960), publié en France, et le *Mensageiro de Nossa Senhora da Salette* (1917), publié au Brésil. L'objectif est d'observer les ressemblances et les différences entre les deux publications en ce qui concerne les représentations de la mission éducative évangélisatrice au Brésil et le mode d'endoctrinement à l'œuvre dans ces deux publications, celles-ci faisant partie de la mission.

Nous considérons l'action des pères Salettins et des missions du XIXe siècle comme tributaires d'un processus historique d'universalisation culturelle déclenché par le catholicisme à l'ère moderne et ayant permis de mettre en rapport diverses civilisations[2]. Les ordres et les organisations ont joué un rôle important dans ce processus dans lequel l'autre est vu, progressivement, non plus comme irréductible dans ses différences, mais comme une personne envisageable et universaliste. Les missionnaires, en tant que *passeurs* culturels, s'emploient à inventer la généralisation religieuse en rendant compatible l'universalisme théologique par le biais

---

[1] Cette recherche fait partie du projet thématique « Congrégations religieuses, éducation et État national au Brésil », Fapesp, n. 2011/51829–0. Une version du présent texte sera publiée prochainement en portugais dans un livre collectif en cours d'élaboration.

[2] Paula Montero, *Selvagens, civilizados, autênticos. A produção das diferenças nas etnografias salesianas (1920–1970)*, São Paulo, Edusp-Fapesp, 2012.

de la compatibilité rituelle[3]. La presse a tenu un rôle important dans ce processus en permettant que le christianisme acquière une uniformité de culte, avec une liturgie standardisée sous une forme à peu près permanente et qui a duré quatre siècles[4].

Le XIXe siècle fut une période de développement et de généralisation de l'usage de la presse dans le monde. L'augmentation de la production de papier à partir de résine d'arbres, le développement et la diffusion du système scolaire moderne et, en corollaire, l'élargissement de la scolarisation et du lectorat ont fait de ce siècle l'espace de diffusion des publications[5]. Ce fut également le siècle où l'Église a opéré une réorganisation de son action pour faire face aux pertes significatives qu'elle avait subies en Europe et à la profusion d'idées en circulation que le développement de la presse favorisait. La concentration des commandes aux mains de la papauté et la création de nouvelles congrégations firent partie des quelques mesures prises.

Mais la politique de développement de la « bonne presse » constitua son projet le plus abouti dans le but d'affronter, avec un niveau de compétence égal, sinon supérieur, « l'autre » presse. Le pape Pie IX (1846–1878) fut érigé en icône populaire, des images sacrées furent produites à large échelle, des petites images pieuses, des bulletins, des livres et revues mensuelles étaient présents dans les foyers catholiques[6]. Des laïcs et des prêtres diocésains créèrent leurs publications et, avec l'avènement de Léon XIII (1878–1903), furent créés des organes spécifiques pour la presse au Saint-Siège[7]. La « bonne presse » fut également encouragée par le premier concile plénier de l'Amérique latine (1899), convoqué par ce

---

[3]   Nicola GASBARRO, « A modernidade ocidental e a generalização de "religião" e "civilização": o agir comunicativo das missões », dans Néri de Barros ALMEIDA et Eliane Moura DA SILVA (dir.), *Missão e Pregação,*São Paulo, Fap-Unifesp, 2014.

[4]   Jean-Marie BOMENGOLA-ILOMBA, *L'évangélisation par les médias. Recherches sur une problématique et des pratiques de l'Église catholique,* thèse de doctorat, Université Lyon 2, 2008.

[5]   Antônio NOVOA, « A imprensa de educação e ensino », dans Denice B. CATANI et Maria Helena C. BASTOS (dir.), *A educação em revista,* São Paulo, Escrituras, 1997, p. 11–31 ; Giselle Baptista TEIXEIRA, *A imprensa pedagógica no Rio de Janeiro : os jornais e as revistas como agentes construtores da escola (1870–1919),* tese de doutorado, Universidade Federal Fluminense, 2016.

[6]   Eamon DUFFY, *Santos e pecadores,História dos papas,* São Paulo, Cosac & Naify, 1998.

[7]   Jean-Marie BOMENGOLA-ILOMBA, *L'évangélisation...,* op. cit.

même pape afin d'orienter les actions des congrégations catholiques qui migraient vers le nouveau continent.

De nombreuses congrégations étrangères s'installèrent au Brésil lors des premières décennies du XXe siècle. La migration se mit en place pour diverses raisons. La papauté encouragea l'immigration. Certaines, parmi ces congrégations, commencèrent à croître dans leur pays d'origine et s'internationalisèrent. D'autres, en particulier les congrégations axées sur l'enseignement, comme ce fut le cas en France à la fin du XIXe siècle, ont vu leurs écoles et leurs biens sécularisés et ont entrevu dans l'émigration une possibilité de maintenir la vie religieuse et ses possessions dans d'autres pays[8]. Les congrégations qui arrivaient au Brésil, étaient, dans leur majorité, françaises et italiennes[9].

La congrégation des Missionnaires de Notre-Dame de La Salette vit le jour dans le Sud-Est de la France en 1852 avec pour objectif de gérer le sanctuaire bâti dans la montagne du même nom sur le lieu d'une apparition de la Vierge Marie. Il s'agit d'une congrégation composée par des hommes ayant en charge de diffuser un culte marial et, donc, une image de la féminité[10]. Cette Marie de la montagne de La Salette, vêtue comme une paysanne, était une personne pieuse, aimante, mais qui enjoignait à ses enfants de se consacrer aux enseignements et aux pratiques de l'Église sur un ton menaçant. Elle ne pourrait retenir le bras de son fils qui s'abattrait sur tous, dans le cas où l'humanité ne suivrait pas certains préceptes : respecter les dimanches et les jours saints, fréquenter l'église, éviter les blasphèmes et prier. Avec les missionnaires,

---

[8] Patrick CABANEL et Jean-Dominique DURAND (dir.), *Le grand exil des congrégations religieuses françaises (1901–1914)*, Paris, Cerf, 2005 ; Paula LEONARDI, *Além dos espelhos. Memórias, imagens e trabalhos de duas congregações católicas francesas no Brasil*, São Paulo, Paulinas, 2010.

[9] Agueda BITTENCOURT, « A era das congregações », dans *II Colóquio Internacional Congregações religiosas, Educação e Estado Nacional no Brasil*, Campinas, Unicamp, 2015.

[10] Les XIXe et XXe siècles ont été le théâtre des apparitions de la Vierge Marie à Lourdes (France) le 11 février 1858, à Pontmain (France) le 17 janvier 1871, à Fátima (Portugal), en 1917. L'apparition dans la montagne de La Salette date du 19 septembre 1846. Pour de plus amples informations sur ce thème, Jaroslav PELIKAN, *Maria através dos séculos, Seu papel na história da cultura*, São Paulo, Cia das Letras, 2000.

l'image de La Salette, ses idées, sa morale et ses pratiques ont pris place dans d'autres pays[11].

En 1902, le père salettin Clément Henri Moussier débarqua dans la ville de São Paulo, en provenance des États-Unis, pour commencer les travaux de la Congrégation au Brésil. Les années suivantes, de nouveaux pères arrivèrent dans le pays comme aumôniers avec pour mission de développer des lieux de culte dans les plantations de café de l'État de São Paulo. Ils lancèrent une publication périodique (1917), fondèrent une école apostolique dans la ville de Marcelino Ramos (État du Rio Grande do Sul, 1928) et trois sanctuaires dans diverses villes[12].

Le *Bulletin des Missionnaires de La Salette* et le *Mensageiro de Nossa Senhora da Salette*, en tant que revues de dévotion ou d'œuvre[13] liées à une congrégation, diffusèrent dans certains pays la mission des pères au Brésil et mirent en œuvre une forme d'endoctrinement[14]. La façon de décrire la mission comme principe historico-théologique sous-entend une intention d'endoctrinement[15]. Nous avons cherché à observer, dans l'usage que les Missionnaires de La Salette font de la presse, les généralisations de compatibilité et la forme d'endoctrinement mise en œuvre. Pour ce faire, nous analyserons les publications dans leur matérialité, leurs objectifs tels qu'exprimés par les éditeurs, la répartition des articles et leur teneur.

---

[11] À l'époque, la congrégation possédait des propriétés en France, aux États-Unis et au Canada. En 1976, les missionnaires de La Salette étaient répartis en huit provinces, trois vice-provinces et trois régions missionnaires. Il existait des résidences dans 15 pays : Belgique, France, Italie, Allemagne, Pologne, Angleterre, États-Unis, Canada, Argentine, Madagascar, Angola, Birmanie, Philippines, Suisse, Brésil, Letícia Aparecida MAZOCHI, *Memórias, modelos e práticas educativas de uma congregação religiosa. A construção da devoção a Salette no Brasil*, Dissertação de Mestrado, Universidade São Francisco, Itatiba, 2015. Actuellement, les pères salettins entretiennent des sanctuaires en Allemagne, en Espagne, aux Philippines, aux États-Unis et trois au Brésil : Marcelino Ramos, RS ; São Paulo, SP ; Rio de Janeiro, RJ.

[12] Rio de Janeiro (État de Rio de Janeiro, 1927), São Paulo (État de São Paulo, 1940) et Marcelino Ramos (État du Rio Grande do Sul, 1943).

[13] Aline Roes DALMOLIN, « Por uma História da Imprensa Católica Brasileira », *4º Encontro do Núcleo Gaúcho de História da Mídia*, São Borja, RS, 2012, p. 1–15.

[14] Terme utilisé dans le sens de l'enseignement d'une doctrine, croyance ou une attitude particulière.

[15] Paula MONTERO, *Selvagens, civilizados, autênticos, op. cit.*

Le *Bulletin des Missionnaires de Notre-Dame de La Salette*

Dans les archives de la congrégation de Notre-Dame de La Salette à Curitiba (État du Paraná, Brésil), cinq volumes du *Bulletin* de 1902 à 1930 ont été préservés. Chaque volume rassemble deux années, en livres cartonnés, aux dimensions de 23 x 15 centimètres. Chaque numéro contient environ 40 pages. Tantôt sous la dénomination de *Bulletin des Œuvres des Missionnaires de La Salette* et en particulier de leur École Apostolique, tantôt comme *Bulletin des Missionnaires de Notre Dame de La Salette*, il est possible qu'il ait été publié jusque dans les années 1960[16]. C'était un périodique mensuel[17] sur abonnement et qui était également envoyé aux bienfaiteurs de la congrégation. En France et en Belgique, il coûtait deux francs ; pour les autres pays, deux francs cinquante, ce qui donne une indication sur son caractère populaire[18] et sa diffusion à l'étranger. Il ne nous a pas été possible de déterminer le tirage et l'identité des rédacteurs et éditeurs. Le *Bulletin* déclarait que son objectif consistait à glorifier Notre-Dame de La Salette en divulguant ses enseignements et à mettre l'accent sur les intérêts de la charité chrétienne pour le travail des missionnaires au bénéfice de l'École Apostolique et de ses futurs missionnaires. Il était demandé aux personnes dévotes de diffuser la revue.

En France, parmi les nombreux autres périodiques catholiques qui circulaient à l'époque, le *Bulletin* se situait parmi ceux qui donnaient des informations sur des œuvres et faisaient un travail de divulgation et d'évangélisation. La presse catholique a connu un important développement dans ce pays tout au long du XIXe siècle avec des objectifs distincts : celle consacrée à une figure du christianisme (Marie, le Saint-Sacrement, le Sacré-Cœur) ; aux nouvelles de l'Église ; au combat et à la politique dans sa grande majorité conservatrice ; celle qui cherchait à influencer le mode de vie ; celle des sciences religieuses et de la divulgation de la foi[19]. Pendant le Second Empire, les revues de caractère plus politique

---

[16] Le dernier numéro enregistré dans le catalogue de la Bibliothèque nationale de France est daté de 1963.

[17] Une rupture de périodicité due à la guerre a eu lieu en 1915, année où ont été rassemblés des mois à suivre et avec un numéro avec moins de pages.

[18] D'autres revues de l'époque au contenu plus journalistique, telle la *Revue des Deux Mondes* qui coûtait 8 francs.

[19] Jean-Marie BOMENGOLA-ILOMBA, *L'évangélisation…*, *op. cit.*

ont été la cible d'un contrôle très strict, ce qui facilita la prolifération de revues de piété. À la fin du siècle, on assiste à une recrudescence de la presse engagée dans la défense de la foi et le développement d'une presse plus conciliatrice, catholique et patriotique, qui se concentre sur les thèmes de l'organisation, de la consolidation et du rayonnement du catholicisme. On passe de la polémique à l'évangélisation.

Le caractère prosélyte du *Bulletin* se reflète dans son sommaire réparti ainsi : l'apparition de Notre-Dame de La Salette ; le livre d'or des exilés qui relate des expériences missionnaires au-delà des frontières ; l'esprit de notre École Apostolique ; La Salette de…, qui informe sur la situation d'une maison ou d'un sanctuaire dans le monde ; nos amis décédés ; petite correspondance ; livres sur La Salette, puis publication d'histoires empreintes de moralité et de religion. Dans ces dernières, les exemples les plus marquants sont ceux de religieux et religieuses. Dans certains cas, extraits de livres, le nom de l'auteur est cité[20]. Une gravure d'une maison ou d'un sanctuaire de la congrégation est publiée dans chaque numéro. Il y a également des petites illustrations sur la couverture et au-dessus de chaque rubrique. À partir de 1914, quelques changements sont effectués dans les rubriques ou les intitulés, mais avec les mêmes contenus, et la suppression de quelques rubriques comme, par exemple, « Le livre d'or des exilés ».

À partir du mois de mars 1904 (n. 27) ont été publiées des lettres du père Clément Henri Moussier du Brésil, sans indication de la date à laquelle celles-ci furent écrites. Il est très probable qu'elles soient passées par une censure préalable de la part du supérieur général, réécrites ou écrites à plusieurs mains : le Père Moussier, le supérieur ou le rédacteur. Dans ces dernières, des représentations du Brésil et des Brésiliens apparaissent au milieu de rapports sur les œuvres réalisées par le père. Il y a des descriptions et des impressions sur les paysages par lesquels il est passé, les personnes avec lesquelles il a noué contact (principalement

---

[20]   Citons deux exemples publiés dans de nombreuses éditions : *Un vrai fils de Marie*, deLouis CARLIER, raconte la vie du père Giraud, deuxième supérieur général de la congrégation en 1876. Ce sont 628 pages réparties en chapitres sur plusieurs années. La première occurrence eut lieu dans le *Bulletin* sans que le livre ne soit encore paru (n. 190, juillet 1918). *Une chrétienne de nos jours*, écrit par la sœur Michelle COLLIN, publié en chapitres d'avril 1911 (n. 111) à novembre 1916 (n. 170). C'est l'histoire d'une femme, mère, religieuse, qui travaille au service des pauvres. Elle fréquente la messe quotidiennement et communie. Elle prie sans relâche pour la vocation de son fils qui, par la suite, entra dans les ordres.

des religieux qui faisaient déjà acte de dévotion) et des rapports sur les avancées de la diffusion de La Salette dans la ville de Jaú, dans l'État de São Paulo.

Les récits passent de l'exotique au familier. Dans les forêts, les plantations de café et les déserts, le Père Moussier est présenté comme l'ermite solitaire dans le désert de Jaú. Des références à la situation politique en France et à la situation des congrégations face à la laïcisation sont également constatées. La laïcisation de l'enseignement a constitué une étape du mouvement de séparation des pouvoirs en France[21]. Deux décrets ont atteint directement les congrégations et nombre de religieux et religieuses furent expulsés immédiatement avec la sécularisation de tous leurs biens[22]. Dans la lettre publiée dans le *Bulletin*, un message était adressé aux responsables gouvernementaux français et le Brésil, pris comme exemple de religiosité et possibilité de refuge pour ces congrégations :

« Au collège des Sœurs, maîtresses et élèves vouent une grande dévotion à N.-D. de La Salette [...]. Quel accès de fureur éprouverait le misérable qui gouverne la France s'il venait à savoir qu'à l'entrée des forêts vierges du Brésil, à quelques pas des terribles Indiens, on chante en paix et en sécurité les cantiques de la Vierge des Alpes[23]. »

On ne peut affirmer que, à cette époque-là, de « terribles indigènes » menaçaient la sécurité des habitants de Jaú. Il faut noter cependant que les élèves de Notre-Dame de Chambéry[24], célèbre collège de l'élite de jeunes filles, connaissaient déjà la « Vierge des Alpes ». C'est là que le Père Moussier travaille comme aumônier du collège au service de la

---

[21] Dans les années 1880, le ministre de l'Instruction publique Ferry entreprend une réforme de l'enseignement primaire qui rend l'éducation publique gratuite, laïque et obligatoire. Depuis 1879, une loi limitait l'enseignement aux seules congrégations autorisées. La loi du 1er juillet 1901 et celle du 7 juillet 1904 interdisent aux congrégations d'enseigner. Entre 1901 et 1914, les demandes d'autorisation furent rejetées, les bâtiments confisqués et les jeunes renvoyés. Le recrutement s'est tari et des religieux optèrent pour la sécularisation, réelle ou fictive, Patrick CABANEL et Jean-Dominique DURAND (dir.), *Le grand exil des congrégations religieuses françaises (1901–1914)*, op. cit.

[22] André LANFREY, *Sécularisation, séparation et guerre scolaire : les catholiques français et l'école (1901–1914)*, Paris, Cerf, 2003.

[23] *Bulletin...*, décembre 1904, p. 368.

[24] Pour l'histoire de ce collège, Ivan Aparecido MANOEL, *Igreja e educação feminina*, São Paulo, UNESP, 1996.

divulgation de la dévotion. Quand il dirige la paroisse de Santana, à São Paulo, il organise la bénédiction de la première statue de Notre-Dame de La Salette, effectuée par l'évêque du lieu, le jour de la fête de Sainte-Croix. Dom José de Camargo Barros, évêque de São Paulo entre 1903 et 1906, a concédé l'*imprimatur* pour une brochure sur La Salette et 50 jours d'indulgence pour ceux qui feraient la prière de la Vierge des Alpes[25]. On remercie, dans cette lettre, la bienfaitrice française qui fit parvenir l'image au Brésil.

À partir de 1914, les lettres et les nouvelles en provenance du Brésil se font rares. En novembre 1923, une nouvelle session sur la mission au Brésil voit le jour et s'achève en mars 1924. Dans « Vers le Brésil », un nouveau missionnaire en route pour le pays raconte son long voyage jusqu'à São Paulo. Ainsi se perpétue, comme dans les lettres du Père Moussier, l'effort missionnaire pour continuer le travail de La Salette dans ce pays.

Sous le titre « Sous les armes. Lettres de nos confrères soldats » (janvier–février–mars 1915), la participation des missionnaires à la Première Guerre mondiale prend de l'importance et des extraits de lettres envoyées par des missionnaires dans différents postes sont publiés avec indication de la date et de la ville. Ces petits textes racontent des histoires du quotidien, les difficultés et les souffrances de la guerre. L'année 1916 est dominée par les nouvelles des tranchées. En 1917[26], on apprend qu'environ 100 pères et novices ont été appelés au combat pour le « triomphe de la patrie ». Toute la souffrance des missionnaires, vécue avec résignation, héroïsme et esprit chrétien, serait pour « Dieu et pour la patrie » (janvier–février–mars 1915). On met en exergue, dans les récits, les pratiques et les rituels : les prières et les appels à Notre-Dame de La Salette, les messes dominicales, les conversions, le dévouement envers les malades et la consolation apportée au corps et à l'esprit en les réunissant pour des prières. La mobilisation des Églises nationales au cours des guerres ne touche pas seulement cette congrégation, comme en témoignent d'autres études[27].

Les orientations pour des pratiques et des rituels déterminés sont patents dans divers articles, comme dans la publication mensuelle

---

[25] *Bulletin…*, septembre 1915.
[26] *Bulletin*, juin 1917, p. 179.
[27] Xavier BONIFACE (dir.), *Foi, religions et sacré dans la Grande Guerre*, Arras, PU d'Artois, 2014.

« Le culte national du Sacré-Cœur », culte qui connaît un grand développement dans tout le catholicisme au cours de cette période[28]. On enseigne en détail le rituel d'intronisation dans les foyers, qu'ils soient français ou non :

> « L'intronisation du Sacré-Cœur n'est pas autre chose que l'installation solennelle de l'image du Sacré-Cœur dans un foyer, accompagné de la consécration publique de la famille à ce Cœur divin. Elle consiste donc à exposer ostensiblement dans une pièce de la maison une image (statue ou tableau) du Cœur de Jésus préalablement bénite[29]. »

Chaque rite est décrit avec minutie. L'image ne doit pas être trop petite, elle doit être exposée dans la pièce principale de la maison et l'acte doit faire l'objet de la plus grande solennité, conduit, quand cela est possible, par le père de la paroisse. Une formule devra être lue à haute voix par le chef de famille en l'absence du père et l'image installée sur l'autel définitif. Par la suite, une attestation écrite de la propre main du chef de famille sera envoyée au directeur diocésain. Il était recommandé, pour la lecture, une publication mensuelle appelée « Le Culte national du Sacré-Cœur ».

Un moyen fréquemment employé dans les textes sur le Brésil est l'invitation, de la part de l'auteur, à ce que le lecteur se promène avec lui, par le biais du récit, dans les endroits qu'il décrit. Le texte « Dans une léproserie du Brésil » est exemplaire de ce point de vue[30]. On y raconte que les Salettins ont pris en charge la chapelle de l'asile des Invalides et de la léproserie de Guapira, dans la région nord de l'État de São Paulo, en 1906[31]. La missive commence par inviter le lecteur à accompagner le chapelain, à entrer dans le bâtiment muni de désinfectants et à ne pas s'effrayer à la lecture de l'avis fixé sur la porte : « défense absolue d'entrer ». Une fois passée la porte, le chapelain se rend dans sa chambre et entame la description spartiate de la pièce. Il s'assied et prend la plume pour écrire : « Sous l'haleine fétide et le

---

[28] Depuis Pie IX, qui a prolongé la fête du Sacré-Cœur au calendrier universel de l'Église, il y a un *stimulus* à cette dévotion. Léon XIII consacra le premier concile plénier de l'Amérique latine (1899) au Sacré-Cœur : Eamon DUFFY, *Santos e pecadores, História dos papas, op. cit.*

[29] *Bulletin...*, août 1917, p. 305.

[30] *Bulletin...*, avril 1925.

[31] L'asile et la léproserie ont été créés en 1904 par les Sœurs de Saint-Joseph de Chambéry. La lettre n'est pas datée.

regard luisant et creux de 300 loques humaines, dans une atmosphère purulente et les habits tout imprégnés d'émanations suffocantes[32] ». L'image peut paraître excessive, mais non inexacte, affirme l'auteur. Il informe soudainement qu'il doit interrompre sa correspondance pour faire une visite à un malade sur le point de mourir. Le lecteur accompagne l'extrême-onction. D'autres malades assistent à la scène et font des gestes qui indiquent une prière muette. Tous, ici, attendent la mort.

La scène est décrite minutieusement à l'aide de détails et d'images impressionnants. Les malades qui reçoivent les secours de l'hôpital ou de la religion et qui meurent sont comparés à la gazelle mortellement blessée au pied d'un rocher, au fond d'une grotte. Les missionnaires (hommes et femmes) sont perçus comme des héros désintéressés qui, au nom de La Salette et de Dieu, avancent au milieu de la dévastation.

> « Parmi mon personnel sanitaire dont, en passant, je salue respectueusement l'héroïsme (le mot n'est ni cliché, ni hyperbole), il y a telle Sœur, française évidemment – sa modestie me défend de la nommer –, qui, depuis vingt ans, manipule ces corps vivants en putréfaction, sans subir l'atteinte mortelle de la contagion[33]. »

Le récit mobilise un espace architectural parcouru en imagination par le lecteur et dans lequel se trouvent des images impressionnantes. Ce sont des éléments de l'ancien art de la mémoire, partie de l'éthique, comme les scolastiques Albert le Grand et Thomas d'Aquin l'ont interprété, ayant pour objet de contrôler moralement l'imagination[34]. L'art de la mémoire, depuis Quintilien et Cicéron, visait à aider l'orateur à mémoriser un texte. Il consistait à créer, imaginairement, un lieu qui serait parcouru par l'orateur et au sein duquel il trouverait des images impressionnantes, plus faciles à fixer dans la mémoire et qui l'aideraient à se souvenir du texte. Dans certaines congrégations du XIXe siècle, la méditation qui fait usage de ces recours apparaît prescrite dans ses règles, aussi bien pour les religieux que pour les fidèles en général, avec l'intention d'atteindre la mémoire individuelle en la contrôlant.

Ce recours apparaît dans d'autres textes où les écrivains des lettres sont des guides qui mènent le lecteur au « pays du soleil couchant, […]

---

[32] *Bulletin...*, avril 1925, p. 109.

[33] *Ibid.*, p. 111.

[34] Frances A Yates, *A arte da memória,* Campinas, São Paulo, Editora da Unicamp, 2007.

pays de la canne (à sucre) et du colibri, du gorille et de la banane, des grands reptiles et du café »[35]. Il nous semble que, en l'appliquant au récit, il peut être compris comme un mode d'endoctrinement qui transporte le lecteur sur la scène, présente des images impressionnantes, représente le missionnaire comme un héros et indique que, face à la dégénération humaine, le retour à la religion catholique est l'unique voie.

Il y a également dans « Lettre du Brésil » un historique du quartier Catumby à Rio de Janeiro, où la congrégation a installé le premier sanctuaire du Brésil[36]. À l'époque, c'était un quartier à la fois très peuplé et populaire, un quartier de petites gens, de personnes courageuses, regorgeant de maisons, d'employés de banques, d'huissiers de justice, de comptables, de standardistes et de couturières. Les odeurs et les images sont évoquées : « Catumby d'aujourd'hui, au point de vue social et familial, est un peu le "Belleville" d'hier, à Paris[37]. » En ce qui concerne la religiosité, il n'y avait pas de présence de religieux depuis quinze ans. Ses habitants sont superstitieux, invoquent *Nossa Senhora da Penha* (Notre-Dame du Rocher de France) et saint Antoine pour conjurer le sort, pour que le malheur et le mal ne les atteignent pas. Dans cette Babel de langues et de couleurs de peau, on espérait cependant écouter le pasteur. Il faut de la ferveur et le développement de travaux dans cette paroisse urbaine. À la fin, tout enjoint le lecteur à diriger son regard vers le dur labeur des missionnaires, à les soutenir financièrement et à divulguer La Salette. L'âme du Brésilien brûle d'ardeur et d'enthousiasme, il lui faut cependant une direction :

> « Nos adversaires le savent bien et, plus riches que nous en moyens de toutes sortes, ils y déversent à millions leurs deniers, et leurs sinistres satellites par dizaines. Le Christ n'est pas connu de tous, et ici moins qu'ailleurs, à en juger par l'indifférence de la masse ![38] »

Le *Bulletin* sollicite le soutien financier également pour les écoles apostoliques, espaces de formation de jeunes enfants ayant une vocation, selon les missionnaires. Il était possible d'adopter un enfant pauvre pour

---

[35] *Bulletin…*, septembre 1926, p. 77.
[36] *Bulletin…*, septembre 1927.
[37] *Bulletin…*, septembre 1926, p. 79.
[38] *Bulletin…*, septembre 1927, p. 80.

10 000 fr. ou 500 fr. par an. Il est indiqué que l'école de la France avait déjà fourni 100 pères à l'Église[39].

En avril 1917, le *Bulletin* annonça que le travail pour la diffusion de la dévotion au Brésil était effectué par le biais du *Bulletin* brésilien récemment créé.

Le *Mensageiro de Nossa Senhora da Salette*

Quand le *Mensageiro de Nossa Senhora da Salette* est paru au Brésil, les pères Salettins avaient connaissance de publications périodiques comme le *Bulletin*, en France, et *les Annales de N.-D. de La Salette* en Amérique du Nord d'où venait le Père Moussier. La revue fut publiée au Brésil à partir de janvier 1917 et l'est toujours. Nous disposons de la collection complète jusqu'en 1928, composée de cinq volumes reliés en livres cartonnés, d'une dimension de 23 x 15 centimètres. Chaque volume rassemble deux années de publication. La revue a été créée avec pour objectif une publication mensuelle, mais certains mois ont été publiés en un seul numéro, comme ce fut le cas en 1919 où quatre mois furent rassemblés en un seul numéro[40]. Elle était imprimée par la *Typographia Fonseca*, à Rio de Janeiro, rue *Sete de Setembro*, quartier où étaient présents d'autres imprimeries, librairies et rédactions de

---

[39] *Bulletin…*, juillet 1907, p. 109. Les écoles apostoliques, petits noviciats primaires, voire secondaires, avaient leur fondement dans la théologie de la vocation infantile. Celle-ci a constitué un fait marquant durant le XXe siècle jusqu'à sa remise en cause avec le concile Vatican II. Séparer la vie de l'enfant du monde afin de préserver, conserver et cultiver sa vocation était l'objectif de ces écoles. Patrick Cabanel analyse, dans une Europe marquée par la guerre, le lien de cette théologie avec la motivation de la communion à l'âge de raison et la production des « saints de lait » : les enfants tués par la tuberculose dans ces écoles, « amputés de leur enfance au prétexte de sauvegarder leur vocation », voir Patrick CABANEL, « Des saints de lait : enfance, vocation et mort dans l'Europe des années 1900–1930 », dans Jean-Pierre BARDET, Jean-Noël LUC et Isabelle ROBIN-ROMERO (dir.), *Lorsque l'enfant grandit : entre dépendance et autonomie*, Paris, Presses de l'Université Paris-Sorbonne, 2003, p. 544. Il met en évidence l'ambivalence de ces écoles : en même temps qu'elles offraient une chance d'étudier pour les enfants de familles pauvres de la campagne, elles constituaient un espace de restriction de leur liberté et de leur identité.

[40] Au total, 125 numéros furent publiés de janvier 1917 à décembre 1928. Jusqu'en 1921, on constate un nombre conséquent de titres allant jusqu'à 13 articles par numéro. De 1922 à 1928, le nombre d'articles oscille entre 6 et 8. Le nom de l'auteur n'est pas cité, seules apparaissent les initiales.

nombreux journaux[41]. La direction de la revue n'apparaît qu'en mai 1924 : Père « Dr. Simão Bacelli ». Au Brésil, l'abonnement annuel à la revue coûtait 3000 réis et, pour l'étranger, le prix passait à 4000 réis, ce qui en faisait, comme pour le *Bulletin*, une revue au prix assez modique[42]. Il n'a pas été possible de déterminer son tirage, mais il est fort probable qu'elle était diffusée dans tout le Brésil, comme le laisse penser la rubrique « Grâces obtenues », où l'on peut lire des lettres de fidèles issus de différentes villes du pays.

Au Brésil, la presse catholique est présente depuis le Second Règne et se consolide vers la fin du XIXe siècle avec l'apparition de diverses publications périodiques, en réponse à la perte de l'hégémonie catholique due à l'essor des autres dénominations religieuses et à la déclaration de l'État laïc après la proclamation de la République (1889)[43]. Durant les premières décennies du XXe siècle, la presse catholique devient un instrument important dans la réorganisation de l'Église, cette dernière se trouvant en butte aux publications anticléricales et libérales. En 1900, de nombreux périodiques liés aux congrégations et autres ordres religieux, tels *Osemanário*, *O Santuário* (rédemptoristes), *O Estandarte Católico* (bénédictins), respectivement à São Paulo et Récife. Cependant, la revue *O Mensageiro*, tout comme le Bulletin, prend place parmi les publications qui, bien que se positionnant à partir des événements de leur temps, ont pour but l'endoctrinement et l'évangélisation.

Pour les rédacteurs, la publication était une manière d'accomplir une partie de la mission confiée par Notre-Dame : disséminer sa parole de mise en garde au peuple : « Mes enfants, vous devez impérativement avertir mon peuple tout entier[44]. » Son objectif était de répandre la nouvelle de l'apparition, répandre ses mises en garde salutaires, appeler le peuple à pratiquer les commandements, encourager les œuvres et contribuer

---

[41] Brasil GERSON, *Histórias das ruas do Rio*, Rio de Janeiro, Bem-te-vi, 2013.

[42] Une recherche à la Bibliothèque nationale numérique montre, par exemple, que l'abonnement annuel au journal *A União*, propriété et rédaction du *Centro da Boa Imprensa*, coûtait, en 1917, 10 000 réis (6000 pour un semestre, 100 au numéro). Le journal *A Família* édité par les pères franciscains, coûtait, en 1913, 6000 réis pour un abonnement annuel (4000 pour un semestre, 200 au numéro). La revue *A Cruz* de la paroisse de São João Batista (État de Rio de Janeiro) coûtait 5000 réis pour un abonnement annuel (100 le numéro) en 1919.

[43] Aline Roes DALMOLIN, « Por uma História da Imprensa Católica Brasileira », *art. cit.*

[44] *Mensageiro*, janvier 1917, p. 2.

à ce que tout soit « au nom du Christ »[45]. La phrase attribuée à Notre-Dame est répétée dans de nombreux articles. Des notes et des nouvelles rendent compte des missions à travers le monde. Les paysages changent, les pratiques restent les mêmes.

Le sommaire de la revue nous en apprend plus sur la proximité avec le *Bulletin* dans l'ordonnancement des thèmes abordés : des textes sur l'apparition de Notre-Dame de La Salette ; une rubrique sur la morale ; la rubrique « L'unique véritable religion » qui apporte des explications sur l'Église, les commandements et les sacrements sous forme de questions et réponses ; la rubrique des grâces obtenues ; à partir de 1918, la rubrique sur la construction, les travaux du sanctuaire et les demandes de dons ; une rubrique d'actualités diverses et d'informations sur le Brésil et le monde ; une page consacrée à l'Association de Notre-Dame de La Salette et, enfin, les avis sur les abonnements.

Les articles qui traitent directement des religieux sont rares. Les nécrologies présentent les missionnaires comme des exemples, comme le père Moussier, aimé de tous, humble, « fils de la terre abreuvée par les larmes de la Vierge de La Salette »[46]. Ce sont également des martyrs :

> « Quel est le coût des missions ? Combien de missionnaires sacrifient leurs vies à la fleur de l'âge ! Malgré la protection européenne, 200 missionnaires ont souffert le martyre au cours du XIXe siècle. Actuellement, 40 000 missionnaires (y compris les sœurs et les coadjuteurs) œuvrent à la conversion des païens ; et combien de ces héros et héroïnes, épuisés et consumés par les fièvres, rejoignent le tombeau avant leur heure ! Un supérieur d'un grand ordre missionnaire affirmait que 75 % de ses missionnaires n'atteignaient pas l'âge de 35 ans et très peu celui de 40 ans. Ils partirent malgré tout, à la fleur de l'âge, tant leur semblait que leur force et leur énergie devaient porter la victoire, même sous les climats tropicaux ![47] »

Pour les éditeurs, le manque d'ecclésiastiques est une des causes des problèmes sociaux. L'organisation de l'École Apostolique à Marcelino Ramos tend à y répondre. Dans cette ville, où règne « encore la simplicité patriarcale d'antan, [...] où le père ecclésiastique est considéré non seulement comme un ami, mais également comme un père »[48], il existe de

---

[45] *Ibid.*
[46] *Mensageiro*, août 1919, p. 513.
[47] *Mensageiro*, septembre 1926, p. 329.
[48] *Mensageiro*, septembre 1928, p. 126.

nombreuses vocations. On cite les difficultés rencontrées pour trouver les vocations, comment sélectionner les jeunes garçons et les incorporer dans l'Église, ainsi que leur dévotion aux sacrements. Celui qui a la vocation doit être « obéissant, réfléchi, [...] doué d'une bonne intelligence et d'une bonne mémoire ; sur son visage brillent une retenue et une modestie qui séduisent »[49]. Pour une famille de paysans, c'est une gloire d'avoir un fils prêtre. On fait usage ici du même expédient que l'on trouve dans le *Bulletin*. On invite le lecteur à entrer dans le petit espace de l'École Apostolique de Marcelino Ramos :

> « On entend un brouhaha, des rires joyeux. Nous entrons. Très vite, une demi-douzaine de jeunes garçons aux yeux vifs, aux membres sains, à la physionomie qui respire la santé, au front radieux nous entoure : ce sont les nouveaux jeunes apostoliques, les futurs missionnaires de Notre-Dame de La Salette[50]. »

Au terme de chaque article sur l'École, le lecteur est invité à contribuer financièrement. Le Brésil était perçu par les directeurs de la revue, au même titre que le Portugal, comme la « terre de la Très Sainte Vierge Marie », qui imitait la France dans la dévotion à Marie ... et dans son mépris pour ses commandements. « Nombre des habitants du Brésil et du Portugal ont besoin d'écouter la voix de Notre-Dame de La Salette : "Si mon peuple refuse de se soumettre, je me vois forcée de laisser s'abattre le bras de mon Fils"[51]. » Bien que le Brésil soit une terre catholique, « l'ennemi » a réussi à introduire une « contrebande étrangère, le spiritisme », qui met en danger l'union du peuple et, par conséquent, « l'union politique ». Tel fut l'argument de la conférence prononcée par le Dr. Mario de Bulhões Pedreira pour la *Liga Jesus, Maria e José* dans laquelle il affirme que, grâce à l'action des religieux, depuis les jésuites, est survenu le « miracle de l'union d'éléments hétérogènes » dans le pays, union menacée[52]. D'autres articles suivent le même chemin argumentaire :

> « La République, officiellement laïque, ne protégera pas le patrimoine le plus sacré, la foi des ancêtres, garantie d'union et de grandeur nationale, gage de la bénédiction du ciel. Ainsi, que *tout un chacun* qui s'enorgueillit d'être un

---

[49] *Mensageiro*, novembre 1928, p. 155.

[50] *Mensageiro*, septembre 1928, p. 128.

[51] *Mensageiro*, janvier 1917, p. 2.

[52] *Mensageiro*, août 1926, p. 291.

bon Brésilien accomplisse son devoir de chrétien catholique et de patriote et défende sa famille et sa patrie contre les hérésies venant de l'étranger[53]. »

Le Brésilien apparaît tantôt comme un sujet pieux, tantôt comme un sujet attiré par d'autres religions, quelqu'un qui doit être constamment conduit vers le droit chemin : « Chers lecteurs ! Vous êtes brésiliens, catholique, apostoliques, romains ? Alors, vous ne pouvez embrasser la très pernicieuse "hérésie" du spiritisme, sous peine d'être excommuniés par la véritable Église de Jésus-Christ[54]. »

Si, dans le *Bulletin*, on fait référence, dans certains articles, à la prévalence de superstitions et de sectes dans la population de Rio de Janeiro, dans le *Mensageiro*, elle est combattue. On y relate des châtiments surnaturels pour un sujet qui défie la croix (« Un sacrilège châtié »)[55] et le blâme d'un père envers une fille qui a apporté, afin de la bénir, une image non catholique (« Je n'ai rien à voir avec cela »)[56]. Les pratiques et rituels catholiques sont mis en valeur. L'utilisation du chapelet par un soldat dans les tranchées de la région champenoise y est racontée (« Le chapelet dans les champs de bataille »)[57], la charité (« Pedrinho – À la veille d'une journée d'une année bonne »)[58] et le combat contre les autres religions (« Les arguments du Père Capuchinho »)[59].

Les articles intitulés « La seule vraie religion », rubrique présente chaque année, font usage de questions et réponses, dans le but d'évangéliser le lecteur, comme dans les exercices du catéchisme. Des questions sur l'apparition, les commandements, l'Église, la foi et la morale guident et réaffirment la bonne conduite du catholique. Les examens individuels de conscience y étaient encouragés :

> « Ma vie est un livre...Chaque année est une page. Le dernier jour, quelqu'un ouvrira le livre...le livre où tout est écrit. Tout... Mot terrible... Dieu verra les choses que ma mémoire aura oubliées... ce que mes yeux ne verront pas... ce qui se cache dans les tréfonds d'une conscience, dont le travail n'est jamais achevé... Suis-je satisfait de moi ? Suis-je en train de progresser ou de

---

[53] *Mensageiro*, décembre 1921, p. 368.

[54] *Ibid.*, p. 365.

[55] *Mensageiro*, avril 1919.

[56] *Mensageiro*, 1917, p. 11.

[57] *Mensageiro*, octobre 1917, p. 154.

[58] *Mensageiro*, février 1917, p. 193.

[59] *Mensageiro*, janvier 1920, p. 7.

reculer ?... Suis-je chaud, tiède...ou froid ?... Il y a-t-il une juste proportion entre ma fortune et mes aumônes ?... entre ma situation sociale et ma bénéfique influence ?[60] »

Imprimés, impressions

Les périodiques catholiques des XIXe et XXe siècles, dirigés par des religieux ou des laïcs, ont contribué à combattre d'autres idéaux qui menaçaient l'Église catholique en faisant circuler des informations, des savoirs ou des pratiques. Les Missionnaires de Notre-Dame de La Salette et leurs revues avaient aussi pour objectif la divulgation de la dévotion fondatrice de leur congrégation et l'obtention d'un soutien financier pour leurs œuvres. Ces revues fonctionnaient à la manière de vecteurs de diffusion endoctrinaient et évangélisaient en établissant une interaction entre l'Église et le fidèle visant à un changement social et culturel.

Les instructions, en ce qui concerne les pratiques, les rites et les comportements, prennent place dans les pages des deux revues en y imprimant la marque d'une distinction entre un corps de spécialistes (les religieux), ceux qui pouvaient professer la « vérité », et les profanes. La séparation symbolique entre le savoir sacré et l'ignorance profane permettant d'intensifier la force matérielle et symbolique d'un groupe en lui assurant sa légitimité, s'en trouvait ainsi renforcée[61].

Matériellement, le *Bulletin* et le *Mensageiro* se ressemblaient fortement, tout comme leurs sommaires, et étaient accessibles en termes de coûts. En ce qui concerne leurs contenus, nous observons que les missionnaires sont représentés comme des messagers de Marie afin de faire parvenir son discours ; ce sont des figures exemplaires, des héros, des martyrs. Dans les deux publications, les textes font appel à l'*exemplum*, maintes fois utilisé depuis le Moyen Âge à des fins pastorales[62] et traitaient la généralisation des singularités[63] du sens de l'héroïsme et du martyre.

---

[60] *Mensageiro*, janvier 1924, p. 2.

[61] Pierre Bourdieu, « Gênese e estrutura do campo religioso », dans *A economia das trocas simbólicas*, São Paulo, Editora Perspectiva, 1999.

[62] Alain Boureau, *L'événement sans fin. Récit et christianisme au Moyen Âge*, Paris, Les Belles Lettres, 1993.

[63] Nicola Gasbarro, « A modernidade ocidental e a generalização de "religião" e "civilização" : o agir comunicativo das missões », *art. cit.*

L'endoctrinement passait aussi au moyen de récits qui mettaient
le lecteur en situation d'imaginer et avait recours à des images
impressionnantes, des représentations discursives qui avaient pour
objectif de se fixer dans la mémoire, d'occasionner certaines impressions,
de mener le lecteur à faire partie d'un même ensemble. Ce recours était
efficace même pour ceux qui ne savaient pas lire et qui écoutaient la
lecture à voix haute. L'utilisation d'un langage accessible permet que
les impressions, les représentations soient mises en œuvre dans un
imaginaire social, un processus historique d'universalisation culturelle,
d'évangélisation, d'endoctrinement.

L'*exemplum* et l'utilisation d'éléments de l'art de la mémoire dans le récit
indiquer le mode d'endoctrinement présent dans les deux publications.
L'une et l'autre utilisaient les ressources des légendes et de la scolastique,
encore présentes au XXe siècle. Le sentiment d'actualisation s'effectuait
par l'inclusion de nouvelles de l'époque comme la guerre, le spiritisme ou
les histoires amusantes qui renvoyaient à la vie quotidienne. L'*exemplum*
et l'art de la mémoire renvoyaient à une forme de compréhension du
monde qui passait nécessairement par les pratiques et valeurs catholiques.
Le *Bulletin* et le *Mensageiro* sont venus inspirer, endoctriner, conformer
le corps et l'âme des lecteurs, en accord avec le message de l'apparition
française et les préceptes catholiques. Pour les Salettins, ces imprimés
servaient à « produire dans les âmes les impressions les plus profondes et
les plus salutaires »[64].

---

[64] *Mensageiro*, janvier 1917, p. 2.

Partie II

DE NOUVELLES FORMES DE COOPÉRATION MISSIONNAIRE

Entre direction centralisée et coopération entre les Églises : les initiatives diocésaines en Amérique latine

Gilles Routhier

Giorgio Feliciani a montré que, contrairement à l'idée largement répandue, l'émergence des conférences épiscopales en Occident ne représente pas une autonomisation des épiscopats locaux par rapport au Saint-Siège, mais témoigne, à l'origine, d'une politique de centralisation du Saint-Siège[1]. Si elles sont souvent nées de l'initiative spontanée de quelques épiscopats – c'est le cas en Belgique –, dans des contextes qui exigeaient que les évêques d'une même nation serrent les rangs afin de parler d'une voix face à État anticlérical, elles se sont ensuite développé « avec l'appui décidé du Saint-Siège »[2]. En effet, elles sont apparues progressivement au XIXe siècle[3], alors que les conciles particuliers étaient tombés en désuétude, et elles répondaient alors à la nécessité de plus en plus pressante d'assurer une coordination entre les évêques d'une même nation en raison des rapides changements politiques, économiques, sociaux et culturels. À partir du début du XXe siècle, le Saint-Siège a

---

[1] Giorgio Feliciani, « Les conférences épiscopales de Vatican II au Code de 1983 », dans Hervé Legrand, Julio Manzanares, Antonio Garcia y Garcia, *Les conférences épiscopales, théologie, statut canonique, avenir*, Paris, Cerf, 1988, p. 29–51 et Giorgio Feliciani, *Le conferenze episcopali*, Bologna, Il Mulino, 1974.

[2] Il faut reconnaître que des dynamiques différentes ont opéré dans les pays de mission. La centralisation de l'entreprise missionnaire entre les mains de la Propagande passe par une délocalisation. Des délégués apostoliques, qui rapprochaient le centre romain des lieux de décision, étaient en poste dans ces divers espaces.

[3] Lorsque les évêques de Belgique se réunissent en 1830 pour réagir collectivement et de manière concertée aux questions soulevées par la Révolution, ils mettent sur pied un modèle de concertation et de collaboration épiscopale qui sera bientôt imité dans d'autres pays d'Europe, par la suite en Amérique du Nord et latine, en Australie, etc.

souvent recommandé les assemblées épiscopales par province ou par nation[4]. Parmi les instructions qui vont dans ce sens, il faut mentionner le motu proprio *Arduum sane munus* du 19 mars 1904 et la lettre circulaire de la Secrétairerie d'État *Pergratum mihi* du 25 mars 1904[5]. En somme, les conférences épiscopales étaient à l'origine intégrées dans un projet de centralisation romaine, le Saint-Siège voulant assurer la cohérence de l'action des évêques dans un même pays et ne désirant pas traiter avec tous les évêques résidentiels. Cette perspective va à l'encontre de celle développée depuis Vatican II et qui conduit à les comprendre aujourd'hui comme des contrepoids à l'autorité centrale de l'Église ou comme des initiatives vouées à la décentralisation de l'Église catholique.

Il faut approcher avec la même prudence le développement de la coopération missionnaire entre les Églises du Nord et celles du Sud au cours des années 1950. La documentation sur la question, saturée des termes « coopération missionnaire », nous ferait croire, pour peu qu'on n'y prenne garde, au développement d'une coopération missionnaire bilatérale entre des Églises, celle-ci venant renverser une tendance séculaire bien catholique d'une direction centralisée de l'activité missionnaire depuis la naissance de la *Propaganda fide* au XVIIe siècle. La lecture rétrospective de ces textes préconciliaires, en y projetant l'ecclésiologie de Vatican II qui met en avant la coopération entre les Églises, est grosse de malentendu. Cependant, les choses n'étant jamais simples, on peut faire l'hypothèse que, comme dans le cas des conférences épiscopales, une pratique de concertation et de coopération initiée par Rome et au service d'une politique de centralisation romaine, a pu, à terme, développer une véritable accoutumance à la coopération directe entre les Églises et encourager le développement d'une mentalité d'échanges bilatéraux entre des Églises, échanges qui ne soient plus régulés par Rome. Ainsi, cette pratique de coopération et de concertation aurait favorisé une expérience de communion entre les Églises et celle-ci aurait permis le développement d'un discours ou d'une ecclésiologie de communion entre les Églises, comme on la retrouve dans le décret conciliaire *Ad gentes*, en particulier au n° 38 :

---

[4]   Dans plusieurs espaces missionnaires (Inde, Chine, Philippines), la pratique des synodes provinciaux ou conciles pléniers a été importante au cours des deux premiers tiers du XXe siècle.

[5]   Giorgio FELICIANI, « Les conférences épiscopales… », *art. cit.*, p. 167–168.

« De là [du fait que tous les évêques, en tant que membres du corps épiscopal qui succède au collège des apôtres, ont été consacrés non seulement pour leur diocèse, mais pour le salut du monde entier] naît cette communion et coopération des Églises aujourd'hui si nécessaire pour continuer l'œuvre de l'évangélisation. En vertu de cette communion, chacune des Églises porte la sollicitude de toutes les autres ; les Églises se font connaître réciproquement leurs propres besoins ; elles se communiquent mutuellement leurs biens. »

La situation que nous venons d'évoquer illustrerait deux « lois » de l'histoire. On serait devant un cas où une disposition, née d'une intention centralisatrice, produit, au terme de son évolution, un effet contraire à celui escompté. De plus, le passage d'une pratique d'échange entre les Églises à un enseignement conciliaire illustre la règle formulée par Hermann J. Pottmeyer qui observait qu'« une pratique et une expérience de la communion sont nécessaires pour qu'une ecclésiologie correspondante puisse se développer et soit acceptée. La formation de l'ecclésiologie-communion au sein de l'événement conciliaire est un exemple excellent pour l'union intime entre la pratique et l'expérience de la communion d'une part et la réflexion théorique sur elle et sa formulation d'autre part »[6]. Selon cette règle, sans une expérience de communion, il serait impossible de développer une ecclésiologie correspondante qui soit reçue.

C'est à partir de cette double observation que je vais réfléchir à la nouveauté qui se développe, à la fin des années 1950, dans le domaine de la coopération missionnaire, entre les Églises de l'Amérique du Nord, en particulier celles du Québec, et celles de l'Amérique latine, alors que des Églises diocésaines du Québec s'associent directement à des diocèses d'Amérique latine. Les textes qui documentent cette effervescence sont gorgés du terme « coopération missionnaire ». Or ce terme n'est pas nouveau. On le retrouve dans les textes pontificaux qui traitent des missions et il a une histoire. Il faut donc préciser ce qui se cache derrière, car le même mot peut recouvrir des réalités différentes.

---

[6] Hermann Josef POTTMEYER, « Continuité et innovation dans l'ecclésiologie de Vatican II. L'influence de Vatican I sur l'ecclésiologie de Vatican II et la nouvelle réception de Vatican I à la lumière de Vatican II », dans Giuseppe ALBERIGO (dir.), *Les Églises après Vatican II*, Paris, Beauchesne, 1981, p. 93.

Une nouveauté ?

La participation du clergé diocésain à l'activité missionnaire n'est pas une chose nouvelle. On peut la faire remonter au début du XXe siècle avec l'impulsion donnée par l'Italien Paul Manna et la création de l'Union Missionnaire du Clergé en 1915. Elle connaît une « apothéose » à la suite de la publication de l'encyclique *Fidei donum* de Pie XII (1957). Enfin, la participation des laïcs à l'œuvre missionnaire n'est pas nouvelle non plus. Cette participation, d'abord passive si l'on peut dire, remonte au moins aux premières décennies du XIXe siècle, avec la création de l'œuvre de la Propagation de la Foi (1822) et des diverses associations missionnaires qui comptaient un grand nombre de propagandistes ou « zélateurs » (surtout des « zélatrices »). Elle s'exprime par la prière, les subsides et le devoir de soutenir les vocations. Quant à la participation active et directe des mêmes laïcs, autochtones et étrangers, sur le terrain de l'évangélisation, acquise depuis longtemps dans le protestantisme, elle se développe également dans l'Église catholique. Son développement suit à peu près l'émergence et le développement de l'Action catholique. On peut la faire remonter à la création de l'AUCAM – Aide Universitaire Catholique Aux Missions – (1925) et à celle de son pendant d'origine lilloise LUCEM – Ligue Universitaire Catholique et Missionnaire – (1930), devenue *Ad Lucem* (1931), et à celle des Auxiliaires Laïques des Missions (ALM, puis AFI) en 1937, sous l'impulsion du père Vincent Lebbe, d'Yvonne Poncelet et de l'abbé Boland. Les étudiants de l'AUCAM ou de *Ad Lucem* sont appelés à aller ultérieurement exercer leur profession dans les pays de mission afin d'y présenter un modèle de vie chrétienne et de contribuer à l'extension de l'action de l'Église. Le premier départ d'*Ad Lucem* a lieu en 1934 (une infirmière part au Sénégal). En cela, ces œuvres étudiantes se montrent plus actives que les Ligues Missionnaires des Étudiants, dont les premières sont fondées avant la Première Guerre mondiale, mais dont l'objectif demeurait une participation passive (dons, vocations, information missionnaire). Pie XI soutiendra d'ailleurs activement la participation des médecins à l'évangélisation. En 1950, le Congrès missionnaire international étudie la question des auxiliaires laïcs en missions. La même année, la Quatrième Semaine d'Études missionnaires du Canada est consacrée au thème « Le Laïcat et les missions »[7]. De plus, l'apparition des instituts séculiers, régis

---

[7] Sur le laïcat missionnaire, on verra le n° 177 du *Mouvement social* sous la direction

par un statut qui les apparente plutôt à l'état laïc, non sans ambiguïté, vient changer la donne. En effet, en 1947, la constitution apostolique *Provida Mater Ecclesia* accorde l'approbation canonique à un état intermédiaire entre la vie religieuse et la vie laïque (ainsi de la Société des Infirmières Missionnaires de Montréal). L'encyclique *Fidei donum* ouvre également officiellement le champ de la mission *ad gentes* aux laïcs, en particulier ceux de l'Action catholique. Enfin, au cours de cette période, de nombreuses revues missionnaires traitent des multiples aspects du laïcat missionnaire. Des spécialistes ont publié dans les années 1950 et au début des années 1960 des ouvrages sur la question[8]. Le missiologue André Seumois, dans son ouvrage *Apostolat. Structure théologique* (1961), évoque l'action des laïcs autochtones et celle des laïcs allogènes.

En fait, les grands principes de la coopération missionnaire sont déjà définis dans l'encyclique missionnaire de Benoît XV *Maximum Illud* (1915), inspirée par Paul Manna lui-même. Celle de Pie XI, *Rerum Ecclesiae* (1926), viendra encore renforcer le devoir missionnaire des chrétiens, placés au premier rang, et celui des évêques. *Evangelii Praecones* de Pie XII (1951) et *Princeps pastorum* de Jean XXIII (1959) feront clairement le point sur la question de la coopération des laïcs à l'action missionnaire, alors que *Fidei donum*, on le sait, posait un jalon déterminant sur la question de la coopération missionnaire des prêtres.

La coopération entre des Églises diocésaines

Ce qui est nouveau, ce n'est donc pas que des prêtres canadiens soient envoyés en mission *fidei donum* en Amérique latine. Cela existe déjà et ce ne sera d'ailleurs pas le modèle promu au Canada. De plus, le mode de coopération qui se développera entre les Églises du Canada et celles de l'Amérique latine à partir de la fin des années 1950 n'est pas la réplique du modèle belge, développé précédemment, et qui s'appuie sur la création

---

de Denis PELLETIER qui y est consacré. On verra en particulier Florence DENIS, « Entre mission et développement : l'association *Ad Lucem* et le laïcat missionnaire (1945–1957) », *Le Mouvement social*, 177, 4, 1996, p. 29–48.

[8]   Yves CONGAR, *Jalons pour une théologie du laïcat* (1953) et *Sacerdoce et Laïcat devant leurs tâches d'évangélisation et de civilisation* (1962) ; Karl RAHNER, « Über das Laienapostolat », *Schriften zur Theologie*, vol. 2, Einsiedeln, Benziger, 1955, p. 339–373 ; Gérard PHILIPS, *Le rôle du laïcat dans l'Église*, Tournai, Casterman, 1954.

du Séminaire pour l'Amérique latine[9], ni la reprise exacte du modèle français (le Comité français d'aide à l'Amérique latine), espagnol (*la Obra de cooperación sacerdotal hispano-americana*) ou celui retenu dans d'autres pays (États-Unis, Italie, Allemagne, Suisse, Autriche, Irlande). Ce qui est nouveau n'est pas non plus la participation de laïcs canadiens à l'activité missionnaire qui se déploiera en Amérique latine. Ce qui émerge, à partir de 1955, c'est la collaboration de diocèses du Québec (Sherbrooke, Nicolet et Saint-Hyacinthe) avec des diocèses de l'Amérique latine, soit une collaboration d'Église à Église, coopération qui engage les membres appartenant à divers statuts de ces Églises (prêtres, religieux et religieuses, laïcs) dans un projet commun[10].

La première impulsion est en effet donnée en 1955, par l'évêque de Nicolet, Mgr Albertius Martin, alors qu'il fonde, en réponse à l'appel du Saint-Siège, deux missions au Brésil : l'une à Alcantara, l'autre à Guimarâes. Six prêtres diocésains y sont envoyés, assistés de dix religieuses de l'Assomption de Nicolet. En 1957, neuf autres religieuses rejoindront le contingent, dont cinq appartiennent à la congrégation des Sœurs grises.

La même année, deux autres évêques du Québec emboîtent le pas. En effet, Mgr Douville, évêque de Saint-Hyacinthe, ouvre une mission à Cururupu dans le Nord-Est brésilien. Deux prêtres du diocèse y sont envoyés, suivis par trois autres en 1959. Ils sont épaulés par six religieuses de Saint-Joseph de Saint-Hyacinthe, dix-sept professeurs et institutrices, un médecin et son épouse infirmière. Mgr Douville établit alors dans son diocèse l'œuvre diocésaine de la mission du Brésil. Elle pourvoit aux

---

9   Caroline SAPPIA, *Le Collège pour l'Amérique latine de Louvain et son ancrage au Brésil : outil d'un projet d'Église (1953–1983)*, thèse de doctorat, Université Catholique de Louvain, 2013. Sur le modèle français, on verra la contribution d'Olivier Chatelan.

10   Je laisse de côté ici l'engagement missionnaire en Amérique latine d'une congrégation canadienne, les Sœurs Missionnaires de l'Immaculée-Conception et des prêtres des Missions étrangères de Pont-Viau. Ceux-ci se redéploient en Amérique latine à la suite de leur expulsion de Chine et du Japon. Je n'aborde pas non plus la contribution de Canadiens membres de congrégations missionnaires internationales, notamment les Oblats de Marie-Immaculée. Le cas d'Albert Sanschagrin est intéressant. Aumônier adjoint à la Centrale JOC canadienne, il est envoyé au Chili pour prêter main-forte à l'Action catholique et à la Jeunesse ouvrière catholique de ce pays dont il devient le directeur. Il s'agit là d'une autre forme de coopération horizontale, à travers les mouvements et les aumôniers. Sur la question : Roger PASQUIER, *La Jeunesse Ouvrière Chrétienne en Afrique noire (1930–1960)*, Paris, Karthala, 2013.

besoins de la mission et organise à cette fin une quête annuelle dans tout le diocèse. À son tour, Mgr Cabana, évêque de Sherbrooke, entre dans le mouvement. Deux prêtres de son diocèse sont alors envoyés dans la préfecture de Pinheiro[11].

La nouveauté consiste dans le développement de partenariats directs et durables entre deux Églises diocésaines, l'une située au Nord, l'autre au Sud, qui se lient afin de s'entraider. Cette forme de « jumelage » représente une innovation. Ce ne sont pas des ordres religieux qui sont envoyés en mission, ni des prêtres *fidei donum*, ni des laïcs qui coopèrent à l'œuvre missionnaire, mais des Églises locales, dans leur totalité, qui deviennent missionnaires : instituts ou congrégations religieuses, prêtres diocésains, laïcs, ressources financières, etc. Ces Églises diocésaines, qui prennent la place qu'une congrégation missionnaire occupait traditionnellement, s'engagent à l'égard d'autres Églises. Même si ces partenariats sont manifestement asymétriques, au moins sur le plan des ressources engagées, il s'agit de contrats entre des Églises sur la base de l'échange, à la suite d'une évaluation des besoins. On peut parler de véritables échanges bilatéraux[12].

Toutefois, même si on utilise à satiété le langage de la coopération entre Églises, il ne faudrait pas conclure trop rapidement que l'on tourne le dos à l'ancien modèle, celui de la direction romaine centralisée (*Propaganda fide*) de l'activité missionnaire qui céderait sa place à un modèle de coopération horizontale entre les Églises, modélisée par une ecclésiologie de la *communio ecclesiarum* qui n'est pas encore vraiment élaborée.

En fait, on entre dans un système hybride et complexe, d'où mon titre « entre direction centralisée et coopération horizontale entre les Églises ». D'une part, la Congrégation des séminaires et des universités, la Propagande, la Consistoriale et la Secrétairerie d'État ne sont jamais loin. En tout état de cause, l'impulsion est romaine : le 27 avril 1957, le cardinal Piazza, dans une lettre au délégué apostolique au Canada, souhaitait la création, un peu sur le modèle de la *Obra de Cooperación Sacerdotal Hispano-Americana* de Madrid et du *Collegium pro America*

---

11 Yves CARRIER, *Lettre du Brésil. L'évolution de la perspective missionnaire. Relecture de l'expérience de Mgr Gérard Cambron*, Louvain-la-Neuve, Academia-Bruylant, 2008.

12 Sur l'engagement missionnaire d'un diocèse, on possède une excellente étude de cas réalisée par Paul CATRICE, *L'Église de Lille missionnaire*, Roubaix, Agence Univers, 1966–1967.

Latina de Leuven, de l'Association canadienne de prêtres séculiers pour l'Amérique du Sud. Dans son esprit, « sans empêcher les rapports directs entre les diocèses canadiens et ceux de l'Amérique latine, une telle initiative permettrait de coordonner les efforts et de rendre plus efficace la préparation à l'envoi en mission dans ces pays »[13]. Les délégués apostoliques ne sont jamais loin et le modèle de la collaboration directe, qui émerge des pratiques, sera appelé à évoluer. La direction centralisée des initiatives, au moins leur coordination, deviendra encore plus évidente à la suite de la création de la Commission pontificale pour l'Amérique latine (CAL) en avril 1958. La mobilisation des Églises diocésaines vient également de Rome. En réponse à l'invitation romaine, les évêques canadiens font diverses hypothèses. Suivant les modèles existant en Espagne et en France et encouragés par Rome, ils pensent d'abord créer un organisme national d'envoi de prêtres en Amérique latine, associant les prêtres canadiens volontaires au Centre d'apostolat de la Société des Saints Apôtres. Les Eudistes et les Oblats de Marie-Immaculée avaient également offert de s'engager dans la réalisation de ce projet qui avait l'aval du cardinal Léger et de Mgr Roy[14]. Ainsi, cette société permettrait aux prêtres séculiers canadiens de s'intégrer à la vie missionnaire dans un cadre approprié. Ici, l'attention porte exclusivement sur l'envoi de prêtres par un organisme national. Dans l'autre cas, il s'agit de l'engagement d'un diocèse tout entier (prêtres, religieux et religieuses, laïcs) dans l'action missionnaire dans un diocèse partenaire de l'Amérique latine.

Dans la foulée de la sollicitation romaine, en décembre 1957, l'Assemblée des évêques du Québec met sur pied une Commission épiscopale pour la collaboration apostolique avec l'Amérique latine et élabore une déclaration collective sur la collaboration avec l'Amérique latine qu'elle souhaite soumettre à toute la hiérarchie canadienne[15]. La convocation à Rome, la même année, des officiers du CELAM et des responsables des agences d'aide à l'Amérique latine créées par les évêques dans divers pays du monde marque une nouvelle étape. C'est

---

[13] Lettre contenue dans le dossier de la rencontre interaméricaine de Washington. Nous trouvons un dossier dans les archives de la CECC, dossier CECAL, et dans celles de la Catholic University of America, dossier Latin America, et de celles de l'évêché de Gaspé, dossier Mgr Paul Bernier, alors président de la Conférence catholique canadienne (CCC).

[14] Lettre de Sebastiano Baggio (délégué apostolique) à Mgr Paul Bernier du 31 juillet 1959.

[15] Lettre du cardinal Mimmi à Giovanni Panico du 24 juin 1958.

dans le sillage de cette rencontre que s'élabore le projet d'une rencontre interaméricaine de représentants des hiérarchies du Canada, des États-Unis et du Brésil (voire du CELAM) et la création, en octobre 1959, par l'épiscopat canadien, d'une commission épiscopale pour la collaboration avec l'Amérique latine (CECAL) sur le modèle de celle créée à Rome. Ces deux initiatives, on le sait, aboutiront à la rencontre interaméricaine de représentants du CELAM et des épiscopats du Canada et des États-Unis, à Washington, en novembre 1959[16].

Entre 1957 et 1960, à travers la réflexion des assemblées épiscopales du Québec et du Canada, on approfondira le modèle canadien de coopération directe entre les Églises diocésaines du Canada et celles de l'Amérique latine, sans tourner le dos aux orientations romaines relayées par la CAL. Ce chemin, défriché au fur et à mesure que s'échafaudent les projets d'assistance aux Églises d'Amérique latine, demeure sensible à l'impulsion romaine, mais fidèle aux pratiques pionnières mises en avant par les diocèses de Nicolet, Sherbrooke et Saint-Hyacinthe. La documentation indique que, dans cet intervalle (1958–1959), les discussions évoluent dans une certaine confusion, car on ne sait pas comment faire, les Églises du Canada n'étant pas habituées à envoyer des prêtres séculiers en mission ou n'arrivant pas à imaginer comment prendre en charge des œuvres sur un autre continent. Les expériences réalisées par les diocèses précurseurs joueront un rôle important dans la définition d'un modèle de coopération.

Il est intéressant de constater que, au final, la solution retenue ne sera pas la création d'une œuvre canadienne visant l'envoi de prêtres en Amérique latine, sur le modèle belge ou espagnol, comme le suggérait le cardinal Piazza en 1957. En somme, graduellement, ce qui, dans la lettre du cardinal apparaissait comme la proposition principale (la création, sur le modèle de la *Obra de Cooperación Sacerdotal Hispano-Americana* de Madrid et du *Collegium pro America Latina* de Leuven, de l'Association canadienne de prêtres séculiers pour l'Amérique du Sud) passe à l'arrière-plan et ce qui semblait secondaire (« sans empêcher les rapports directs entre les diocèses canadiens et ceux de l'Amérique latine ») deviendra la voie royale. Non seulement on dépasse la préoccupation quasi unique, poursuivie en 1957, de l'envoi de prêtres canadiens en Amérique latine,

---

[16] Elle sera formellement érigée par un rescrit de la Consistoriale daté du 15 février 1960. Une commission semblable avait été créée le 7 avril 1959 aux États-Unis.

objectif propre à cette période[17], mais on dépasse aussi cette conception globale de coopération entre un pays du Nord et l'Amérique latine pour penser les choses en termes de développement de partenariats entre des Églises diocésaines du Nord et du Sud, l'ensemble coordonné par le CELAM, d'une part, et la CECAL d'autre part.

Conclusion

À la fin des années 1950, le souci des papes Pie XII et Jean XXIII de voler au secours des Églises d'Amérique latine suscitera la création de nouveaux organismes missionnaires qui ne seront pas taillés sur le même patron que ce que l'on avait connu jusque-là. À côté des congrégations missionnaires, de nouveaux protagonistes de la mission *ad extra* entrent en scène, les laïcs, puis les prêtres diocésains *fidei donum*. Les papes mobilisent également les épiscopats nationaux, les invitant à soutenir activement les Églises d'Amérique latine qu'ils considèrent menacées par deux périls : le communisme et les sectes. C'est dans ce cadre que des organismes d'envois de clercs sont constitués dans divers pays du Nord : Espagne, Belgique, Italie, Irlande.

C'est dans ce contexte que l'épiscopat canadien, invité lui aussi à contribuer à cet effort collectif bientôt coordonné par la Commission pontificale pour l'Amérique latine et à répondre aux besoins exprimés par le CELAM, opte pour la voie de la coopération directe entre des diocèses canadiens et des diocèses d'Amérique latine. Plutôt que de constituer un organisme national responsable de l'envoi de prêtres en Amérique du Sud, la Commission épiscopale pour l'Amérique latine constituée par l'épiscopat canadien encouragera plutôt la coopération directe entre des diocèses du Canada et des diocèses de l'Amérique latine. Cette forme de jumelage, initié en 1955 par les diocèses de Nicolet, Sherbrooke et Saint-Hyacinthe, favorisera non seulement l'envoi de prêtres diocésains canadiens en Amérique latine, mais également l'engagement missionnaire

---

[17] L'objectif le plus clair promu par Rome demeure la formation des prêtres en Amérique latine (fondation de séminaires régionaux ou nationaux), l'envoi de prêtres et l'éducation chrétienne. Du reste, la rencontre annuelle des officiers du CELAM, à Rome, en novembre 1958, avait permis d'insister sur tous ces points, en particulier l'établissement de séminaires, l'envoi de prêtres et de religieux qui permettraient l'ouverture d'écoles et la coopération dans le domaine de la presse et de l'édition afin de défendre la foi catholique et de diffuser la doctrine chrétienne.

de diocèses tout entier : soutien financier, envoi de religieux et de religieuses, de laïcs et de prêtres.

Les invitations romaines devaient conduire au développement d'un modèle original de coopération directe entre les Églises. Cela ne marque cependant pas la fin d'une direction centralisée des initiatives missionnaires dans l'Église catholique. Cela infléchit ce modèle séculaire en engageant davantage les « Églises nationales » et diocésaines et en favorisant un nouveau modèle de coopération entre Églises. Ce sont des Églises du Nord, dans toutes leurs composantes (prêtres, religieuses et religieux et laïcs) qui entrent en coopération avec des Églises diocésaines de l'Amérique latine.

Rationaliser et développer des circulations missionnaires de prêtres séculiers français par-delà l'Atlantique : aux origines du Comité épiscopal France-Amérique latine (1961-1963)

Olivier CHATELAN

Dans l'avant-dernier tome publié en 2000 de l'*Histoire du christianisme* qui débute avec le pontificat de Jean XXIII, Jean-François Zorn et Claude Prudhomme mettaient en évidence les signes d'une « crise de la mobilisation missionnaire à la fin des années cinquante ». Les auteurs insistaient aussi sur « l'écho incontestable en Europe dans les années 1955–1980 » de l'encyclique *Fidei Donum* de 1957 qui désigne le clergé diocésain comme une force complémentaire de l'offre congréganiste, sans toutefois, il est vrai, que cet appel ait pu complètement « répondre aux espoirs initiaux ». Comment interpréter ces impressions en demi-teinte ? La participation des prêtres diocésains aux missions extérieures est-elle aussi « marginale » qu'on a pu l'écrire ?[1] Sur le plan des effectifs, sans doute ; comme phénomène révélateur de recompositions du catholicisme français et européen, l'affirmation se discute. De cette politique d'envoi, l'Amérique latine peut servir d'observatoire.

Si l'on s'en tient, ici, au seul cas français, ce sont 242 prêtres diocésains qui sont partis entre 1962 et 1982. Au début des années 1980, ils sont encore 116, avant un reflux significatif : en 2009, 71 prêtres diocésains français étaient pris en charge par le Pôle Amérique latine du Service national de la Mission universelle de l'Église[2]. De quoi s'agit-il exactement ? Quelle

---

[1] Claude PRUDHOMME et Jean-François ZORN, « Crises et mutations de la mission chrétienne », dans Jean-Marie MAYEUR, Charles PIETRI, Luce PIETRI et André VAUCHEZ (dir.), *Histoire du christianisme à nos jours*, t. 13, Paris, Desclée, 2000, p. 343–373, en particulier p. 345–347.

[2] *La Croix*, 25 février 2010.

est cette étrangeté dans l'histoire des missions qui consiste à envoyer des prêtres séculiers dans la seconde moitié du XXe siècle et en Amérique latine, alors que les vocations en France sont en baisse et que l'Afrique reste le principal lieu de destination des missions en dépit du contexte d'accès aux indépendances et de redéfinition de l'aide à apporter en outre-mer ?

On voudrait ici présenter la genèse du Comité dont le Pôle Amérique latine actuel est l'héritier. Ce Comité épiscopal France-Amérique latine (ou CEFAL) a jusqu'à présent suscité peu de travaux scientifiques[3], contrairement à son homologue belge, le Collège pour l'Amérique latine de Louvain[4]. Mises à part des publications internes en nombre très limité[5], il n'a pas eu de réelle visibilité *ad extra*. Or cette histoire est nécessaire, à trois niveaux au moins : en France, elle peut éclairer les contacts pris avant, pendant et après le concile Vatican II entre l'épiscopat français et les évêques latino-américains ; en Amérique latine, les documents du CEFAL permettent de reconstituer des trajectoires de prêtres sur place et, au-delà, d'appréhender des réalités diocésaines mal connues faute d'ouverture des archives locales et romaines[6] ; entre ces deux espaces, l'histoire du CEFAL dessine des circulations en allers-retours que l'on

---

[3]   Quelques pages de présentation sommaire dans Camila BESSA, *Qu'est-ce que le christianisme de libération ? Charles Antoine, un passeur entre la France et l'Amérique latine*, Paris, Karthala, 2016, p. 28–32 et 117–123. On s'autorise ici à renvoyer à nos propres publications parues depuis le colloque de Montréal : Olivier CHATELAN, « Le Comité épiscopal France-Amérique latine », dans Olivier CHATELAN, Caroline SAPPIA et Gilles ROUTHIER (dir.), « Les organismes européens et nord-américains d'envoi de prêtres *Fidei Donum* vers l'Amérique latine (1949–2000). Guide de recherche », *Chrétiens et Sociétés XVI–XXI siècles*, numéro spécial, 2019 ; Olivier CHATELAN, « Les expulsions de prêtres diocésains français partis en Amérique latine : un recensement (1971–1976) », dans Olivier CHATELAN (dir.), *Mission religieuse ou engagement tiers-mondiste ? Des clercs entre Europe et Amérique latine dans la seconde moitié du XXe siècle*, Nancy, Éditions de l'Arbre Bleu, 2020, p. 175–190.

[4]   Caroline SAPPIA, *Le Collège pour l'Amérique latine de Louvain et son ancrage au Brésil : outil d'un projet d'Église (1953–1983)*, thèse de doctorat, Université Catholique de Louvain, 2013.

[5]   CEFAL, *Ce que nos yeux ont vu*, Paris, Éditions Ouvrières, préface de Guy Deroubaix (alors président du CEFAL), 1986 ; CEFAL, *Amérique latine, 500 ans d'évangélisation 1492–1992*, ronéotypé, 1992. Depuis 1990, une *Lettre du Pôle Amérique latine* semestrielle de quatre pages est diffusée à ses membres.

[6]   Le Saint-Siège a annoncé en octobre 2016 la fin de la numérisation des archives relatives à la période de la dictature argentine (1976–1983), opération réalisée avec le concours de l'épiscopat argentin. Mais aucune précision sur les fonds concernés

peut qualifier de « migrations cléricales » dont les lieux de rencontre et les circuits sont essentiels pour comprendre les contacts entre catholicisme européen et catholicisme outre-Atlantique. Les archives existent, leur consultation a constitué l'essentiel de l'apport documentaire mobilisé ici[7].

C'est par conséquent à une plongée dans un objet neuf, avec les limites et les interrogations propres à un chantier en cours, que cette brève étude voudrait inviter. On s'en tiendra ici à la genèse du Comité, en ne dépassant pas l'année 1963 qui, avec le fonctionnement à plein régime du concile et les contacts qu'il suscite, ouvre de nouvelles perspectives pour le CEFAL. Deux parties organiseront l'analyse : d'abord sera évoquée la création du Comité proprement dite, effectuée à la demande de Rome, effective en mars 1962. Rapidement, les hommes du CEFAL, en particulier son deuxième président, Mgr Guy-Marie Riobé, doivent mettre sur pied un dispositif opérationnel car des évêques latino-américains envoient des demandes, des prêtres français se portent volontaires et Rome donne ses directives. C'est donc à ces premiers choix que sera consacrée la seconde partie en montrant que le Comité a dû arbitrer ou inventer, en particulier autour de deux urgences : dans quels diocèses envoyer ces prêtres ? Comment les préparer à ce départ ?

La création du CEFAL : la réponse à une demande romaine

La réponse à une demande angoissée du pape : telle est, dans la documentation consultée, la justification apportée par l'épiscopat français à la création d'une structure chargée de la coordination des évêques français pour l'envoi de prêtres en Amérique latine. À la tête de ce service figurent des hommes auxquels des séjours par-delà l'Atlantique ont donné une certaine connaissance du sous-continent.

---

ni aucune date d'ouverture à la consultation n'ont été indiquées (*La Croix*, 31 octobre 2016).

[7] L'auteur a bénéficié d'une dérogation pour la consultation du fonds CEFAL déposé au Centre National des Archives de l'Église de France (CNAEF). Il remercie les membres du Comité d'orientation pour leur confiance et les deux archivistes Cécile Delaunay et Valentin Favrie pour leur accueil et leur disponibilité.

L'appel de Rome

La création d'un Comité pour l'Amérique latine est en effet présentée par les autorités épiscopales françaises comme la réponse, nécessaire et obéissante, à un appel urgent de la papauté. Lors de la première réunion du « Comité d'aide à l'Amérique latine » le 11 avril 1962 à l'Archevêché de Paris, son président Mgr Pierre Veuillot rappelle que le Comité a été constitué par l'Assemblée des cardinaux et archevêques (ACA) d'octobre 1961 « à la suite d'un appel pressant de Jean XXIII, dans sa lettre du 25 septembre 1961 »[8]. Dans l'ensemble des courriers conservés, c'est ainsi sous la forme d'une réponse à un stimulus que la genèse du CEFAL est décrite. Ce récit des origines est confirmé, s'il en était besoin, par les lettres de remerciement adressées par Paul VI pour l'envoi de prêtres diocésains français. Ainsi, dans une lettre du 5 juin 1964 à Mgr Riobé, le souverain pontife exprime sa « sincère gratitude » à propos de « quinze prêtres qui se préparent à partir » sous les auspices du CEFAL[9]. Quel est précisément le contenu de cet appel de Rome ?

La demande romaine aux évêques français comporte deux volets : d'une part, l'encyclique *Fidei Donum* du 21 avril 1957 qui, par son statut, donne l'impulsion générale à un mouvement d'ensemble de la chrétienté. D'autre part, la lettre du pape Jean XXIII au cardinal Achille Liénart, président de l'ACA, intitulée « L'aide de l'Église de France à l'Amérique latine », datée du 25 septembre 1961.

Le premier document est connu[10]. Il ne porte pas spécifiquement sur l'Amérique du Sud : celle-ci n'est évoquée explicitement qu'une fois dans le texte. L'encyclique synthétise la nature de l'effort missionnaire que Rome souhaite voir mis en œuvre par l'Église universelle à destination des terres qui souffrent du manque de moyens apostoliques, en hommes et en ressources, en particulier en Afrique. Les axes de cette politique tiennent en deux principes : l'aide à l'évangélisation et la formation d'une élite chrétienne au service de la société. Or ces régions sous-équipées dans l'encadrement clérical sont confrontées à une menace lourde : le communisme, assimilé au matérialisme athée. Pour répondre

---

[8] CNAEF, fonds CEFAL, 87 CO 5, compte-rendu de la réunion constitutive du Comité d'aide à l'Amérique latine, 11 avril 1962.

[9] CNAEF, 87 CO 5.

[10] Pour une approche globale : Olivier LANDRON, « Les prêtres *Fidei Donum* : l'exemple français », *Histoire et Missions Chrétiennes*, 5, 2008/1, p. 153–171.

à cet immense défi, Jean XXIII lance un appel à la responsabilité des évêques à l'échelle du monde, en proposant en particulier, de façon concrète, de mettre sur pied des prêts de prêtres entre diocèses. Dans sa thèse, Caroline Sappia indique à juste titre qu'il ne s'agit plus seulement de « pays de mission » mais d'Églises en manque de moyens pour accomplir les tâches apostoliques[11]. L'expression *Fidei donum* qui sera attachée aux prêtres « partants » renvoie par conséquent à une perspective missionnaire, mais sans spécificité latino-américaine.

Le second texte concerne directement et exclusivement l'Église de France et l'Amérique latine. Dans cette « lettre personnelle » au cardinal Liénart, évêque de Lille, le pape Jean XXIII part de la situation religieuse du sous-continent qui, dit-il, est l'objet d'une « grave préoccupation dans le gouvernement de l'Église universelle ». Le constat angoissé porte sur deux points qu'il reprend mot pour mot d'un discours tenu quelques mois auparavant aux recteurs de séminaires et directeurs diocésains italiens[12] : le problème des vocations et l'insuffisance de l'action pastorale. Le pape prend soin d'en énumérer les causes, dans un langage de sciences humaines qui dit sans détour l'inquiétude de l'autorité romaine : l'« ampleur des territoires », l'« augmentation rapide des populations », les « ajustements politiques et économiques » – usant d'un euphémisme prudent – constituent des obstacles à l'avenir religieux des pays d'Amérique latine. Suit un appel à la responsabilité universelle de l'Église dans la ligne de l'encyclique *Fidei Donum*, mais en laissant entendre que Rome n'a ni l'entière maîtrise de la situation ni toutes les solutions *ad hoc*. Jean XXIII évoque en effet les « appels devenus plus pressants » en provenance de l'Amérique latine : il se présente donc seulement comme le relais d'une demande venue de l'épiscopat latino-américain, organisé depuis 1955 au sein d'un Conseil épiscopal latino-américain (CELAM) précurseur sur le plan de la collégialité et investi par des évêques soucieux de contacts avec l'extérieur[13]. Le pape parle également d'efforts à fournir « dans les années qui viennent », par

---

[11] Caroline SAPPIA, *Le Collège pour l'Amérique latine de Louvain…*, *op. cit.*, p. 65–68.

[12] « Discours de Sa Sainteté Jean XXIII aux participants du Congrès national italien pour les vocations ecclésiastiques, 21 avril 1961 », *Acta apostolicæ sedis*, LIII, 313.

[13] Parmi les membres les plus actifs du CELAM au début des années 1960 : Mgr Manuel Larraín (Talca), Mgr Helder Câmara (auxiliaire de Rio de Janeiro), Mgr Octaviano Márquez y Tóriz (Puebla), Mgr Alfredo Rubio Díaz (Girardot puis Sonsón-Rionegro) : François HOUTART, « L'histoire du CELAM ou l'oubli des origines », *Archives de sciences sociales des religions*, 71, juillet–septembre 1990,

conséquent sur le moyen terme, prenant acte d'une situation périlleuse qui engage le salut d'une bonne partie des catholiques du monde – « un tiers » disent avec certitude les brochures du CEFAL. Rome invite par ces mots à la mise en œuvre d'une politique d'envoi, parallèle à celle réalisée pour l'Afrique francophone.

En point d'orgue de cette dramatisation de l'effort missionnaire présenté comme nécessaire, le pape donne un programme de travail à l'ACA, laquelle est invitée à parvenir à des « réalisations concrètes sans trop tarder ». Deux points sont suggérés, qui vont donner lieu à des discussions au sein de la politique d'envoi de prêtres français vers l'Amérique latine. Il est d'une part requis une indispensable « préparation » pour ce personnel en instance de départ, avec une suggestion très pratique du pape : pourquoi ne pas utiliser les bâtiments laissés vacants depuis le récent regroupement des grands séminaires ? Cette première proposition est assez inattendue car la formation paraît se réduire ici à la question certes indispensable mais secondaire des locaux. Rien n'est dit du contenu de cette préparation. Il faut retenir que Rome privilégie la solution d'une formation en France, avant le départ, sur le modèle belge. D'autre part, il est préconisé d'« éviter une trop grande dispersion des forces », une directive interprétée par Mgr Riobé comme une critique de l'effort missionnaire français vers l'Afrique[14]. Le pape donne des indications complémentaires : dans les premiers temps au moins, l'effort devra porter sur quelques régions seulement (sans préciser lesquelles) et en accord avec la Commission pontificale pour l'Amérique latine (CAL), créée trois ans auparavant.

En résumé, l'appel de Rome laisse une faible marge d'autonomie aux évêques français : la coordination est une nécessité, sous la direction de l'ACA. Le temps est donc fini, au moins officiellement, des initiatives individuelles des évêques, voire des prêtres eux-mêmes, qui organisaient un départ vers l'Amérique latine de façon bilatérale avec un homologue de l'autre côté de l'Atlantique. Finis aussi les départs sans discernement préalable par la hiérarchie : bien que très peu bavarde sur la question, la lettre de Jean XXIII fait de la préparation une exigence. Enfin, cet effort

---

p. 25–41 ; Silvia SCATENA, *In populo pauperum.La Chiesa latinoamericana dal Concilio a Medellín (1962–1968)*, Bologne, Il Mulino, 2007.

[14] « Si nous pouvions éviter [par ce Comité] la dispersion qui a compromis pour une part l'efficacité de la réponse de la France à *Fidei Donum* » (CNAEF, 87 CO 18, lettre de Mgr Riobé à Mgr Le Bourgeois, 29 mars 1962).

français se fera sous le contrôle de la CAL, qui nomme Mgr Riobé son représentant pour la France. Si Rome donne l'impression de s'être laissée quelque peu débordée par une situation alarmante en Amérique latine et pressée d'agir par les autorités sur le terrain, elle souhaite désormais reprendre la main, encadrer cette dynamique et non se situer en arrière-plan. Comment s'organise alors la réponse de l'épiscopat français ?

La création d'un Comité

La réponse de l'Église de France s'effectue sans tarder mais en consultant l'ensemble des évêques et avec le souci de s'informer sur la présence du clergé français en Amérique latine. Par une circulaire datée du 18 octobre 1961, soit trois semaines seulement après l'envoi de la lettre du pape au cardinal Liénart, le Secrétariat de l'Épiscopat informe l'ensemble des évêques de France de « l'appel pressant » que le Saint-Père leur adresse « en faveur de l'Amérique latine ». Au cours de ce même mois d'octobre 1961, l'ACA confie à Mgr Veuillot, archevêque coadjuteur de Paris, assisté de Mgr Riobé, évêque auxiliaire d'Orléans, et du Secrétariat de l'Épiscopat, « le soin de promouvoir et de coordonner les réponses des diocèses de France ». Avant même la constitution effective d'une quelconque structure, Mgr Veuillot adresse à ses confrères un questionnaire en pièce jointe à la même circulaire. Les réponses, attendues dans les dix jours (!), doivent servir de base de travail pour un « Comité », première occurrence du terme[15].

Ce questionnaire, sobrement intitulé « Aide à l'Amérique latine », invite chaque évêque à répondre à dix questions organisées en trois rubriques. La première porte sur des prêtres incardinés dans le diocèse qui seraient déjà partis pour l'Amérique latine. Les renseignements à fournir sont d'ordre pratique : noms et adresses sur place, éventualité d'une préparation (Louvain est proposé à titre d'exemple), éventualité d'une contractualisation et modalités de cette contractualisation. Cette première rubrique s'adresse-t-elle également aux prêtres partis en Amérique latine, mais revenus dans leur diocèse ? Il n'est pas certain que la situation ait existé au début des années 1960 et, si tel est le cas, elle ne paraît pas envisagée par Mgr Veuillot. La deuxième série de questions s'intéresse aux prêtres qui souhaitent partir. Les évêques sont priés d'indiquer s'ils

---

[15] Archives Départementales du Loiret (désormais ADL), fonds privé Guy-Marie Riobé, 411 J 2, note du Secrétariat de l'Épiscopat, 3 janvier 1962.

ont connaissance d'éventuels candidats. Ces candidats ont-ils informé leur Ordinaire de leurs intentions ? Les correspondances de séminaristes ou de jeunes prêtres conservées dans les fonds du CEFAL montrent que ce n'est pas toujours le cas, les candidats au départ préférant parfois s'en ouvrir d'abord auprès de confrères rencontrés à l'occasion de conférences sur l'Amérique latine. Enfin, une troisième rubrique concerne les contacts que le diocèse entretiendrait avec un diocèse latino-américain, sous plusieurs formes possibles : liens avec un organisme particulier, accueil de prêtres ou de séminaristes d'Amérique latine, organisation de conférences.

Si on ne trouve pas trace des réponses individuelles dans les fonds consultés, un bilan comptable de cette enquête a été conservé. Sur les 87 évêques interrogés, 64 ont répondu à la date du 30 janvier 1962, qui se partagent en 22 réponses négatives – c'est-à-dire qu'il n'existe aucun contact particulier entre le diocèse en question et l'Amérique latine – et 42 positives[16]. Parmi ces dernières, les évêques recensent 17 prêtres déjà partis et 32 exprimant le souhait de le faire (parmi lesquels 6 sont en stage à Louvain ou sur le point de s'y rendre). À ces 49 prêtres diocésains partis ou désireux de le faire, il faut ajouter 8 séminaristes. C'est donc plus d'une cinquantaine de prêtres qui, dès 1961, se disent intéressés, sans compter ceux qui ne s'en sont pas ouverts à leur évêque. Certes, l'ensemble représente moins d'un prêtre par diocèse en France, mais ce chiffre n'est pas négligeable quand on sait qu'aucune structure d'envoi ou de formation n'existe alors à l'échelle nationale. On peut probablement l'expliquer, pour partie au moins, par l'encyclique *Fidei Donum*. C'est le cas par exemple de Charles Antoine, originaire du diocèse de Besançon, futur directeur du bulletin *Dial* (entre 1971 et 1995), qui dit s'être porté volontaire pour le Chili – il partira finalement au Brésil – pour répondre

---

[16] Les 22 sont nommés (avec un oubli) : Auch, Bayeux, Beauvais, Blois, Cahors, Carcassonne, Clermont, Digne, Gap, Langres, Laval, Le Puy, Lille, Montauban, Nîmes, Poitiers, Saint-Brieuc, Strasbourg, Tours, Sens, Valence. On note une majorité de diocèses ruraux (à l'exception de ceux de Strasbourg et de Lille), sans qu'on puisse donner des explications plus pertinentes. Ainsi, la proximité géographique avec le COPAL de Louvain joue peu, puisqu'on ne trouve aucun « partant » ou « parti » dans les diocèses de Lille et de Beauvais. Sans doute l'absence de contacts personnels de ces évêques en Amérique latine explique-t-elle en creux cette géographie.

à l'appel de Jean XXIII[17]. Par ailleurs, l'enquête livre quelques indications complémentaires sur les instituts séculiers présents en Amérique latine[18].

La nature de la tâche confiée au « Comité d'aide à l'Amérique latine » est précisée par ses membres dès la réunion constitutive du 11 avril 1962 à l'archevêché de Paris. À la demande de l'ACA, le Comité doit « préparer, orienter et soutenir les vocations du clergé séculier en faveur de l'Amérique latine » en y incluant les séminaristes ainsi que la Mission de France « en tant qu'expression d'une volonté missionnaire collective de l'épiscopat ». Par ailleurs, trois groupes de clercs doivent retenir l'intérêt du Comité : ceux qui souhaitent partir ; ceux qui sont déjà sur place ou le seront par l'entremise du Comité ; ceux enfin qui reviennent temporairement en congé dans leur diocèse d'origine. Pour pouvoir exercer pleinement cette charge, il est demandé au Comité d'établir les liaisons nécessaires avec les instituts religieux, les organismes dédiés au laïcat missionnaire et les structures qui assurent le suivi des prêtres latino-américains étudiant en France. Ce travail se fera « en rapport constant » avec la CAL, le CELAM et les conférences épiscopales des pays d'accueil en Amérique latine. Fédérer des contacts internationaux est par conséquent une dimension essentielle de la tâche du Comité. Ces réseaux existent-ils au printemps 1962 entre l'épiscopat français et son homologue d'outre-Atlantique ?

Une photographie du premier Comité

De fait, les contacts entre les évêques français et latino-américains restent très limités au seuil des années 1960. Le concile jouera, dans les mois qui suivent, un rôle d'entremetteur. Pour l'heure, le jeune Comité doit identifier des ressources possibles. Ceux qui entrent au Comité à la demande de Mgr Veuillot, son premier président, sont choisis en grande partie par les réseaux qu'ils peuvent apporter avec eux.

Mgr Pierre Veuillot est donc le premier président (1961–1962) du Comité, une charge qu'il exerce parmi beaucoup d'autres. Entré au

---

[17] CNAEF, 87 CO 74, « Mémoire des temps de plénitude » par Charles Antoine, Belfort, 20 décembre 1997.

[18] Ainsi, sur les 255 professes de l'Institut des Vierges de Jésus et de Marie alors présentes au Brésil, trois sont françaises ; *Caritas Christi*, sous direction française, compte 80 membres dans ce même pays et on ne compte aucune Française parmi les Auxiliaires de l'apostolat.

séminaire des Carmes en 1931, il est ordonné pour le diocèse de Paris en mars 1939. Nommé au petit séminaire de Conflans à partir d'octobre 1942 pour y enseigner la philosophie, il soutient en 1947 une thèse dans cette discipline sur la pensée de François de Sales. En 1959, il est choisi pour être évêque d'Angers puis, seulement deux ans plus tard, il devient archevêque coadjuteur de Paris auprès du cardinal Feltin. Cette nomination parisienne n'explique qu'en partie ses responsabilités à la tête du nouveau Comité. Dès 1949, repéré par le nonce Roncalli, il travaille à la section française de la Secrétairerie d'État à Rome et devient un familier de Mgr Montini, qui préface l'un de ses ouvrages sur la prêtrise en 1954. Il est en effet l'auteur d'une réflexion sur le sacerdoce à un moment où la crise des prêtres ouvriers en France pose la question de l'insertion du prêtre dans la société. Pierre Veuillot participe également à la préparation de l'encyclique *Sacerdoti nostri primordia* promulguée par Jean XXIII en 1959. À Rome, il se constitue un solide réseau d'amitiés et devient un guide pour les visiteurs français de passage dans la capitale des papes. Il acquiert aussi rapidement une réputation de travailleur féroce, spécialisé sur les questions de pastorale qu'il contribue à réorganiser en participant très activement à la Commission épiscopale du monde scolaire (dès 1959) et au Comité épiscopal de la Mission ouvrière (à partir de 1960). Il a également joué un rôle dans la rédaction de l'encyclique *Fidei donum* de 1957[19]. Ce sont donc toutes ces dimensions, d'entregent et de contacts, autant que ses responsabilités épiscopales, qui font de lui le président « naturel » du jeune Comité qui ouvre une partie du jeune clergé français à la dimension internationale.

C'est cependant Mgr Guy-Marie Riobé qui devient le président « effectif » du Comité après que Mgr Veuillot lui en confie la responsabilité. Issu d'une famille angevine très pratiquante, il est ordonné prêtre en 1935 et s'active dans l'essor de la Jeunesse agricole catholique (JAC) dans les Mauges. Devenu directeur des œuvres puis vicaire général de Mgr Chappoulie en 1951, le jeune Riobé s'investit avec fougue dans la formation des jeunes, prêtres et laïcs. En 1961, il vient d'être nommé évêque coadjuteur d'Orléans[20]. Pourquoi est-il choisi par Mgr Veuillot ? À la suite de sa rencontre – déterminante dans sa voie spirituelle – en 1952

---

[19] Tangi CAVALIN et Nathalie VIET-DEPAULE, « Veuillot (Pierre) », dans Dominique-Marie DAUZET et Frédéric LE MOIGNE (dir.), *Dictionnaire des évêques de France au XXᵉ siècle*, Paris, Cerf, 2010, p. 657–658.

[20] Étienne FOUILLOUX, « Riobé (Guy-Marie) », *ibid.*, p. 570–571.

avec le père René Voillaume, il a participé à la fondation des Fraternités sacerdotales, inspirées par Charles de Foucauld. Il a été conduit, pour visiter et animer ces groupes, à multiplier les voyages à l'étranger, en particulier deux fois en Amérique latine entre 1958 et 1961[21]. Cette expérience le désigne comme auteur d'un rapport préparatoire sur le nouveau Comité qu'il remet à Mgr Veuillot en mars 1962. Riobé en devient le président peu après. Quelques semaines plus tard, une réorganisation s'opère à la tête de l'épiscopat français. Est mis en place un Comité épiscopal pour les missions à l'extérieur (CEME) que préside Mgr de Provenchères, archevêque d'Aix-en-Provence. Il s'agit de placer sous une direction unique l'ensemble de l'effort catholique français *ad extra*. Parmi les « sections » qui composent ce CEME, l'une d'elles est consacrée à l'Amérique latine et Mgr Riobé est logiquement reconduit dans sa fonction[22].

Mgr Armand Le Bourgeois est le troisième homme clé des débuts du Comité. De la même génération que les deux précédents (il est né en 1911 à Annecy dans une famille catholique bourgeoise), il n'en a pas le même parcours. Entré chez les Eudistes, ordonné en 1934, il n'est pas passé par le séminaire des Carmes ou le Séminaire romain et n'aura pas été curé de paroisses, directeur des œuvres ou vicaire général. Titulaire d'une licence de théologie obtenue à l'Université grégorienne et d'une licence de philosophie délivrée par la Sorbonne, il s'investit dans les mouvements scout et routier en région parisienne. En 1947, il est devenu aumônier général adjoint des Scouts de France. Entre temps, après un passage à l'aumônerie de la Marine nationale pendant le conflit, il a été nommé supérieur du scolasticat des Eudistes en 1943. Dix ans plus tard, il est élu supérieur général (il a 42 ans) et au moment où le Comité d'aide à l'Amérique latine se met en place, en 1961, il est réélu[23]. Tout au long des années 1950, il sillonne l'Afrique et surtout l'Amérique latine pour visiter sa congrégation.

Ainsi, en 1961, il a à son actif trois grands voyages dans les capitales du sous-continent, dont le dernier en mars 1960. Il est en relation constante avec Mgr Antonio Samorè, le vice-président de la CAL, qu'il a connu lorsque celui-ci était nonce en Colombie. Il a d'abord plaidé au

---

[21]   CNAEF, 87 CO 65, lettre de Mgr Riobé à Ivan Illich, 10 décembre 1961.

[22]   CNAEF, 87 CO 5, lettre de Mgr Le Bourgeois à Mgr Samorè, 30 juin 1962.

[23]   Thierry KECK, « Le Bourgeois (Armand) », dans Dominique-Marie DAUZET et Frédéric LE MOIGNE (dir.), *Dictionnaire des évêques…*, *op. cit.*, p. 394–395.

milieu des années 1950 pour l'organisation d'un comité canadien pour l'Amérique du Sud : il remet un rapport en ce sens au délégué apostolique Mgr Giovanni Panico en juillet 1954 et provoque des réunions avec Mgr Maurice Roy, archevêque de Québec, et Mgr Joseph Martin, évêque de Nicolet. C'est essentiellement la question de la formation des prêtres européens ou canadiens qui l'intéresse. Il suit de près la préparation au Centro intercutural de formación (CIF) de Cuernavaca, qui sert d'école de langue aux prêtres missionnaires envoyés dans les pays hispanophones[24]. Il propose également ses services à Mgr Riobé pour créer un éventuel séminaire spécial pour l'Amérique latine, sur le modèle belge, en s'appuyant sur son réseau régional andin : les Eudistes comptent plus d'une vingtaine de pères employés dans la direction des séminaires de Colombie et du Venezuela[25]. Sans surprise, c'est donc vers lui que le tout jeune Comité se tourne en mars 1962 pour rédiger un rapport sur l'activité des Français en Amérique latine. Après avoir pris contact avec le père Jean-François Barbier, secrétaire du Comité permanent des religieux, il adresse un questionnaire à plusieurs ordres et congrégations pour recenser les points d'appui existants[26].

Enfin, le Comité travaille en étroite liaison avec la CAL présidée par le cardinal Confalonieri et surtout avec son vice-président Mgr Samorè. Le pape Paul VI a mis sur pied, peu de temps après son élection, un Conseil général de la CAL (COGECAL) constitué d'évêques représentant les épiscopats d'Europe et des deux Amériques. Mgr Riobé a été nommé pour y représenter la France[27].

Ce premier Comité s'appuie donc sur des évêques et des religieux qui ne sont pas de premier plan mais qui tous ont séjourné en Amérique

---

[24] CNAEF, CO 5, lettre de Mgr Le Bourgeois à Mgr Samorè, 30 juin 1962. Sur le CIF-CIDOC : Fabio MILANA, « Introduzione », dans Ivan ILLICH, *Celebrare la consapevolezza. Opere complete*, vol. 1, Vicence, Neri Pozza Editore, 2020, p. 13–99 ; Olivier CHATELAN, « Le centre de formation interculturelle d'Ivan Illich : un lieu de rencontres et une préparation insolite pour les missionnaires nord-américains en partance pour l'Amérique latine (1960–1969) », dans Símele SOARESRODRIGUES (dir.), *Les relations culturelles des Amériques au XXe siècle*, Bécherel, Éditions les Perséides, 2019, p. 137–149.

[25] ADL, 411 J 3, lettre de Mgr Le Bourgeois à Mgr Riobé, sans date, probablement 1962.

[26] ADL, 411 J 3, lettre-circulaire de Mgr Le Bourgeois, 16 juillet 1962 ; CNAEF, 87 CO 5, lettre de Mgr Le Bourgeois à Mgr Riobé, 19 février 1963.

[27] ADL, 411 J 3, « Quelques notes pour servir de réponse collective aux questions que vous avez posées » par Michel Quoist, sans date.

latine[28]. Ils sont de la même génération et partagent une préoccupation forte : aider l'Amérique latine dans son effort d'évangélisation, mais sans s'imposer à l'épiscopat régional, dans une relation d'entraide fraternelle, en se gardant, tout au moins dans les intentions, de tout néocolonialisme spirituel.

Premiers envois, premiers enjeux, premières difficultés

À peine le Comité mis en place, il se met au travail autour des deux questions évoquées dans la lettre de Jean XXIII : quelle destination pour les prêtres ? Comment les former ?

Le problème du choix des destinations

D'après une note de Mgr Riobé, il y avait en janvier 1962, c'est-à-dire avant la création du Comité, 373 prêtres, 3 clercs étudiants et 139 frères – soit un total de 515 ecclésiastiques – dans l'ensemble de l'Amérique latine (à l'exclusion des Antilles et de la Guyane française)[29]. Parmi ces clercs, d'après le questionnaire cité plus haut, 17 seulement sont des prêtres diocésains. Un an plus tard, en janvier 1963, 23 sont pris en charge par le CEFAL[30]. Leur répartition géographique montre que tous les pays du sous-continent ne sont pas touchés. Le Brésil, le Chili et le Pérou sont les principales destinations (avec respectivement 9, 7 et 6 envois) contre un seul pour l'Argentine et aucun pour le reste de l'Amérique latine. Fin 1963, soit après un an et demi de fonctionnement du Comité, 34 prêtres sont pris en charge par le Comité, d'après un décompte établi à partir des informations recueillies dans les fichiers de prêtres, selon la répartition suivante :

---

[28] Alfred Ancel, supérieur général du Prado depuis 1942 et évêque auxiliaire de Lyon depuis 1947, est également membre du Comité. Mais son influence au sein du CEFAL est surtout visible après son premier séjour en Amérique latine pendant l'été 1964.

[29] CNAEF, 87 CO 5, « Schéma de Mgr Riobé pour la rédaction d'une note relative au Comité français pour l'Amérique latine », 4 janvier 1963.

[30] CNAEF, 87 CO 5, lettre de Mgr Le Bourgeois à Mgr Samorè, 18 février 1963.

	Janvier 1963	*Décembre 1963*
Argentine	1	5
Bolivie	0	2
Brésil	9	14
Chili	7	7
Pérou	6	4
Venezuela	0	2
Total	**23**	**34**

Cette géographie obéit-elle à une politique particulière ? Mgr Riobé est conscient du caractère inédit de ces envois. Devant l'immense tâche à accomplir et les urgences, explique-t-il, il faut faire des choix. Mais l'Amérique latine n'est pas l'Afrique : la pratique des arrangements entre évêques, par leurs réseaux de relations personnelles et l'influence des amitiés tissées, n'est pas à reproduire. Il en va de la crédibilité du nouvel organisme : « Au contraire, pour l'Amérique latine », écrit-il, « il y a très peu de relations préalables entre diocèses d'Amérique latine et de France. Le prêtre qui veut partir va fixer son choix au hasard d'une rencontre avec un prêtre ou un père latino-américain de passage en Europe ou encore d'après la lecture d'un article de revue. Et son évêque ne sait pas trop quoi penser de son choix. On risque alors une certaine anarchie ; on compromet l'efficacité de la réponse à l'appel du Saint-Père ; on lasse les bonnes volontés et on va au-devant de graves inconvénients pour le prêtre qui s'en va. Il ne s'agit pas tant d'envoyer un nombre plus ou moins grand de prêtres en Amérique latine, mais d'assurer une réponse efficace[31] ».

Aussi propose-t-il trois critères qui doivent guider les choix d'implantation. En premier lieu, le regroupement dans un ou deux pays. À cela, plusieurs raisons : d'abord, comme l'y invite Jean XXIII dans sa lettre au cardinal Liénart, éviter la dispersion des forces, synonyme de saupoudrage des efforts, alors même que le Comité doit précisément rationaliser l'aide sacerdotale. Mgr Riobé suit une directive très claire de Samorè, qui conseille le Brésil et un pays hispanophone (Chili, Argentine ou Uruguay). Cependant, la documentation disponible

---

[31]   ADL, 411 J 2, rapport de Mgr Riobé, mars 1962.

et en partie dépouillée montre un autre souci dès les premiers pas du Comité : éviter que les prêtres se retrouvent seuls, dans l'exercice de leur ministère comme dans leur vie personnelle. La constitution d'équipes, si elle est justifiée par des impératifs pastoraux, s'explique aussi par la peur de l'isolement qui met en péril le suivi du prêtre par le Comité et le prêtre lui-même. Le second critère avancé par Mgr Riobé va dans le même sens. Les prêtres français doivent trouver sur place un certain nombre de garanties, que l'évêque d'Orléans appelle « sécurités » : des évêques attentifs, un climat de communauté avec le clergé local et des affinités entre les orientations pastorales locales et la « culture » et la « mentalité » françaises. Troisième critère du rapport Riobé : choisir des espaces où l'influence et le rayonnement régionaux sont forts, où se joue l'avenir religieux et social de l'Amérique latine ; le Guatemala n'est pas le Brésil, souligne Mgr Riobé. Si de tels critères ne trouvent pas de consensus dans l'épiscopat, le président propose deux solutions de secours. D'une part, se tourner vers le COPAL (Louvain) et renforcer les équipes belges et néerlandaises là où elles sont déjà implantées. C'est ce qu'écrit en janvier 1962 à Mgr Riobé le président du COPAL, le chanoine Vander-Perre, qui craint sans doute une concurrence naissante avec la création imminente du Comité français. D'autre part, privilégier d'emblée les diocèses chiliens, où des personnalités en contact avec des membres du CEFAL paraissent apporter les garanties suffisantes : Dom Carlos Gonzalez, supérieur du grand séminaire de Santiago, le nouveau cardinal-archevêque lui-même, Mgr Raul Silva Henriquez, ou Mgr Manuel Larraín, évêque de Talca, qui vient d'établir un contrat avec son homologue français de Bayonne pour l'envoi d'un jeune prêtre, le P. Jacques Sacaze, par l'entremise de Mgr Riobé.

Le panel des options possibles est donc largement ouvert dans le rapport Riobé. La réunion constitutive apporte des éclaircissements : trois diocèses sont retenus comme lieux de destination, São Luis de Maranhão au Brésil, Valdivia au Chili et San Rafael en Argentine. Les raisons invoquées diffèrent en partie des critères suggérés par Mgr Riobé dans son rapport : les « besoins apostoliques » dans ces diocèses, les « facilités d'implantation » et les indications de la CAL ont été déterminants. Le pragmatisme, les contacts sur place et le poids de Rome ne sont donc pas à négliger. La répartition des prêtres français indiquée plus haut pour fin 1963 est conforme à ces directives : Brésil, Chili et Argentine constituent des priorités. Retenons pour finir que la destination des prêtres n'est donc pas officiellement laissée à l'appréciation des prêtres eux-mêmes, ni même aux évêques, alors qu'il s'agit d'un service de l'épiscopat. C'est là un des débats qui commencent à poindre au sein du Comité.

La question sensible de la formation

Le second problème qui se pose dès le départ au sein du Comité est celui de la préparation des « partants ». On a vu que le pape invitait le cardinal Liénart à ne pas négliger cette question, même s'il donnait peu de pistes. Or le Comité n'est pas le COPAL de Louvain, c'est-à-dire un centre de formation pour les prêtres qui se destinent à l'Amérique latine. Où envoyer les candidats au départ et pour quelle préparation ?

Mgr Samorè propose deux solutions, à deux échéances différentes : la première – celle qu'il faudrait pérenniser – est la création d'une formation en France même, donc avant le départ, en liaison avec un séminaire ou une institution existante, pour lequel le vice-président de la CAL pourrait fournir deux prêtres latino-américains. Il s'agirait d'abord et peut-être – nous suivons ici le rapport de Mgr Riobé qui rapporte une conversation, la source est donc indirecte – d'un apprentissage linguistique et seulement linguistique, en portugais ou espagnol, sous la forme de « stages ». Dans la mesure où la mise sur pied de ces stages ne peut se faire immédiatement, Mgr Samorè préconise d'envoyer les Français au COPAL de Louvain[32]. Cette solution provisoire a été adoptée car, de fait, des partants sont passés par la Belgique avant leur départ.

Pourtant, ce ne sont pas ces deux voies qui sont privilégiées par les membres du Comité lors de la première réunion, en avril 1962. Il est décidé d'envoyer les prêtres à Santiago du Chili pour ceux qui se destinent au Chili et à l'Argentine ; et à Petrópolis, à une soixantaine de kilomètres au nord de Rio de Janeiro, pour ceux qui prendront la route du Brésil. En amont de cette formation linguistique, une « session de probation » est organisée à Bagneux, en région parisienne, pendant huit jours, pour « éprouver les vocations par une retraite de sélection et une première initiation aux problèmes d'Amérique latine ». La première de ces sessions, qui teste donc la solidité spirituelle et la robustesse de la vocation missionnaire, a lieu en juin 1962.

Alors que tout semble en place pour une première salve de départs, l'enjeu de la formation empoisonne régulièrement le fonctionnement du

---

[32] *Ibid.*

Comité au cours de ces deux premières années. Ainsi, dès juin 1962, l'évêque auxiliaire de São Luis de Maranhão, Mgr Fragoso, se plaint de la formation dispensée à Petrópolis et demande la fermeture du centre. À la même date, les deux prêtres prévus pour le Chili ne sont pas envoyés à Santiago pour se former, mais à Madrid, auprès du Colegio sacerdotal Vasco de Quiroga qui forme les prêtres espagnols à destination de l'Amérique latine. Ces deux événements ont un point commun : à Santiago comme à Petrópolis, c'est le CIF créé à l'initiative du théologien et philosophe Ivan Illich qui est en ligne de mire. À Santiago, Illich compte sur le prêtre chilien Segundo Galilea pour organiser une formation à destination des prêtres français et insiste auprès de Mgr Riobé pour que Galilea soit détaché de son diocèse pour assurer cette tâche. À Petrópolis, le Centro de formaçaõ intercultural (CENFI) est une émanation du CIF qui, en plus d'un apprentissage intensif de la langue brésilienne, dispense des cours et des conférences de sciences humaines sur la culture et les causes de sous-développement de l'Amérique latine. La position de Mgr Riobé est attentiste : il dit ne pas vouloir s'engager pour l'une ou l'autre solution avant le concile où il espère beaucoup de ses rencontres avec Dom Hélder Câmara, le secrétaire général de la Conférence épiscopale brésilienne (CNBB). En janvier 1963, une note du Comité rédigée par son président indique que trois centres paraissent les plus indiqués à cette date pour la formation de prêtres français : Madrid, Petrópolis et Louvain. Sur Cuernavaca, où Illich assure déjà la formation de prêtres et laïcs d'Amérique du Nord et installe le Centre interculturel de documentation (CIDOC), Mgr Riobé et le Comité sont réservés en 1962–1963. Pourtant, avant la tempête romaine qui frappe Illich en 1969, plusieurs dizaines de prêtres français passeront par l'hôtel Chulavista où le maître des lieux, quasi-gourou, éprouvera la solidité missionnaire des candidats par une critique radicale du néocolonialisme dans ses dimensions économiques, politiques et religieuses.

Comment définir le CEFAL à l'issue de ses deux premières années de fonctionnement ? À la différence du Collège de Louvain, le Comité français n'est donc pas un lieu de formation. Il est aussi un service des évêques dirigé par un évêque, alors que c'est un chanoine qui dirige l'établissement belge. Mais être au service des évêques au début des années 1960, qu'est-ce à dire ? Le constat que dresse Étienne Fouilloux pour l'avant-1951 – c'est-à-dire avant la réunion de la première assemblée plénière de l'épiscopat depuis près d'un demi-siècle – selon lequel « la France a des évêques, elle n'a pas d'épiscopat », ne vaut plus à cette date : l'organisation interne a progressé avec la création de quinze commissions qui couvrent le champ des initiatives épiscopales, secondées par un Secrétariat général qui a désormais acquis de l'expérience, sans compter la fondation de la Mission de France qui suppose au moins théoriquement une entente interdiocésaine dont est chargée une commission épiscopale *ad hoc* en 1949[33]. Le CEFAL, incontestablement, participe aux progrès de cette structuration interne. Si le terme de collégialité semble encore excessif pour qualifier les effets de ce Comité à ses débuts, on peut sans difficulté user du terme de « coordination ». Au-delà de constituer seulement une réponse à une demande de Rome, le CEFAL est aussi à envisager comme un outil du travail collectif de l'épiscopat français, accéléré par le concile mais dont le concile, précisément, a pu masquer certaines dimensions moins visibles, comme la rationalisation de cet envoi de prêtres vers l'Amérique latine.

Deux enjeux, non évoqués ici, traversent plus largement l'histoire du jeune CEFAL. Le premier a à voir avec la figure du prêtre, son « métier », ses fondements et sa place dans la société française. L'histoire du Comité permet de relire sous un autre angle la remise en cause du modèle classique du sacerdoce et la mise à l'épreuve de son image traditionnelle. Ce que les évêques latino-américains demandent aux prêtres français venus les aider, est-ce d'abord le prêtre « qui dit la messe », pour reprendre l'expression de Julien Potel ? Oui, car la sacramentalisation est une demande forte dans les diocèses du sous-continent, confrontée à des masses peu évangélisées et sous-encadrées pour le culte. Mais c'est également l'aumônier d'Action catholique que les évêques outre-Atlantique réclament, pour former un laïcat éveillé à ses responsabilités. C'est pourtant souvent autre chose encore que les prêtres français découvrent d'eux-mêmes sur place : une profonde inflexion de leur rôle, confrontés qu'ils sont, d'emblée, à de criantes inégalités, et placés de fait dans le camp des populations oubliées des autorités. La politisation est une réalité, quand bien même les prêtres ne prennent pas position. Second enjeu, suite logique de ce bouleversement : le CEFAL est porté rapidement loin de ses bases. Le constat vaut certes sur le plan géographique avec la nomination d'un correspondant permanent sur place qui assure le suivi des prêtres et des équipes (François de l'Espinay) ; mais l'observation concerne aussi

---

[33]   Étienne FOUILLOUX, « Traditions et expériences françaises », dans Jean-Marie MAYEUR, Charles PIETRI, Luce PIETRI et André VAUCHEZ (dir.), *Histoire du christianisme, op. cit.*, p. 488–491.

la pastorale, tant la direction du CEFAL est régulièrement sommée par ces mêmes prêtres de les soutenir ou, en tout cas, d'exprimer une parole claire et sans ambiguïté sur ce qu'ils vivent : condamnation des dictatures, engagement aux côtés des syndicats voire des forces politiques, usage d'un discours qui emprunte à la grille de lecture marxiste pour penser les réalités du mal-développement, interrogations sur le célibat des prêtres. On le voit : en créant au début des années 1960 un comité dédié à l'Amérique latine, l'ACA installe au sein de son organisation embryonnaire une structure qui pose des questions de fond aux évêques français.

La coopération épiscopale européenne d'aide à l'Église d'Amérique latine (1965-1980) : tentatives et doutes autour d'un projet

Caroline SAPPIA

L'Amérique latine représente un enjeu décisif pour l'Église catholique au lendemain de la Deuxième Guerre mondiale : une majorité catholique y vit alors qu'elle ne dispose pas de suffisamment de personnel ecclésiastique pour assurer les sacrements et, par conséquent, l'avenir de l'Église catholique face aux concurrences communiste – venue de l'Est – , protestante – descendant depuis les États-Unis – et spirite – au sein même de son territoire[1].

C'est dans ce contexte qu'entre la fin des années 1940 et le début des années 1960, un mouvement est lancé pour venir en aide à l'Amérique latine et promouvoir son développement non seulement religieux, mais aussi social, économique, voire politique. Des réseaux d'intellectuels catholiques s'articulent entre l'Amérique du Nord (Canada, États-Unis), l'Europe et l'Amérique latine. Cette dynamique est renforcée par l'enquête sur *l'état de l'Église en Amérique latine*, coordonnée à partir de 1958 par le sociologue belge François Houtart, dans le cadre de la Fédération internationale des Instituts de recherches socioreligieuses (FERES) et avec le soutien de Mgr Luigi Ligutti, observateur permanent du Saint-Siège auprès de la FAO (organisation des Nations Unies pour l'alimentation et l'agriculture)[2]. Différentes initiatives sont également

---

[1] En atteste notamment la lettre apostolique de Pie XII du 29 juin 1955 : *Lettre apostolique Ad Ecclesiam Christi au cardinal Piazza à l'occasion de la conférence des évêques de l'Amérique latine à Rio de Janeiro* ; Pie XII, « Discours au Congrès pour l'apostolat des laïcs », 5 octobre 1957 (publié dans *Notiziario de la Cal*, juin 1963, n° 2, p. 26).

[2] Cette enquête fera l'objet de plusieurs publications : *Les tâches de l'Église en Amérique latine. Aspects théologiques et sociologiques* (François HOUTART, Bogota,

lancées depuis l'Église catholique des États-Unis et du Canada qui profitent de la période d'après-guerre pour développer leurs relations avec l'Amérique latine afin de protéger le continent catholique[3].

Cet article analyse la constitution d'un de ces réseaux, à savoir les réunions épiscopales européennes d'aide à l'Amérique latine entre 1965 et 1980[4]. Nous y parcourons les tentatives de coordination et d'action des organismes européens entre eux, ainsi que la difficulté à se coordonner tant avec les acteurs nord-américains qu'avec le Conseil épiscopal latino-américain (CELAM).

En dépit des bonnes volontés européennes, nous verrons que, d'une part, cette aide n'est pas nécessairement perçue positivement en Amérique latine et que, d'autre part, certains prêtres européens doutent de l'utilité de leur engagement pastoral dans les diocèses concernés. Enfin, ces réunions seront la chambre d'échos des évolutions politiques, ecclésiales et théologiques propres à l'Église latino-américaine.

Fondation d'organismes de structuration et d'aide à l'Église latino-américaine (1949–1963)

La coopération épiscopale européenne d'aide à l'Église latino-américaine est basée sur la fondation et l'articulation en Amérique latine, en Europe et en Amérique du Nord d'une série d'institutions. Cette dynamique, impulsée par le Saint-Siège, s'inscrit également dans les prémisses et les prolongations de l'encyclique *Fidei Donum*, promulguée

---

1963), *L'Église latino-américaine à l'heure du Concile* (François HOUTART, Fribourg, Feres, 1963) et *L'Église à l'heure de l'Amérique latine* (François Houtart et Émile Pin, Tournai, Casterman, 1965). Ces ouvrages sont aussi publiés en anglais, en espagnol, en italien, en portugais et en polonais.

3   Voir les différents travaux de Gilles Routhier ainsi que de Catherine C. LeGRAND, « L'axe missionnaire catholique entre le Québec et l'Amérique latine. Une exploration préliminaire », *Globe. Revue internationale d'études québécoises*, vol. 12, n° 1, 2009, p. 43–66.

4   L'étude repose principalement sur le fonds d'archives de Mgr Émile-Joseph De Smedt (1909–1995), évêque de Bruges, responsable de la coopération avec l'Amérique latine pour la conférence des évêques belges. Il exerce cette fonction de 1965 au début des années 1980 en lien avec le chanoine Adolphe Vander Perre, président du Collège pour l'Amérique latine de Louvain. À ce titre, il préside les réunions des organismes épiscopaux européens d'aide à l'Amérique latine de 1967 à 1984.

par Pie XII le 21 novembre 1957, sur la situation des missions catholiques, notamment en Afrique. Elle renouvelle la dynamique missionnaire en invitant les évêques des pays « de vieilles chrétientés » à envoyer leurs prêtres dans les diocèses en manque de personnels ecclésiastiques, promouvant ainsi la collaboration entre Églises locales.

Le premier organisme d'aide à l'Église latino-américaine, la *Obra de cooperación sacerdotal hispano-americana* (Ocsha), est fondé en Espagne en 1949 pour combler le déficit de prêtres en Amérique latine. Suit le Collège pour l'Amérique latine (Copal) de Louvain créé en 1953 à la demande du cardinal Josef-Ernest van Roey et sous l'impulsion de Pie XII. Parallèlement, le Celam est mis sur pied deux ans plus tard en 1955 lors de la première assemblée des évêques latino-américains à Rio de Janeiro. Il représente alors la première structuration épiscopale à l'échelle d'un continent. En 1958, la Commission pontificale pour l'Amérique latine (Cal) est mise sur pied au Vatican pour coordonner et centraliser les activités et les projets ecclésiaux concernant l'Amérique latine. La mise en place de ces institutions est portée par le discours défensif de Pie XII sur la situation du catholicisme en Amérique latine, considérée comme la terre d'avenir du catholicisme.

Dès son accession sur le trône pontifical, Jean XXIII poursuit l'action de son prédécesseur, tout en changeant de ton. Il encourage la fondation d'organismes épiscopaux nationaux d'aide sur le modèle de la Ocsha et du Copal. C'est ainsi que sont fondés en 1959, au Canada, la Conférence épiscopale canadienne pour l'Amérique latine (Cecal) et, aux États-Unis, le Comité épiscopal pour l'Amérique latine et le *Latin American Bureau* (Lab)[5] ; en 1961, en France, le Comité français d'aide à l'Amérique latine (Cefal) ; en 1963, en Allemagne, Adveniat et, en Italie, le Comité épiscopal italien pour l'Amérique latine (Ceial).

Parallèlement, en Amérique latine, la Conférence latino-américaine des religieux (CLAR) est fondée en 1959, tandis qu'au Vatican, le Conseil général de la Commission pontificale pour l'Amérique latine(COGECAL) est mis sur pied en 1963 pour rendre opératoires les

---

[5]   Les États-Unis ont aussi fortement contribué à l'envoi de laïcs en Amérique latine grâce au mouvement Volontaires du pape pour l'Amérique latine (*PapalVolunteers for Latin America, Pavla*),fondé en juillet 1960 à la demande de Jean XXIII, Gérard DIONNE, *Amérique latine et prêtres séculiers canadiens*, Edmundston, Canada, 1965, p. 41.

décisions prises par la Commission. Et c'est ce Conseil qui demande aux organismes épiscopaux européens de coordonner leurs actions en 1965.

C'est ainsi qu'un réseau d'organismes de structuration et d'aide à l'Église latino-américaine se constitue en une quinzaine d'années. Deux types d'institutions sont créées : premièrement, des organismes épiscopaux nationaux d'aide à l'Église latino-américaine dont l'objectif est de former, parfois de financer et, surtout, d'envoyer des prêtres diocésains au service de diocèses latino-américains ; et, deuxièmement, des organismes de structuration et de coordination de l'Église latino-américaine même et de l'aide apportée à ce continent. Ces organismes poursuivent un but commun, à savoir l'aide et le développement de l'Église latino-américaine. Cela étant, ils n'ont pas tous les mêmes enjeux en fonction de leur géopolitique respective.

Structuration des Réunions épiscopales européennes d'aide à l'Amérique latine (Reeal) (1965–1968)

Lors de la première session du Conseil général de la Commission pontificale pour l'Amérique latine (Cogecal), en octobre 1964, il est clairement demandé « de promouvoir et intensifier une coordination efficace de tous les organismes épiscopaux nationaux d'aide à l'Amérique latine [dans le but d'augmenter la présence de personnel ecclésiastique]. Cette coordination internationale consistera dans l'échange d'informations, la participation commune à des formations et dans des rencontres régulières entre les directions et les membres des dites institutions »[6].

C'est ainsi que se constituent les Réunions épiscopales européennes d'aide à l'Amérique latine pour coordonner et renforcer l'action de ces organismes autour d'un noyau dur de quatre d'entre eux : la Ocsha, le Copal, le Cefal et le Ceial, auxquels s'adjoindront en fonction des réunions Adveniat ainsi que les Églises luxembourgeoise, suisse, néerlandaise puis polonaise et même irlandaise qui disposaient également de comités nettement moins structurés d'envoi de prêtres en Amérique latine. Mgr De Smedt, évêque de Bruges, en devient

---

[6]   « Primera sesión del Consejo General de la Pontificia Comisión para América latina », *Notiziario della Pontificia Commissione per l'America Latina (CAL)*, n° 4, février 1964, p. 2.

président, avec la collaboration du chanoine Vander Perre, président du Copal, comme conseiller, et de Antonio Garrigós Meseguer, secrétaire de la Ocsha, en tant que secrétaire.

La première réunion annuelle, organisée par la Ocsha, se déroule à Madrid en mai 1965. Son objectif est de fixer un cadre à ces rencontres autour d'une série de points et de buts communs. Il s'agit de coordonner l'aide économique aux prêtres en Amérique latine, centraliser les données et les plans de distributions, publier des répertoires communs des prêtres en Amérique latine, uniformiser les programmes de formation, procéder à des « échanges de professeurs », coordonner autant que possible les visites sur le terrain, uniformiser les contrats établis entre les prêtres européens et les évêques latino-américains, organiser des campagnes communes de soutien financier et favoriser l'utilisation commune des centres de documentation de Louvain au COPAL (le Centre latino-américain) et de Madrid organisé par la OCSHA.

Cet ambitieux programme est décliné lors des Réunions annuelles suivantes des années 1966 à Louvain, 1967 à Vérone et 1968 à Saint-Benoît-sur-Loire. Mais déjà, en 1968, des doutes sur la nécessité de partir apparaissent. L'abbé Michel Quoist, secrétaire général du CEFAL, se fait l'écho de cette inquiétude en remettant en question le modèle de coopération épiscopale : « Faut-il partir ? Est-ce vraiment aux prêtres étrangers à développer l'Église latino-américaine ?[7] » Ces remises en question témoignent de l'air du temps et reflètent un malaise sur le terrain concernant la formation et l'envoi de prêtres étrangers.

Parallèlement à ces réunions des équipes dirigeantes, les Semaines européennes se mettent en place en janvier 1967 et 1968, avec comme objectif la rencontre et la formation commune des candidats au départ issus des différents centres de formation européens. Dynamique prometteuse qui sera tuée dans l'œuf en 1969 suite aux tensions liées aux différences de qualité de formation entre les centres européens et aux conceptions d'Églises divergentes entre participants et, notamment, de

---

[7] Louvain, KADOC, *A. COPAL*, n° 10 : « Réunion des organismes européens, Saint-Benoît-sur Loire, 11–16 mai 1968 ». Dans la même perspective, le bulletin *Aux Amis de l'Amérique latine* titre deux de ses dossiers « Faut-il continuer ? » en mars 1969 et « Mettre en question » en mars 1970. *Aux Amis de l'Amérique latine*, mars 1969 et mars 1970.

la part des jeunes prêtres hollandais, fort éloignés des conceptions plus classiques du président du COPAL, Adolphe Vander Perre[8].

Des fissures apparaissent donc rapidement au sein de cet ambitieux projet, alors que certains résultats se concrétisent comme la publication d'un répertoire commun des prêtres européens en Amérique latine[9]. La troisième publication, en 1968, donne un panorama général de l'état de l'aide épiscopale à l'Amérique latine. Ce répertoire compte un total de 1302 prêtres européens en Amérique latine, présents dans 227 diocèses de vingt pays latino-américains plus les États-Unis[10].

La répartition des prêtres en Amérique latine par organisme épiscopal est révélatrice de l'enjeu que représente ce continent pour chacun des pays d'envoi (graphique 1). La OCSHA, qui a une longue tradition de collaboration sacerdotale avec l'Amérique latine, dépasse largement les autres pays avec 817 prêtres sur le continent latino-américain, soit 62,7 % de la collaboration européenne en 1968. Le COPAL représente, lui, 10,1 % des prêtres européens, avec 131 représentants sur le sol latino-américain. Les autres organismes oscillent autour de 11 à 15 %, excepté le Comité épiscopal suisse qui compte 2,1 % de la collaboration européenne avec seulement 27 prêtres suisses en Amérique latine.

Ces chiffres ont également été analysés en considérant le pourcentage global de prêtres européens par pays de destination (graphique 2). Ici, quatre pays d'accueil se démarquent nettement, regroupant 65,5 % des prêtres européens en Amérique latine : le Brésil avec près de 25 % des prêtres européens qui y exercent leur apostolat (24,7 % pour 322 prêtres), suivi du Chili (14,8 % pour 193 prêtres), du Venezuela (13,5 % pour 176 prêtres) et de l'Argentine (12,5 % pour 163 prêtres).

---

[8] Fin 1968 et début 1969, l'Église hollandaise est confrontée à une remise en question par des prêtres favorables au mariage et à une liturgie œcuménique. Les remous sont nombreux en raison des réactions du Saint-Siège et des positions de l'épiscopat qui ne souhaitait couper ses relations ni avec Rome, ni avec le clergé, Gerd-Rainer HORN, *The Spirit of Vatican II. Western European Progressive Catholicism in the Long Sixties*, Oxford, Oxford University Press, 2015, p. 82–86 ; François REFOULÉ, *Au bord du schisme ? L'affaire d'Amsterdam et l'Église de Hollande*, Paris, Cerf, 1969.

[9] *Direcciones de los sacerdotes incorporados a las organisationes europeas de ayuda en personal a América Latina. Diciembre 1968*, OCSHA, 1969.

[10] Les prêtres espagnols aux États-Unis s'occupaient principalement des diocèses à forte présence latino-américaine.

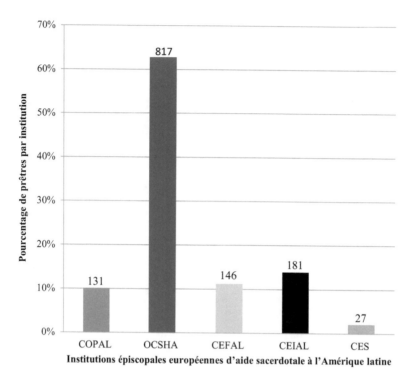

Graphique n° 1. Prêtres européens en Amérique latine par organisme épiscopal (1968). Graphique réalisé à partir des données du répertoire commun des prêtres européens en Amérique latine. *Direcciones de los sacerdotes incorporados a las organisationes europeas de ayuda en personal a América Latina. Diciembre 1968,* Madrid, 1969.

Remise en question et besoin d'orientations claires (1968–1973)

Avec la fin des Semaines européennes, les organismes épiscopaux européens d'aide vivent un premier échec. Les tensions sur le terrain et les questions sur la nécessité même de partir provoquent un réel malaise. Les responsables demandent alors des consignes claires au Cogecal et au Celam. En juin 1969, lors de la cinquième session du Cogecal, le président des Réunions épiscopales européennes, Mgr De Smedt, présente un rapport sur le thème de la session « La présence des prêtres "de l'extérieur" en Amérique latine ». Il pointe une série

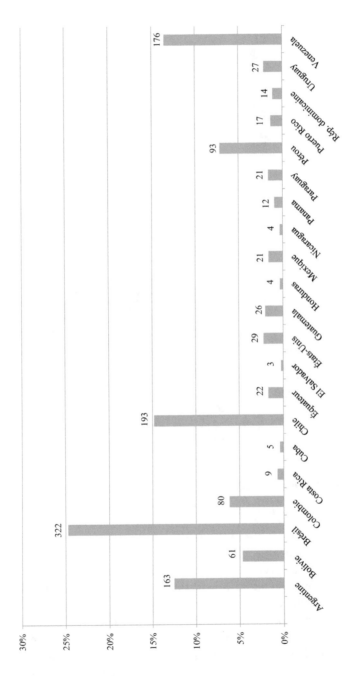

Graphique n° 2. Prêtres européens en Amérique latine par pays de destination (1968). Graphique réalisé à partir des données du répertoire commun des prêtres européens en Amérique latine. *Direcciones de los sacerdotes incorporados a las organisationes europeas de ayuda en personal a América Latina. Diciembre 1968*, Madrid, 1969.

de problèmes auxquels sont confrontés les étrangers. Comment les prêtres doivent-ils réagir face aux contextes sociaux, économiques et politiques ? Que faire face à la volonté de certains de s'engager non seulement sur les plans religieux et moraux, mais aussi sur le terrain social, voire politique ? Ou encore, que répondre à ceux qui pensent que la solution au déficit de prêtres serait le recours aux prêtres mariés, avec le diaconat permanent comme étape intermédiaire ? Autant de questions auxquelles s'adjoignent les doutes sur « l'opportunité même de la présence des prêtres étrangers » en Amérique latine, ainsi que le découragement face à « l'attitude conservatrice » d'une part de l'épiscopat et du clergé local « vis-à-vis du capitalisme et du pouvoir »[11].

Dans le contexte politique latino-américain tendu de la fin des années 1960, Mgr De Smedt évoque aussi la protection des prêtres étrangers « qui suivent les directives données par l'épiscopat latino-américain » et qui « doivent être protégés contre les courants subversifs d'extrême gauche ; les autorités ecclésiastiques qui ne suivent pas la ligne de l'épiscopat ; le pouvoir public (emprisonnement, menace d'expulsion) ; les fausses accusations et les attaques de dénigrement »[12]. Et cette évolution est d'autant plus marquante pour l'épiscopat belge qui est confronté à la fin des années 1960 à l'expérience difficile de deux de ses prêtres au Brésil : en 1968, une campagne de dénigrement a été menée au Brésil contre le théologien belge José Comblin, proche collaborateur de Dom Hélder Câmara, tandis qu'en juin 1969, au moment de la tenue de cette cinquième session du COGECAL, Jan Talpe, prêtre du Copal, est emprisonné par le gouvernement militaire au Brésil pour son engagement politique dit « subversif »[13].

Le COGECAL répond fermement à ce rapport en demandant la création rapide d'une Commission internationale de coopération entre les institutions clés de structuration et d'aide de l'Église

---

[11] Archives du Diocèse de Bruges (ADB), *Fonds Mgr De Smedt*, BD 39 : « Comment les organismes épiscopaux d'Europe voient la collaboration qu'ils ont fournie à l'Amérique latine : difficultés, problèmes, solutions », Mgr De Smedt, 9 juin 1969 ; « Quinta sesión del Consejo General de la Pontificia Comisión para América latina ; 18–21 junio 1969 », *Notiziario della CAL*, n° 12, octobre 1970.

[12] ADB, *Fonds Mgr De Smedt*, BD 39 : « Comment les organismes épiscopaux d'Europe... », Mgr De Smedt, 9 juin 1969, p. 8.

[13] Richard Marin, *Dom Hélder Câmara, les puissants et les pauvres, Pour une histoire de l'Église des pauvres dans le Nordeste brésilien (1955–1985)*, Paris, Éditions de l'Atelier, 1995.

latino-américaine[14]. Mais Antonio Garrigós Meseguer, secrétaire général des Réunions européennes, se confronte tant au manque de vision de la Cal qu'au manque de volonté du Celam et à l'inertie des organismes nord-américains[15]. En effet, le Celam et les organes nord-américains disposaient déjà d'un moyen de concertation bilatérale – les Rencontres Interaméricaines – et ne voyaient pas l'intérêt d'ajouter un acteur européen à leurs réunions.

Reste que les organismes européens d'aide à l'Amérique latine, éloignés géographiquement du continent, sont en demande d'une telle coordination. Sans directives claires ni de la part de l'épiscopat latino-américain ni de la part du Saint-Siège quant aux récentes évolutions locales, leurs représentants se trouvent dans une situation inconfortable face aux questions et aux engagements de leurs prêtres sur le terrain. Les organismes épiscopaux européens d'aide ne se réunissent d'ailleurs plus de manière officielle pendant cette période. Seules quelques rencontres auront lieu entre les responsables des centres de formation pour traiter de questions logistiques de l'organisation des formations[16].C'est ainsi que la tentative de triangulation du réseau d'aide à l'Église latino-américaine entre l'Amérique du Nord, l'Amérique latine et l'Europe est enterrée avant même d'avoir débuté.

Par ailleurs, notons qu'en 1972, la OCSHA est traversée par une crise opposant son bureau à la Conférence épiscopale. Les différences de vue aboutissent à la destitution du bureau de la OCSHA qui devient la Commission épiscopale des missions et coopérations entre les Églises. Dans ce contexte, Antonio Garrigós Meseguer est démis de ses fonctions de secrétaire général de la OCSHA. Mgr De Smedt le maintient par contre

---

[14] « Quinta sesión del Consejo General de la Pontificia Comisión para América latina ; 18–21 junio 1969 », *Notiziario della CAL*, n° 12, octobre 1970, p. 7–8.

[15] ADB, *Fonds Mgr De Smedt*, BD 39 : « Lettre de A. Garrigós Meseguer à Mgr De Smedt, évêque de Bruges, le 21 janvier 1970 » ; ADB, *Fonds Mgr De Smedt*, BD 39 : « Lettre de A. Garrigós Meseguer, secrétaire de la OCSHA, au cardinal Confalioneri, président de la CAL, 24 janvier 1970 » ; ADB, *Fonds Mgr De Smedt*, BD 39 : « Notas sobre la V Reunión Interamericana de Obispos, Miami, 1970, A. Garrigós Meseguer » ; ADB, *Fonds Mgr De Smedt*, BD 39 : « Lettre de L. M. Colomnese, directeur du LAB, au cardinal Confalioneri, président de la CAL, le 12 août 1970 ».

[16] Les réunions épiscopales européennes d'aide à l'Amérique latine se tiennent en comité restreint entre 1970 et 1972, Louvain, KADOC, *A. COPAL*, n° 10.1 : « Lettre de Pietro Canova pour le CEIAL, Michel Schooyans pour le COPAL, Jesús Ortuño pour la OCSHA, au chanoine Vander Perre, le 17 janvier 1970 ».

dans celles de secrétaire des Rencontres européennes des organismes épiscopaux d'aide à l'Église d'Amérique latine. Mais ce dernier ne disposera plus du réseau et du soutien logistique de la Ocsha[17]. Il perdra donc toute capacité d'action et de mise en œuvre des projets soutenus par ces rencontres.

1973-1980 : Collaboration avec le CELAM, enjeux théologiques et politiques latino-américains

Présence active du CELAM lors des REEAL

À partir de 1973, les débats des réunions de la coopération épiscopale européenne évoluent avec l'arrivée d'Adolfo López Trujillo comme secrétaire général du Celam. Ce dernier organise une campagne contre la théologie de la libération[18], avec l'appui du jésuite belge Roger Vekemans, qui crée à Bogotá le *Centro de Estudios para el desarrollo e Integración en América* (Cedial) et la revue *Tierra Nueva*[19], bases du

---

[17]   Louvain, KADOC, *A. Copal*, n° 10 ; ADB, *Fonds Mgr De Smedt*, BD 78 : « Informe sobre el secretariado de la Comisión episcopal de misiones y cooperación entre las Iglesias, marzo 1972–julio 1973 ». Sur cette crise de la Ocsha, voir les documents suivants présents tant dans les archives du COPAL que dans celles du diocèse de Bruges : Louvain, KADOC, *A. Copal*, n° 10 et ADB, *Fonds Mgr De Smedt*, BD 78 : « Informe sobre el secretariado de la Comisión episcopal de misiones y cooperación entre las Iglesias, marzo 1972–julio 1973 » ; Louvain, Kadoc, *A. Copal*, n° 10 et ADB, *Fonds Mgr De Smedt*, BD 78 : « Informe sobre la situacion actual de la Ocsha y sus servicios bajo la Comisión episcopal de misiones y cooperación entre las Iglesias, Madrid, agosto 1973, por A. Garrigós Meseguer [confidentiel] » ; Louvain, KADOC, *A. COPAL*, n° 10 et ADB, *Fonds Mgr De Smedt*, BD 78 : « Respuesta de la Comisión episcopal al informe de los cinco sacerdotes responsables de su secretariado, Madrid, julio 1973 ».

[18]   Au début des années 1970, A. López Trujillo publie les ouvrages suivants contre la théologie de la libération : *La liberación y el compromiso del cristianismo ante la politica*, Bilbao, Mensajero, 1973 ; *Liberación marxista y liberación cristiana*, Madrid, Biblioteca de Autores Cristianos, 1974. Au lendemain de l'Assemblée de Puebla, il publie : *De Medellin a Puebla*, Madrid, Biblioteca de Autores Cristianos, 1980.

[19]   La revue *Tierra Nueva*, fondée en 1971 par Alfonso López Trujillo et Roger Vekemans, est dirigée par le Centro de Estudios para el desarrollo e Integración en América (CEDIAL). De nombreux Européens ont collaboré à cette revue dont le cardinal Höffner et le cardinal Hengsbach, directeur d'Adveniat, João Batista LIBANIO, « Panorama da teologia da América Latina nos últimos 20 anos », *Perspectiva Teológica*, n° 24, 1992, p. 148.

dispositif anti-libérationniste[20]. Selon eux, la théologie de la libération est intrinsèquement dangereuse en raison de ses rapports avec le marxisme athée. Paul VI ne réagit pas immédiatement à ces tensions ecclésiales, passant par une phase que nous avons appelée d'observation, suivant celle d'enthousiasme ayant entouré l'Assemblée de Medellín.

La question des prêtres étrangers en Amérique latine semble particulièrement interpeller Mgr López Trujillo en raison de l'engagement de nombre d'entre eux dans ce mouvement de « libération ». Il se montre donc présent et actif aux réunions des organismes épiscopaux européens d'aide à l'Amérique latine, afin d'orienter une formation « adéquate » du personnel étranger en Amérique latine dans la lignée du « nouveau » Celam.

Comme durant les périodes précédentes, les REEAL sont avant tout une plateforme d'échange d'informations sur les activités de chacune des coopérations épiscopales nationales. À partir de 1973, la hiérarchie du CELAM, par l'intermédiaire de son secrétaire général et de son président, prend une place croissante au sein des réunions, notamment par la présentation de dossiers thématiques. En 1973, Mgr López Trujillo présente un exposé sur la théologie de la libération ; en 1974 sur les communautés ecclésiales de base ; en 1976 sur la religiosité populaire ; en 1977 sur la doctrine de la sécurité nationale ; et en 1977 et 1978, il présente, en collaboration avec le président du CELAM, Mgr Eduardo Francisco Pironio, les documents préparatoires à l'Assemblée épiscopale de Puebla, dont il évalue les résultats lors de la réunion de 1979. Pour rappel, ces réunions ont un caractère consultatif, et non décisionnel. Par contre, elles constituent le lieu par excellence dans lequel le CELAM peut insuffler sa vision de l'Église latino-américaine et écarter toute option jugée non orthodoxe.

Avec l'arrivée de Mgr López Trujillo comme secrétaire général, on assiste à une reprise en mains conservatrice du CELAM qui signe un changement de ton. Ce dernier participe dorénavant activement aux réunions des organismes européens d'aide à l'Amérique latine. Les procès-verbaux des différentes rencontres sont symptomatiques de cette

---

[20] João Batista LIBANIO, « Panorama da teologia da América Latina nos últimos 20 anos », *Perspectiva Teológica*, n° 24, 1992, p. 147–192 ; José COMBLIN, « Medellín et les combats de l'Église en Amérique latine », Paul LADRIÈRE et René LUNEAU (dir.), *Le retour des certitudes. Événements et orthodoxie depuis Vatican II*, Paris, Bayard, 1987, p. 40–41.

évolution. Alors que jusque-là ni le secrétaire général du CELAM ni son président n'intervenaient dans les décisions européennes – menant même à un malaise des représentants des organismes européens –, le nouveau secrétaire général est présent à chaque réunion à partir de 1974 et en dirige activement les débats. À partir de 1973, les thèmes des réunions deviennent spécifiquement latino-américains et liés aux évolutions théologiques et pastorales de l'Église latino-américaine : la théologie de la libération, la religiosité populaire, la situation politique et la doctrine de la sécurité nationale, ainsi que les préparatifs de l'Assemblée générale de l'épiscopat latino-américain de Puebla sont à l'ordre du jour.

À la lecture et à l'analyse des procès-verbaux, il est difficile de ne pas y percevoir une certaine irritation de part et d'autre. D'une part, le secrétaire du CELAM et parfois son président, Mgr Pironio, y présentent leur vision de l'Église latino-américaine, clairement en opposition au nouveau mouvement de la théologie de la libération. López Trujillo écarte des discussions tout signe d'intérêt ou de questionnement constructif à propos de la théologie de la libération de la part des intervenants de la coopération épiscopale européenne.

Lors de la réunion d'octobre 1973, López Trujillo dicte l'ordre du jour centré sur la théologie de la libération, en conseillant aux participants de lire l'ouvrage critique qu'il a publié la même année. Il mentionne également un article de Mgr Pironio, « Reflexión teológica en torno a la Liberación » pour qui la libération est « celle du péché et de la mort », en dehors de toute contextualisation historique ou sociale. Pourtant, dans sa lettre d'invitation à la réunion, à laquelle il joint l'ordre du jour dicté par López Trujillo, Garrigós Meseguer propose la lecture d'articles écrits par des théologiens de la libération, dont le résumé des rencontres de l'Escorial, première rencontre des théologiens de la libération en 1972 à Madrid[21], témoignant ainsi d'une ouverture au dialogue envers ce nouveau courant théologique.

Dans la suite des réunions des organismes européens, bien que les mentions directes de la théologie de la libération se fassent rares, une

[21] ADB, *Fonds Mgr De Smedt*, BD 78, COGECAL 1972–1976 : « Lettre de A. Garrigós Meseguer à Mgr De Smedt, 2 juillet 1973 », p. 2. Ces théologiens sont entre autres R. Ames, E. Dussel, J. Comblin, A. Bundig, S. Galilea, J.-M. Bonino, J. L. Segundo, R. Poblete, G. Gutiérrez, J.-C. Scanone, H. Borrat et C. Padim. Sur la conférence de l'Escorial, *Fe cristiana y cambio social en América latina. Encuentro de El Escorial, 1972*, Salamanque, Ediciones Sigüeme, 1973.

opposition nette contre ce mouvement est manifeste de la part des autorités ecclésiastiques latino-américaines dans les discussions suivant la double accusation classique : celle d'« horizontalisme », « c'est-à-dire de [perte de] la vision spirituelle et [de] la transcendance du message chrétien pour le réduire à un simple instrument de revanche sociale, mais aussi celle de favoriser la pénétration marxiste, en recourant fréquemment à l'analyse marxiste pour décrire les conditions de vie et le conflit social en cours en Amérique latine »[22]. Par contre, les thèmes des communautés ecclésiales de base et de la religiosité populaire, ainsi que les questions politiques et idéologiques, sont souvent au centre des débats.

Débats sur les communautés ecclésiales de base

Il est intéressant d'analyser les réactions des membres des REEAL face à la nouvelle pratique pastorale que sont les communautés ecclésiales de base, liées au développement de la théologie de la libération, bien que préexistantes. La présentation de Mgr López Trujillo sur les CEB, lors de la réunion de 1974, synthétisée dans le rapport de la réunion, permet d'entrevoir le point de vue du CELAM. Les CEB y sont décrites comme l'émergence « d'un mouvement vers une forme plus communautaire de vivre la foi », né du manque accru de prêtres et d'agents pastoraux en Amérique latine. Plus loin, le père Ludovic Rebillard, secrétaire du CEFAL, énumère les trois caractéristiques des CEB : le partage de la foi ; la vie dans l'union et la charité ; la participation intime au culte[23].

Les réactions et les questions face à ce nouveau phénomène témoignent de la carence d'informations et du flou sur le sujet. Par exemple, De Smedt « pense » que les CEB se réunissent « plus autour de l'Évangile que du prêtre », sans percevoir la différence par rapport au Conseil pastoral. Mgr Bardonne, directeur du CEFAL, craint les dérives et les dangers de ce type de mouvements « connus dans l'histoire du christianisme », tandis qu'Antonio Garrigós Meseguer critique la « monopolisation de l'Évangile » par les CEB à partir de leur propre expérience. Quant au chanoine Vander Perre, il considère que les CEB posent un problème

---

[22]   Giovanni MICCOLI, *Le pontificat de Jean Paul II. Un gouvernement contrasté*, Bruxelles, Lessius, 2012, p. 42.

[23]   ADB, *Fonds Mgr De Smedt*, BD 78, COGECAL 1972–1976 : « Reunión de los organismos episcopales europeos para América Latina, Heemstede, octubre 1974, A. Garrigós Meseguer », p. 6–7.

doctrinal majeur en remettant en question la théologie de l'Église. De Smedt met tout de même un bémol aux critiques en soulignant les apports constructifs que le mouvement pourrait apporter à une Église européenne trop cléricalisée. Il mentionne explicitement alors l'influence que les prêtres de son diocèse envoyés au Salvador pourraient apporter à leur retour à Bruges[24].

En 1976, les débats sur les CEB sont plus constructifs. Après l'exposé attendu du CEIAL[25], les discussions portent sur les spécificités des CEB latino-américaines et leur éventuelle adaptation en Europe. Selon le nouveau président du CELAM, Mgr Aloísio Lorscheider, les CEB sont principalement destinées aux classes pauvres, car ces dernières en auraient le plus besoin ; le principe même de cette pastorale étant « d'insérer les gens dans une vie sociale d'un point de vue culturel, civil et ecclésial ». La méthode préconisée est centrée principalement sur la conscientisation par la Parole, plus que sur l'Eucharistie, et leur direction est assurée par un leader laïc. C'est pourquoi la formation de ces dirigeants est à privilégier afin de ne pas « idéologiser » ou « politiser » les CEB. De même, puisque les CEB représentent souvent l'Église locale, il importe de conserver une relation avec le prêtre et la hiérarchie[26].

Mgr López Trujillo se réfère pourtant au dernier synode des évêques de 1974 qui avait abouti à l'Exhortation apostolique *Evangelii Nuntiandi* de Paul VI et au cours duquel la question des CEB avait causé de vives tensions. Le pape y différenciait les « communautés ecclésiales de base », qui se développpaient « à l'intérieur de » et « en unité avec l'Église » et sa hiérarchie, des « communautés de base » à caractère sociologique, qui avaient tendance à se politiser et à critiquer ouvertement la hiérarchie[27]. Mgr López Trujillo pointe alors les influences venues « de l'extérieur »

---

[24] *Ibid.*, p. 7.

[25] Le rapport de cet exposé n'a pas été retrouvé dans les archives consultées.

[26] Louvain, KADOC, *A. COPAL*, n° 10–2 : « Reunión de los organismos episcopales europeos para América Latina, Roma, octubre 1975, A. Garrigós Meseguer ».

[27] « Le Synode s'est beaucoup occupé de ces petites communautés ou "communautés de base", parce que dans l'Église d'aujourd'hui, elles sont souvent mentionnées. Que sont-elles et pourquoi seraient-elles destinataires spéciales d'évangélisation et en même temps évangélisatrices ? [...] Dans certaines régions, elles surgissent et se développent, sauf exception, à l'intérieur de l'Église, en étant solidaires de sa vie, nourries de son enseignement, attachées à ses pasteurs. Dans ces cas-là, elles naissent du besoin de vivre plus intensément encore la vie de l'Église ; ou du désir et de la recherche d'une dimension plus humaine que des communautés ecclésiales

et apparues récemment au sein des CEB, « certainement importées » d'Europe[28], tout en se référant à la politisation de certaines d'entre elles[29]. Le secrétaire général du CELAM justifie son hypothèse par le fait que les publications sur les CEB latino-américaines sont alors exclusivement européennes. Il rappelle que, selon lui, le même phénomène est apparu avec la politisation des mouvements d'Action catholique spécialisée en Amérique latine[30], insinuant que ceux-ci auraient été également influencés par des idéologies venues d'Europe.

Malgré ce discours, la question de l'adaptation des CEB en Europe est posée, mais reste sans réponse. Les intervenants marquent un intérêt réservé pour le phénomène, rapprochant notamment les CEB de l'expérience des cercles d'études bibliques et expliquant la réussite des CEB par le fort « sentiment religieux » latino-américain, peu présent en Europe[31]. Nonobstant la prudence européenne, ce débat marque un timide tournant dans la collaboration épiscopale européenne. En effet, c'est la première mention, au sein des REEAL, d'une potentielle adaptation européenne d'une réalité pastorale latino-américaine,

---

plus grandes peuvent difficilement offrir, surtout dans les métropoles urbaines contemporaines favorisant à la fois la vie de masse et l'anonymat […]. Dans d'autres régions, au contraire, des communautés de base s'assemblent dans un esprit de critique acerbe de l'Église qu'elles stigmatisent volontiers comme "institutionnelle" et à laquelle elles s'opposent comme des communautés charismatiques, libres de structures, inspirées seulement par l'Évangile. Elles ont donc comme caractéristique une évidente attitude de blâme et de refus à l'égard des expressions de l'Église : sa hiérarchie, ses signes. Elles contestent radicalement cette Église. […] La différence est déjà notable : les communautés qui par leur esprit de contestation se coupent de l'Église, dont elles lèsent d'ailleurs l'unité, peuvent bien s'intituler "communautés de base", mais c'est là une désignation strictement sociologique. Elles ne pourraient pas, sans abus de langage, s'intituler communautés ecclésiales de base, même si elles ont la prétention de persévérer dans l'unité de l'Église, tout en étant hostiles à la hiérarchie. Cette qualification appartient aux autres, à celles qui se réunissent en Église pour s'unir à l'Église », Paul VI, *Exhortation apostoliqueEvangelii Nuntiandi*, 8 décembre 1975.

[28] Louvain, KADOC, *A. COPAL*, n° 10–2 : « Reunión de los organismos episcopales europeos para América Latina, Roma, octubre 1975, A. Garrigós Meseguer », p. 3.

[29] Adolfo López Trujillo présente ainsi les CEB de la sorte dans *De Medellín a Puebla*, *op. cit.*, p. 129–135.

[30] Louvain, KADOC, *A. COPAL*, n° 10–2 : « Reunión de los organismos episcopales europeos para América Latina, Roma, octubre 1975, A. Garrigós Meseguer », p. 9.

[31] *Ibid.*, p. 7 et 9.

signe d'une potentielle inversion du sens de la coopération jusqu'alors en cours.

Tensions politiques et préparation à l'assemblée de Puebla

En 1977, Mgr López Trujillo expose les difficultés à se positionner du CELAM face à la doctrine de la sécurité nationale, tout en justifiant l'intérêt porté à cette doctrine par le fait que les gouvernements dictatoriaux défendent des valeurs chrétiennes, ce qui n'est pas sans indigner une partie des participants aux REEAL. López Trujillo présente en effet un document interne du CELAM sur la sécurité nationale, rédigé par des experts et destiné aux conférences épiscopales latino-américaines. Il s'agit avant tout de comprendre la doctrine et les pratiques militaires des dictatures, afin d'évaluer comment l'Église et les prêtres étrangers pourraient s'y conformer. Alors que le document admet que la doctrine de la sécurité contient des « traits d'intégrisme religieux », le CELAM y prône une attitude de « dialogue pastoral » avec les gouvernements militaires, étant donné la lenteur supposée du futur processus de démocratisation[32]. La même attitude n'est pas encouragée dans les relations avec les mouvements de gauche.

D'autre part, les membres des REEAL, dont quelques évêques européens, tentent de comprendre et d'analyser les événements en cours en Amérique latine, à partir de ce qu'ils apprennent par la presse internationale et, surtout, leurs prêtres sur le terrain. Ces débats mènent souvent à des impasses, d'autant que López Trujillo n'hésite pas à dénoncer la politisation « importée d'Europe » de certaines de ces structures.

Mgr López Trujillo se fait à nouveau remarquer à la réunion de mai 1978 lors des débats sur les documents préparatoires de l'assemblée de Puebla. Il annonce qu'aucune mention des mots « libération » ou « pauvres » ne sera faite dans la partie du document consacrée à la doctrine sociale de l'Église pour éviter toute polémique et utilisation politique de ces termes. Cela n'est pas sans agacer les participants européens à la réunion. Il prône aussi une lecture positive de l'histoire, écartant la lecture libérationniste de l'Église portée par la *Comisión para el estudio de la historia de la Iglesia*

---

32   Louvain, KADOC, *A. COPAL*, n° 10–3 : « Reunión de los organismos episcopales europeos para América Latina, Roma, octubre 1977, A. Garrigós Meseguer », p. 1–2.

en América Latina (CEHILA) et dénonçant la christologie proposée par le théologien espagnol vivant au Salvador, Jon Sobrino.

Les positions anti-libérationnistes de López Trujillo sont ici explicites. Les réactions des membres des REEAL ne se font pas attendre. Leurs principales critiques concernent son manque de représentativité par rapport à l'ensemble des courants de l'Église catholique latino-américaine[33]. Pour rappel, le CELAM avait écarté les théologiens de la libération de la rédaction du document préparatoire à l'assemblée de Puebla. Cela avait provoqué de vives réactions, notamment avec la publication de lettres de théologiens et de personnalités religieuses en Europe et en Amérique du Nord, favorables à la prise en compte des conclusions de l'assemblée de Medellín et de l'ensemble des courants de l'Église latino-américaine à Puebla[34].

Fort de son statut hiérarchique, López Trujillo répond, en détail et avec fermeté, aux critiques, parfois acerbes, des membres des REEAL et affirme qu'il est important que ces derniers participent à l'assemblée de Puebla, pour comprendre de l'intérieur ce qu'est l'Église latino-américaine, et non écouter les informations « erronées » divulguées par quelques prêtres européens « idéologisés » en Amérique latine et par les organes de presse européens, notamment les publications de la *Diffusion internationale sur l'Amérique latine*[35] (DIAL) et *Servizio informazione America latina* (SIAL)[36], accusées de « gauchisme exagéré »[37]. Il va même jusqu'à insinuer qu'une partie des représentants espagnols serait alignée sur le socialisme politique.

---

[33]   *Ibid.*

[34]   « Lettre de théologiens à propos de la conférence de Puebla », *La Documentation catholique*, n° 1749, t. 75, 2 juillet 1978, p. 645 ; « Lettre ouverte de 60 personnalités religieuses d'Amérique du Nord sur la conférence de Puebla », *ibid.*, n° 1749, t. 75, 2 juillet 1978, p. 846–847.

[35]   *Diffusion internationale sur l'Amérique latine* (DIAL) est une revue fondée en 1971 par Charles Antoine, prêtre français *Fidei Donum* ayant vécu au Brésil de 1964 à 1969. À son origine, DIAL a comme objectif de faire circuler les informations religieuses sur l'Amérique latine écrites par des Latino-américains pour un public francophone, et ce dans le contexte dictatorial des années 1970. DIAL, qui collabore avec *Alterinfos América Latina*, est accessible en ligne depuis 2006.

[36]   *Servizio informazione America latina* (SIAL) est une revue publiée par le CEIAL de Vérone de 1978 à 1997.

[37]   Louvain, KADOC, A. COPAL, n° 10–3 : « Reunión de los organismos episcopales europeos para América Latina, Rome, mai 1978, A. Garrigós Meseguer », p. 10.

Dans ce cadre, il était difficile pour les REEAL, se voulant « au service de l'Église latino-américaine », de se positionner. Pris entre les échos de l'action de leurs prêtres sur le terrain et les positions tranchées de la hiérarchie épiscopale locale, les responsables des REEAL semblent plus observateurs que réellement acteurs des événements en cours en Amérique latine. Les REEAL sont donc nettement moins opérationnelles que dans les premières années de fonctionnement de 1965 à 1970, avec une grande hésitation dans les décisions prises et une réduction de la marge de manœuvre depuis la dissolution de la OCSHA en Espagne. Leur organisation s'espace au cours des années 1980.

Conclusion

Au terme de ce parcours, nous observons quels ont été les moteurs et les doutes qui ont animé ces organismes d'aide à l'Église latino-américaine pendant cette quinzaine d'années qui représente une période charnière de l'Église latino-américaine : elle se structure, alors qu'elle est confrontée aux dictatures militaires et qu'elle est le terreau dans lequel se développe la théologie de la libération. Ce chapitre retrace les tentatives de collaboration entre les Églises européennes et les Églises latino-américaines dans la dynamique de l'encyclique *Fidei Donum* et son évolution jusqu'au début des années 1980.

Dans la première période, de 1965 à 1973, en dépit de la bonne volonté des acteurs institutionnels européens, nous observons une difficulté à s'accorder et à poser des actes communs et significatifs en vue de promouvoir l'envoi de prêtres en Amérique latine. Ces lenteurs sont d'autant plus perceptibles en 1969 quand les organismes européens éprouvent des difficultés à se coordonner avec le CELAM, voire avec les épiscopats nord-américains. Les demandes de la COGECAL de trianguler l'aide à l'Amérique latine entre n'aboutiront d'ailleurs pas.

Ce n'est qu'à partir de 1973 et de l'arrivée de Mgr López Trujillo au secrétariat général du CELAM qu'une coopération voit le jour entre les réunions épiscopales européennes et la hiérarchie latino-américaine. Mais, paradoxalement, la présence soutenue du CELAM lors de ces réunions crée plus de tensions et de méfiance que de réelle compréhension des acteurs en présence. D'une part, le CELAM représenté principalement par López Trujillo, dicte les ordres du jour, accusant les prêtres européens d'importer les visions politiques « subversives ». D'autre part, les évêques européens tentent de soutenir au mieux leurs prêtres tout en questionnant les évolutions récentes de l'Église locale. Plus qu'une réelle opposition au CELAM, c'est un manque d'information et de recul sur la situation latino-américaine qui incite les représentants européens à la prudence et à exprimer leurs doutes, tant sur les positions de López Trujillo que sur les communautés ecclésiales de base ou la nouvelle théologie de la libération, voire le sens de l'envoi des prêtres européens en Amérique latine. Traversées par leurs doutes, les REEAL vont s'étioler au cours des années 1980. Mais ce questionnement institutionnel n'empêchera pas les prêtres *Fidei Donum* d'œuvrer sur le terrain latino-américain, certains étant actifs jusqu'à aujourd'hui.

Suppléance ou mission inversée ? Les prêtres « venus d'ailleurs » dans les diocèses catholiques français au début du XXIe siècle

Christian SORREL

La présence de prêtres catholiques étrangers dans les diocèses français n'a pas encore suscité beaucoup d'études de la part des historiens et des sociologues et la contribution des théologiens est modeste au regard des analyses menées aux États-Unis, en Allemagne ou en Belgique[1]. Elle constitue pourtant une question d'actualité et revêt une dimension médiatique qui mobilise les stéréotypes d'une Église identifiée à son clergé en traçant des portraits teintés d'exotisme. La Conférence des évêques de France elle-même a été longtemps discrète sur le sujet et sa communication demeure limitée, malgré la priorité accordée désormais au dossier. L'embarras pour nommer les prêtres concernés est révélateur de la difficulté à penser le phénomène. Si l'on a parlé d'abord de « prêtres étrangers », l'expression « prêtres venus [ou venant] d'ailleurs » s'est imposée ensuite, non sans rapport avec la représentation des enjeux migratoires dans la société, même si des évêques la récusent au nom de l'universalité catholique, qui exclut un « ailleurs », et préfèrent la formule de « prêtres venus de pays étrangers » (Mgr Castet)[2]. La dénomination nord-américaine de « prêtres internationaux » n'est pas utilisée et les concepts académiques de « mission inversée » et « mission en retour »

---

[1] Arnaud JOIN-LAMBERT, « Prêtres venus d'ailleurs, un sujet brûlant », *Spiritus*, 199, 2010, p. 176–183 et « Les prêtres venus d'ailleurs : une mutation ecclésiale complexe », dans Marc PELCHAT (dir.), *Réinventer la paroisse*, Montréal-Paris, Médiaspaul, 2015, p. 143–178.

[2] Interview, RCF, 4 avril 2016.

sont presque ignorés[3]. Le substantif « missionnaires », lié aux images du passé colonial, a un succès relatif, alors que l'adjectif, réévalué à l'aune de la « nouvelle évangélisation », suscite moins de réticences[4].

Approches sociologiques et institutionnelles

Combien sont-ils ? La question est simple, la réponse l'est moins et les instances officielles de l'Église de France ne sont pas en mesure de fournir des statistiques détaillées. La difficulté tient pour une part à un défaut de communication avec les diocèses et les congrégations religieuses. Elle tient aussi à la diversité des statuts et à l'engagement pastoral à temps partiel des diocésains étudiants et des religieux en formation. Les données disponibles, qui indiquent des *minima*, n'en sont pas moins révélatrices de la place acquise par les étrangers au cours de la première décennie du XXIe siècle. Ils représentent désormais environ 10 % du clergé en fonction dans les paroisses et le flux suit la baisse du nombre de prêtres en activité (28 694, dont 22 199 diocésains et 6495 réguliers, en 1995 ; 23 532, dont 17 935 et 5597, en 2002 ; 16 830, dont 13 331 et 3499, en 2012). Les chiffres de 1995 et 2002 sont peu fiables (213 et 869, sans inclure tous les étudiants). Ils restent incertains en 2006 (1060, dont 450 diocésains, 170 réguliers et 440 étudiants des deux catégories). Mais la tendance à l'augmentation est significative et les années suivantes la confirment : 1472, dont la moitié d'étudiants, en 2011 ; 1589, dont 403 religieux au moins, en 2013 ; 1620 en 2014 ; 1689 en mars 2015 (des diocésains aux deux tiers selon un décompte partiel) ; 1850 à la rentrée 2015[5].

Début 2015, la majorité des prêtres étrangers (64 %) œuvre dans cinq des seize provinces ecclésiastiques parmi les plus peuplées et les

---

[3] Catherine Foisy, « Repousser les frontières, repenser les polarités centre-périphérie. Réflexions autour de la mission inversée comme forme de la mission contemporaine », *Religiologiques*, n° 37, 2018, p. 11–32.

[4] Cette étude a une portée introductive. Elle ne prétend pas traiter toutes les questions soulevées par les prêtres « venus d'ailleurs », surtout en l'absence d'entretiens avec les acteurs élaborés dans un cadre scientifique pour mieux appréhender leur lecture de la « suppléance » et de la « mission inversée ».

[5] Chiffres communiqués par la Cellule d'accueil pour les prêtres et les religieux étrangers en France (Conférence des évêques de France et Conférence des religieux et religieuses de France) et croisés avec des indications provenant de plusieurs articles cités *infra*.

plus urbanisées, avec une offre universitaire confessionnelle ou étatique importante, qu'il s'agisse de zones de déficit vocationnel ancien ou de régions de pratique religieuse plus élevée. Paris retient 30 % des effectifs, suivi par Marseille (12 %), Lyon (9 %), Toulouse (7 %) et Rennes (7 %). Mais la tendance à la dissémination nationale, difficile à suivre en l'absence de statistiques diocésaines complètes, s'accentue et la proportion des prêtres actifs « venus d'ailleurs » peut dépasser largement la moyenne (20 % à Soissons en 2010 ; 37 % à Ajaccio en 2011). La majorité (916, 57 % en 2014 ; 1048, 64 % en 2015) vient de l'Afrique subsaharienne avec laquelle la France entretient des liens historiques, linguistiques et religieux anciens et dont le poids démographique dans le monde catholique progresse fortement. Cinq pays peuplés et largement christianisés envoient plus de la moitié du contingent en 2015 (601) : République démocratique du Congo, Bénin (en 2011, 87 des 1035 prêtres du pays séjournaient en France), Cameroun, Burkina Faso, République du Congo. Loin derrière l'Afrique, l'Europe conserve le second rang (314, 19 % en 2014 ; 291, 18 % en 2015) grâce à la Pologne (166) et à l'Italie (40), mais le repli est engagé. Il en est de même pour l'Asie (235, 14 % en 2014 ; 196, 12 % en 2015), malgré ses ressources démographiques, orientées en priorité vers l'Allemagne, et le progrès récent de l'Inde (51), qui concurrence le Vietnam francophone (60). Au dernier rang, l'Amérique enregistre un repli similaire (126, 8 % en 2014 ; 111, 7 % en 2015), tout en maintenant la première place de Haïti, également francophone (44).

Si le partage de la langue facilite l'arrivée de nombre de prêtres en France, il n'élimine pas le choc que provoquent le départ du pays natal et la rencontre de la société d'accueil. Les articles parus dans la presse depuis 2000 oublient trop souvent la diversité de la situation des partants, parfois atteints par la guerre, attirés par des perspectives matérielles ou soucieux d'échapper au conflit avec leur évêque. Les religieux, habitués à changer de contexte dans les congrégations internationales, semblent mieux préparés que les diocésains dont la formation est tournée vers les spécificités pastorales de leur terre. L'origine géographique, urbaine ou rurale, des intéressés n'est pas sans conséquence, tout comme leur lieu d'affectation dans un pays où les écarts ne manquent pas entre les paroisses rurales aux clochers multiples depuis la restructuration des territoires au cours des années 1990 et 2000, les paroisses de centre-ville des métropoles et les paroisses des banlieues en crise, pluriculturelles et pluriconfessionnelles, où le catholicisme doit se positionner face aux courants évangéliques et à l'islam[6]. Les mutations en cours du catholicisme national, éprouvé par les tensions générationnelles et les circulations entre les paroisses selon leur style liturgique, pèsent aussi sur le vécu des prêtres étrangers, et en premier lieu des Africains, les plus nombreux et les plus sollicités par les médias[7].

Il n'empêche que beaucoup, par-delà les difficultés d'adaptation matérielles, partagent une expérience proche en mesurant la sécularisation de la société française, la marginalisation de l'institution ecclésiale et les débats autour de la laïcité. Ils déplorent le faible nombre de pratiquants et leur individualisme, choquant notamment lors des décès. Ils s'étonnent de la brièveté et du manque de chaleur des liturgies. Ils souffrent du déficit de prestige social du prêtre, alors que celui-ci conserve un capital symbolique élevé dans les sociétés africaines, marquées par la conception magico-religieuse du ministère, identifié au pouvoir des chefs traditionnels, et la prégnance de la lutte contre les puissances du mal, en dépit des évolutions induites par le concile Vatican II[8] : « En Afrique, le prêtre a une certaine autorité, il compte sur le plan social. Il a des égards, on lui doit le respect, il est servi. Chez moi, ce sont les fidèles qui préparaient les repas. On vit en communauté, on partage notre vie. Ici, en France, je suis seul dans mon presbytère et je fais la cuisine [...]. En Afrique, le prêtre rencontre les gens sans rendez-vous et il prend son temps. Ici, il y a la montre et l'agenda. Tout est programmé », confie un Centrafricain[9].

Cet écart pèse sur la relation pastorale qui se noue entre les desservants et les paroissiens, en particulier ceux de la génération qui a vécu Vatican II comme une libération. Ces derniers apprécient peu la longueur et le style des homélies (emphase, métaphores), l'accent mis sur un discours

---

[6] Brigitte BLEUZEN, « "Africains" en paroisse de banlieue », *Archives de sciences sociales des religions*, 143, 2008, p. 215–234.

[7] Voir le film de Jean-Yves Philippe, *Missionnaires africains chez les autochtones limousins* (Les Films d'un jour, octobre 2013).

[8] Conférences inédites des pères Ignace Ndongala Maduku (Institut Lumen Vitae, Bruxelles) et Maurice Pivot (sulpicien, Lyon).

[9] *Le Parisien*, 4 novembre 2015. Voir aussi, parmi d'autres, les articles suivants : *L'Express*, 10 janvier 2002 ; *Témoignage chrétien*, 23 juin 2005 ; *La Croix*, 28 septembre 2005 ; *Paris-Match*, 13 août 2010 ; *Le Télégramme*, 3 octobre 2010 ; *La République des Pyrénées*, 11 décembre 2010 ; *Le Républicain Lorrain*, 7 août 2011 ; *Le Parisien*, 31 mars 2013 ; *La Vie Quercynoise*, 9 mai 2013 ; *Le Nouvel Observateur*, 17 avril 2014 ; *Jeune Afrique*, 29 décembre 2014 ; *Ouest-France*, 25 février 2015.

normatif strict en matière de mœurs, l'insistance sur l'identité catholique qui renvoie à la fois à la situation de concurrence confessionnelle des pays d'origine et aux impératifs de la nouvelle évangélisation promue par Jean Paul II et Benoît XVI. La collaboration n'est pas toujours aisée avec les prêtres autochtones et plus encore les diacres et les laïcs en responsabilité, des femmes bien souvent, dans un contexte de redéfinition des rôles paroissiaux associée à la crise du clergé et de réflexion sur les nouveaux ministères[10]. À l'inverse, les paroissiens saluent la proximité des nouveaux curés, leur aptitude à secouer les inerties, leur sens de la fête et leur attention aux personnes âgées. Ceux-ci, de leur côté, apprécient le dialogue avec la hiérarchie, souvent plus autoritaire dans les pays d'origine, et l'existence de moyens pour agir dans la société[11].

Il n'est pas aisé, dans ces conditions, de dresser le bilan – provisoire – d'un échange dont les théologiens notent qu'il provoque des déplacements dans la conception du ministère et la vie spirituelle si l'on se refuse à opposer les valeurs des sociétés mises en relation pour se centrer sur la rencontre de l'autre dans sa singularité, nourrie de son identité historique, mémorielle, culturelle : « Ce qui garantit la nouveauté féconde du prêtre étranger, c'est la kénose par l'expatriation, imitée du Christ, y compris dans les aspects déplaisants qu'il peut affronter », précise Philippe Vallin, membre de la Commission théologique internationale[12]. Aucune donnée n'est disponible concernant les départs anticipés, mais rares sont les conflits médiatisés, dus surtout au heurt des tempéraments, comme en 2014 en Corse, où un prêtre polonais combat les traditions locales, et en 2016 dans le Finistère, où un prêtre haïtien dénonce des manœuvres racistes[13]. Il est vrai que les motivations financières des migrants, qui nourrissent bien des suspicions, relèvent souvent du non-dit comme le

---

[10] Céline Béraud, *Prêtres, diacres, laïcs. Révolution silencieuse dans le catholicisme français*, Paris, PUF, 2007.

[11] Jean-Marie Aubert, « Prêtres et religieux étrangers pour un service en France et en Belgique », *Mission de l'Église*, 137, 2002, p. 21–24 et « En France, des prêtres venus d'ailleurs. Accueil et discernement », *Prêtres diocésains*, 1424, 2005, p. 407–412 ; Alphonse Borras, « Ces prêtres venus d'ailleurs… Une réalité complexe, un dossier délicat », *Prêtres diocésains*, 1443, 2007, p. 283–296 ; Jean Forgeat, « Prêtres venus d'ailleurs. Observations sur la présence de près de 1300 prêtres venant d'ailleurs », *Prêtres diocésains*, 1466, 2010, p. 11–22.

[12] Alain Mabiala Ma Lutete, « Prêtres étrangers au service de l'Église de France », *Mission de l'Église*, 137, 2002, p. 33–38 ; *Le Pèlerin*, 3 novembre 2015.

[13] *Nice-Matin*, 14 août 2014 ; *Le Télégramme*, 16 mars 2016 ; *La Croix*, 23 mars 2016.

remarque un prêtre ivoirien en poste dans le diocèse de Metz en attirant l'attention sur les solidarités familiales et claniques normales pour les sociétés subsahariennes[14]. Il est vrai aussi qu'un témoin comme le laïc Jean Mipsi dénonce la position subordonnée des prêtres étrangers, privés de responsabilité et réduits au rang de travailleurs exploités par le clergé blanc[15]. Le tableau manque de nuances et vire à la caricature en oubliant que le faible accès aux postes de gestion des diocèses est lié à la durée limitée de nombreux séjours. Une tension existe de fait entre le vœu de certains migrants de rester en France avec l'appui des diocèses d'accueil prêts à les incardiner (ils sont 14 dans cette situation en 2011 dans le diocèse de Pontoise) et la pression des évêques des pays d'origine pour empêcher toute fuite.

Une certaine confusion a été entretenue au début par l'absence de directives à l'échelle nationale. Il faut attendre 2005 pour que la Conférence des évêques de France (CEF) et la Conférence des religieux et religieuses en France (CORREF) créent la Cellule d'accueil pour les prêtres et les religieux étrangers afin de faciliter leurs démarches administratives et de définir des normes applicables dans tous les diocèses. Mais c'est en avril 2014 seulement que la CEF crée un groupe de travail sur le dossier (après une première réflexion en avril 2008). En novembre 2015, l'assemblée plénière de l'épiscopat étudie ses premières conclusions en présence de Mgr Kasanda, évêque de Mbujimayi en République démocratique du Congo[16]. Le retard est évident par rapport à des pays comme la Belgique et surtout l'Allemagne qui offre un parcours structuré de huit à dix ans aux prêtres étrangers. La France propose néanmoins les sessions *Welcome* depuis les années 1980 et le diocèse d'Évry a même créé l'école Saint-Robert à Athis-Mons pour les nouveaux arrivants. La CEF veut aussi dépasser l'accueil individuel pour développer un partenariat entre les Églises, dans la ligne du jumelage entre Lyon et Koupéla au Burkina Faso (1956), en utilisant le cadre défini par l'encyclique *Fidei Donum* de Pie XII (1957). Elle propose la signature d'une convention entre le prêtre

---

[14] Laurent Kambu, « Les rapports du prêtre africain avec les membres de sa famille aux niveaux financier et matériel », *Prêtres diocésains*, 1480, 2011, p. 316–324. Voir aussi, pour l'Italie, Bibaki Nzuzi, *La journée d'un prêtre noir-africain en paroisse en Europe*, Paris, L'Harmattan, 2016.

[15] Jean Mipsi, *Prêtres africains en Occident. Leur ministère et restrictions vaticanes sur leur séjour*, Paris, L'Harmattan, 2008, p. 91–94.

[16] *La Croix*, 5 novembre 2015.

et les évêques concernés (préparation du départ, mission dans le diocèse d'accueil, suivi du séjour, conditions du retour) et invite à sensibiliser les communautés paroissiales méfiantes. Il s'agit de prévenir les difficultés personnelles de prêtres livrés à la solitude et les tensions induites par les différences de style pastoral[17]. Mais les réalités de terrain restent diverses, au départ comme à l'arrivée, et les incertitudes sur la signification de ce mouvement migratoire ne facilitent pas les clarifications nécessaires.

Enjeux croisés

« Les prêtres étrangers, témoins de l'universalité de l'Église[18]. » Ce titre d'un article de *LaCroix* résume le discours positif développé par une partie des acteurs. Il se situe dans le prolongement de l'enseignement du concile Vatican II : « Chacune des parties apporte aux autres et à toute l'Église le bénéfice de ses propres dons, en sorte que le tout et chacune des parties s'accroissent par un échange mutuel universel et par un effort commun vers une plénitude dans l'unité [...]. De là [...] les liens de communion intime quant aux richesses spirituelles, quant au partage des ouvriers apostoliques et des ressources matérielles[19]. » Il s'appuie aussi sur la parole pontificale. « Soyez missionnaires pour vous-mêmes et soyez missionnaires pour l'extérieur », déclare Paul VI en 1969 à Kampala. « Ne voit-on pas déjà des heureux commencements de cette réciprocité apostolique dans le témoignage rendu en Europe par des travailleurs chrétiens d'Afrique et dans l'aide apportée par le ministère de prêtres de vos diocèses durant leurs études là-bas », reprend Jean Paul II en 1981 à l'adresse des évêques de la Côte d'Ivoire. En 1990, l'encyclique *Redemptorismissio* renouvelle la pertinence du précepte missionnaire à l'heure de la nouvelle évangélisation qui gomme les frontières classiques de la mission. « Nous ne sommes plus objet, mais sujet de la mission », proclame le congrès international de missiologie de Kinshasa en 2004. Et la même année, « Communion et solidarité entre l'Europe et l'Afrique » est le thème du symposium romain des conférences épiscopales des deux continents : « Ce que vous nous avez donné, nous pouvons maintenant

---

17 *La Croix*, 13 décembre 2011.
18 *La Croix*, 19 octobre 2001.
19 *Lumen Gentium*, 13.

vous le redonner », explique Mgr Sarah, ancien archevêque de Conakry et secrétaire de la Congrégation pour l'évangélisation des peuples[20].

La Curie romaine prend acte de l'amplification des circulations internationales en rédigeant en 1989 un guide pour les prêtres diocésains et en créant en 1991 une commission inter-dicastères pour la répartition des prêtres dans le monde[21]. En 1995, l'exhortation apostolique post-synodale *Ecclesiain Africa* confirme l'invitation adressée aux Africains à être « disponibles [...] afin d'être envoyés pour prêcher l'Évangile au-delà des frontières de leur pays » : « Cela exigera d'eux non seulement la maturité dans leur vocation, mais aussi une capacité peu commune de se détacher de leur patrie, de leur ethnie, de leur famille et une aptitude remarquable à s'intégrer dans d'autres cultures, avec intelligence et respect. » Mais la Congrégation pour l'évangélisation des peuples dénonce bientôt le danger de priver les Églises du Sud « de forces apostoliques considérables » : « Le manque de vocations de certaines Églises de fondation ancienne conduit à chercher du personnel [...] dans les territoires de mission en échange d'autres aides, surtout économiques [...]. En ayant conscience que la communion ecclésiale doit favoriser la mission *adgentes* et la croissance des jeunes Églises, et non pas y faire obstacle, il est nécessaire de limiter et de revoir cette manière d'agir » (*Cooperatiomissionalis*, 1998). Le préfet Jozef Tomko revient sur le sujet en 2000 devant les directeurs des Œuvres pontificales missionnaires en dénonçant l'attraction « exagérée » des pays riches qui devraient avoir « une pastorale vocationnelle plus incisive et familiale ». Et l'année suivante, il publie une « instruction sur l'envoi et la permanence à l'étranger des prêtres du clergé diocésain des territoires de mission » pour freiner une émigration incontrôlée de nature économique et préciser les normes pour les étudiants ou les réfugiés politiques[22].

La publication de ce texte coïncide avec une crise autour de l'Église de la République démocratique du Congo, partenaire incommode du Saint-Siège sur les questions d'inculturation. Elle est déclenchée par la révélation dans *Le Monde* d'une lettre du nonce apostolique Lozano qui demande aux ambassadeurs occidentaux de limiter l'octroi de visas

---

[20]   Jean MIPSI, *op. cit.*, p. 59–72.

[21]   Pio LAGHI, « Pour une mobilité des prêtres à l'échelle mondiale », *La Documentation catholique*, 2026, 1991, col. 371–373.

[22]   Donat MULUMBA KALALA, « Prêtres diocésains en dehors de leur Église d'origine. À propos d'une instruction de la Congrégation pour l'évangélisation des peuples », *Mission de l'Église*, 137, 2001, p. 66–70.

aux membres du clergé national accusés de ne pas respecter les normes morales et d'être tentés par l'exode : « Au Congo-Kinshasa, l'Église catholique sert de filière d'évasion », titre le quotidien[23]. Le clergé et l'épiscopat réagissent vivement et obtiennent le rappel du diplomate, tout en s'engageant dans une révision de vie. Mais la question des relations Nord-Sud n'est pas tranchée et elle rebondit à plusieurs reprises. C'est le cas en 2011 au Bénin, où un symposium réuni à la veille de la visite de Benoît XVI favorise des attaques contre la France, accusée de dépouiller le pays de ses forces vives et de favoriser la concurrence évangélique dans les diocèses déshérités du Nord. Sans nier l'intérêt d'une expérience lointaine, l'archevêque de Cotonou Ganyé déplore la perte de personnalité des migrants qui « font parfois preuve de suffisance » à leur retour et « ne savent plus se mettre à la portée de la population »[24]. En 2011, avec plus de nuances, Mgr Kasanga, invité par la CEF, s'inquiète aussi du devenir de la « crème de leur élite » prêtée à la France et invite ses collègues à promouvoir un véritable esprit missionnaire et à favoriser un échange équitable par l'envoi de laïcs missionnaires, sous réserve qu'ils agissent en représentants des Églises locales[25].

La situation peut apparaître paradoxale dans la mesure où les régions d'appel restent mieux pourvues en clercs que les pays d'envoi, en dépit du vieillissement qui modifie la donne (72 % du clergé mondial est mobilisé par 37 % des catholiques en Europe et en Amérique du Nord). Et les migrants ne sont pas appelés d'abord pour la mission, mais pour la charge pastorale des fidèles, même si les objectifs de la nouvelle évangélisation ont investi peu à peu les paroisses françaises, initialement réticentes. L'enjeu prioritaire n'en demeure pas moins la territorialité de l'Église, recomposée depuis la décennie 1980 : le découpage paroissial est pérennisé avec une maille agrandie en créant des paroisses nouvelles par la fusion ou le regroupement des anciennes paroisses canoniques[26]. Seuls quelques diocèses s'organisent plus explicitement en vue de la nouvelle évangélisation en misant sur un clergé international. C'est le cas du diocèse de Fréjus-Toulon qui combine des « pôles missionnaires » centrés

---

[23] *Le Monde*, 10 mai 2001.

[24] *La Croix*, 13 décembre 2011 ; Olivier NKULU KABAMBA, *Les prêtres africains en Europe « missionnaires » ou « missionnés » ?*, Paris, L'Harmattan, 2011, 106 p.

[25] *La Croix*, 5 novembre 2015.

[26] Élisabeth ABBAL, *Paroisse et territorialité dans le contexte français*, Paris, Cerf, 2016, 520 p.

sur les villes et une « pastorale de présence et de proximité » (différente de la « maintenance et de l'entretien ») assurée par des ministres ordonnés. Il fait appel pour cela à des séminaristes de plusieurs continents qui « fonctionnent dans une culture de réseaux et non plus dans un référencement territorial » et relèvent le défi missionnaire (Mgr Rey). Il invite aussi des communautés nouvelles, latino-américaines en majorité, à l'exemple de l'Institut missionnaire des Serviteurs de Jésus Sauveur, né à São Paulo en 1993 autour du père Defina qui lie la tradition ecclésiale au renouveau charismatique[27].

Il n'empêche que nombre de « prêtres venus d'ailleurs » assurent d'abord une suppléance, malgré le discours performatif sur la symbolique des « échanges » qui suscite l'ironie de Jean-Marie Aubert en 2005 : « L'Église réfléchit à ses "capacités d'accueil." C'est l'hôpital qui se moque de la charité ! »[28]. « On bouche les trous », confirme le sociologue Nicolas Brémond d'Ars[29]. « Dynamique palliative », ajoute le théologien Arnaud Join-Lambert[30]. « La question est de savoir si nous pouvons structurer les choses afin qu'elles deviennent "catholiques" et ne soient pas seulement pragmatiques », concède Mgr Giraud, évêque de Soissons[31]. Quant au cardinal Vingt-Trois, archevêque de Paris, il écarte la « tentation » de l'internationalisation, une « fausse solution », en avouant avec une certaine brutalité : « Internationaliser le recrutement en accueillant ou en cherchant des prêtres parmi les populations d'autres pays [...] est toujours possible. Il ne faut pas se dissimuler les difficultés rencontrées pour constituer un presbyterium si la proportion de prêtres actifs venant d'un autre continent est trop forte. Il ne faut pas davantage se dissimuler l'effet démobilisateur sur des vocations sacerdotales éventuelles. Faut-il imaginer que le ministère fait partie des métiers de seconde zone que l'on réserve à une immigration économique ? »[32].

---

[27] Christian Sorrel, « Une nouvelle identité épiscopale ? Les évêques français de Jean Paul II à François », dans Bruno Dumons et Frédéric Gugelot (dir.), *Catholicisme et identité. Regards croisés sur le catholicisme contemporain (1980–2017)*, Paris, Karthala, 2017, p. 63–72.

[28] *Témoignage chrétien*, 23 juin 2005.

[29] *La Croix*, 15 avril 2015.

[30] Arnaud Join-Lambert, « Les prêtres venus d'ailleurs... », *op. cit.*, p. 178.

[31] La Vie.fr (19 décembre 2010).

[32] Intervention devant les nouveaux évêques, Rome, 12 septembre 2013.

La question des « prêtres venus d'ailleurs » masque et révèle à la fois des débats qui la dépassent ou l'instrumentalisent. L'Église de France est-elle en mesure de maintenir la territorialité dans sa version révisée à la fin du XXe siècle, alors que le droit canon balance entre la définition communautaire de la paroisse et sa délimitation physique (can. 515–516) ? Le modèle de Fréjus-Toulon paraît difficilement généralisable à l'ensemble du pays en raison des moyens humains nécessaires. Plusieurs évêques s'orientent vers l'abandon de la logique de proximité pour une logique de polarité réaliste au regard du personnel, des ressources et des enjeux (pôles eucharistiques rayonnants du diocèse de Rennes, centres paroissiaux et fraternités locales du diocèse de Grenoble). « Aujourd'hui, écrit Mgr Castet, évêque de Luçon, il semble que la tentation du maillage territorial systématique ne puisse qu'aboutir à une impasse en s'épuisant dans une adaptation perpétuelle […]. Le rural lui-même n'est-il pas marqué par les mobilités et l'accès aux moyens de communication qui donnent un nouveau sens aux mobilités ? »[33]. Mais la logique de polarité, qui entraîne l'acceptation de « déserts catholiques », suscite des résistances. Les défenseurs de la « ruralité » rappellent avec Mgr Wintzler, évêque de Poitiers, l'attachement des Français aux « repères territoriaux » et le devoir des chrétiens de « ne pas vivre hors sol » dans la seule dépendance des « réseaux internationaux »[34].

Derrière l'enjeu de gouvernance se profilent les questions sensibles de la conception du sacerdoce et des nouveaux ministères. Mgr Castet juge dangereux les projets qui valorisent la proximité en recourant au laïcat : « Le pastorat deviendrait au fil du temps une députation de la communauté et ne serait plus le fait du choix de Dieu. » À l'opposé, Mgr Rouet, évêque émérite de Poitiers, pourfendeur des restaurations néo-tridentines du prêtre mis à part et centré sur l'eucharistie, tient la question du nombre pour secondaire et règle en quelques mots le sort des prêtres étrangers dans son livre de 2015 : « Un système perdure, à bout de souffle, grâce à des solutions supplétives[35]. » L'argument semble un peu court pour traiter un dossier qui pose de multiples problèmes humains

---

[33] « Notre chemin, c'est l'espérance. Lettre pastorale de Mgr Alain Castet, évêque de Luçon, en la solennité de tous les saints, le 1er novembre 2014 ».

[34] Pascal Wintzler, « L'Église catholique a-t-elle abandonné le monde rural ? », *La Croix*, 1er–2 novembre 2014.

[35] Albert Rouet, *Prêtre(s). Sortir du modèle unique*, Montréal-Paris, Médiaspaul, 2015, p. 240–241.

(le prêtre comme migrant), ecclésiologiques (le rapport entre l'évêque, le prêtre et la communauté) et pastoraux (l'appartenance à un diocèse, héritier d'une histoire et lieu de vie). À court terme, la présence croissante de prêtres étrangers redonne une actualité à l'appel vocationnel, discret depuis les années 1950, comme en témoigne le titre d'un article de *La Croix* : « Face au manque de prêtres en France, l'Église lève le "tabou des vocations" »[36]. À moyen terme, cette présence n'évitera pas les décisions nécessaires sur les territoires et les ministères, même si l'on peut estimer qu'elle constitue une réalité durable pour l'Église catholique en France.

De nombreuses Églises du Nord sont concernées par la mutation des circuits du personnel, les flux multilatéraux et les réseaux transnationaux qui échappent à l'inscription dans un territoire[37]. L'Église catholique française n'a pas encore pris la pleine mesure de ce phénomène dont la lecture semble parfois oblitérée par le poids des héritages culturels et économiques de la colonisation et de la décolonisation comme le suggèrent les articles de presse centrés sur les prêtres africains, même s'ils sont effectivement les plus nombreux. La présence des « prêtres venus d'ailleurs » l'invite à une réflexion à nouveaux frais sur le rapport entre les religions et les cultures et sur la tension entre le particulier et l'universel comme figure des sociétés contemporaines et expression de l'identité catholique[38].

---

[36] *La Croix*, 13 février 2013.

[37] Claude PRUDHOMME, « Quand le Sud vient convertir le Nord : retour de mission », *Revue historique de l'Océan indien*, 9, 2012, p. 244–259.

[38] Christian SORREL, « Conseil pontifical pour la culture », dans Christophe DICKÈS, Marie LEVANT et Gilles FERRAGU (dir.), *Dictionnaire du Vatican et du Saint-Siège*, Paris, Robert Laffont, 2013, p. 325–327.

Partie III

Vers des formes d'inculturation ?

Économie et Humanisme, militantisme de l'Église catholique dans le monde politique en Amérique du Sud[1]

Agueda BITTENCOURT

Connu sous le nom d'*Économie et Humanisme*, le mouvement développé en France, et ayant voyagé dans les bagages d'un prêtre dominicain, le père Louis-Joseph Lebret, avait pour but de former des cadres de l'élite catholique en Amérique du Sud pour participer de manière décisive dans le champ politique. À partir d'une théorie élaborée entre la Marine française, le syndicalisme et l'ordre dominicain, ce religieux voulait essayer une méthodologie d'étude et d'action capable de transformer la société selon un modèle basé sur l'humanisme, différent du capitalisme et du communisme.

Pendant deux décennies, l'Amérique du Sud a vu passer des groupes catholiques formés autour d'*Économie et Humanisme*, des leaders politiques très actifs dans les postes politiques clés des plus importants centres de cette partie du monde. Il s'agissait d'un mouvement consolidé dans la période de l'après-guerre, nourri par les conflits internes de l'Église catholique et les politiques produites durant la Guerre froide. La circulation internationale s'inscrivait à l'ordre du jour partout en Occident.

---

[1] Cet article s'insère dans le projet Congrégations catholiques, Éducation et État national au Brésil, financé par la FAPESP. Il s'insère aussi dans l'étude *Un projet éditorial catholique*, soutenue par le CNPQ (bourse de productivité en recherche). Il a compté sur la collaboration de Marisa Rossetto pour la traduction, de Bernadette Huger, Développement et Civilisations Lebret – IRFED, pour la libération des documents du Fonds Lebret du Centre des Archives contemporaines à Pierrefitte, de Guilherme Arduini, CAALL – Centro Alceu Amoroso Lima para a Liberdade, Petrópolis, et a aussi bénéficié des suggestions de Letícia Canêdo. Une version ébauche a été publiée en portugais : Liliana MARTIGNONI et Marisa ZELAYA, *Diálogos entre Argentina, Brasil y Uruguay*, Buenos Aires, Biblos, 2016.

Des experts étaient convoqués pour conseiller les gouvernements ou les agences nationales et internationales. On voyait s'établir des élites locales. Les thèmes de l'après-guerre comprenaient le développement en tant que théorie, la science et la technologie. Au moment où la physique nucléaire mettait en relief des découvertes dans son domaine et que la génétique prenait une place centrale, toutes deux définissaient les lignes politiques à suivre.

Au Brésil, Getúlio Vargas, à son deuxième mandat, voulait conclure la structuration de l'État, commencée dans son premier gouvernement. À partir de la première moitié des années 1940 ont été créés : *A Comissão Mista Brasil-Estados Unidos, a Fundação Getúlio Vargas – FGV, o Conselho Nacional de Pesquisa –CNPq, a Comissão para o Aperfeiçoamento de Pessoal de Nível Superior –CAPES* et diverses universités publiques partout dans le pays. Des scientifiques, à leur tour, ont fondé la *Sociedade Brasileira para o Progresso da Ciência – SBPC*[2].

Un pays fédéral comporte plus d'un centre de pouvoir. Au Brésil, depuis les années 1930, São Paulo figure comme un espace concurrentiel par rapport au gouvernement fédéral, non seulement en termes de développement et de puissance économique, mais aussi comme centre culturel et de modernisation. Il est non seulement l'État le plus riche et le plus dynamique, mais aussi le plus cosmopolite. Ce fut dans la ville de São Paulo qu'a été créée la première et la plus importante université publique du pays, grâce à un projet élaboré par ses élites. Cet établissement a pu compter sur une équipe de jeunes chercheurs européens, en particulier des Français, ce qui a contribué de manière décisive à ce que les scientifiques brésiliens puissent avoir leur place dans le débat scientifique international[3].

C'est dans ce contexte que nous devons situer l'arrivée du projet *Économie et Humanisme*, moment où les projets de développement et de progrès en science ont été portés par deux pôles spécifiques, l'Union Soviétique et les États-Unis. Les premiers groupes de techniciens et scientifiques s'organisaient dans un pays de tradition catholique et dont l'élite s'inspirait de la culture française.

---

[2]   Ana Maria ALMEIDA, *Circulação internacional e formação intelectual das elites brasileiras*, Campinas, Editora da Unicamp, 2004.

[3]   Simon SCHWARTZMAN, *São Paulo e o estado nacional corpo e alma do Brasil*, São Paulo, Difel, 1975.

Il est important de noter que ce réseau, dirigé par une équipe de dominicains français, s'insère dans la tradition catholique de circulation internationale et de missions étrangères. Au cours du XXe siècle, la migration de religieux d'Europe vers les Amériques fut continue, avec le transfert de femmes et d'hommes, de leurs théories et techniques, certaines d'entre elles configurées comme des missions scientifiques : elles avaient toutes la mission de rendre catholiques les républiques américaines. Quelques ordres et congrégations religieux traditionnels construisent alors des réseaux articulés avec des projets spécifiques. C'est le cas des jésuites avec leurs universités et l'établissement des sciences sociales ; des maristes avec leurs écoles et maisons d'édition ; des paulines et de leurs maisons d'édition et médias électroniques ; des franciscains, de leurs écoles, universités et maisons d'édition ; et des dominicains avec leurs projets sociaux[4].

Le but de cet article est non seulement de comprendre les propositions apportées de France, mais aussi les alliances qui ont été construites au Brésil et les pratiques expérimentées et redessinées en deux décennies de travail. Il faut surtout souligner que nous sommes en face d'un projet politico-religieux. Pour pouvoir procéder à l'analyse d'un projet aussi complexe, nous nous sommes appuyés sur une proposition théorique et méthodologique présentée par Pierre Bourdieu dans *Genèse et structure du champ religieux*, selon laquelle il est possible de comprendre le champ religieux comme détenteur d'une certaine autonomie, tout en considérant le fait que ses luttes se jouent aussi dans le champ du pouvoir[5].

La France post-révolution et les luttes entre l'Église et l'État

Tout d'abord, nous voudrions souligner qu'*Économie et Humanisme* aussi bien que son fondateur, a grandi dans une communauté dominicaine

---

[4] Fernanda BEIGEL, *El mundo académico jesuíta y los inicios de la cooperación internacional católica*, Santiago, LOM Ediciones, 2011 ; Agueda BITTENCOURT, « O livro e o selo : editoras católicas no Brasil », dossiê Catolicismo e formação cultural, *Pro-Posições*, vol. 25, n° 1 (73), jan./abr. 2014, p. 117–140 ; « A era das congregações : texto para discussão », *Colóquio Internacional, Congregações Católicas, Educação e Estado Nacional, no Brasil II*, Campinas, 21 a 23 de novembro de 2015.

[5] Pierre BOURDIEU, « Gênese e estrutura do campo religioso », Pierre BOURDIEU, *Economia das trocas simbólicas* (7. ed.), São Paulo, Perspectiva, 2011.

française du XXe siècle, condition propice pour le développement d'une pensée sociale réformiste. En effet, après avoir résisté pendant plus d'un siècle aux progrès de la science et de la technologie, l'Église catholique établit de nouvelles stratégies pour se maintenir dans l'espace intellectuel et politique et, par là, répondre aux exigences de la société moderne[6]. Aux religieux français, qui ont vu leurs monastères interdits, leurs ordres empêchés de travailler dans leurs offices traditionnels et leurs rituels contrôlés par l'État, il ne restait que la fuite, l'exercice dissimulé de leur mission ou une réforme institutionnelle radicale.

L'Église a choisi de faire la réforme et a créé, à la place des ordres, des abbayes et des monastères, les congrégations religieuses, gouvernées par des prêtres ou mères supérieures, insérées dans la vie sociale, dédiées non seulement aux services religieux, mais engagées dans des œuvres à caractère social. Les religieux devaient donc, à partir de leurs charismes, adapter leurs traditions au nouveau cadre politique, auquel on a attribué le nom de restauration[7].

Ayant définitivement quitté les cloîtres et les monastères, les religieux ont commencé à agir dans le monde. Ils sont entrés dans la discussion des problèmes sociaux et dans divers domaines de la science. Le jésuite Teilhard de Chardin, pour discuter l'évolutionnisme et l'origine de l'homme, a réuni des disciples autour de lui et troublé le Saint-Siège. Les dominicains, quant à eux, ont investi dans l'étude historique des textes, ont fondé des maisons d'édition et créé des revues et, ainsi, ils ont pu constituer un espace important dans le secteur éditorial. On assiste alors à un engagement politique des religieux qui ne peut pas être compris sans tenir compte du fait qu'il est posé sur des fondements spirituels. Ce qui était en cause était la vision chrétienne du monde, la préservation de la place de l'Église dans la structure sociale et la possibilité du travail religieux. Selon les termes de Bourdieu,

« La religion contribue à l'imposition (dissimulée) des principes de structuration de la perception et de la pensée du monde, et en particulier du monde social, dans la mesure où elle impose un système de pratiques et des représentations, dont la structure objectivement fondée sur un principe

---

[6] Politique qui s'affirme spécialement à partir du pontificat de Léon XIII.

[7] Claude LANGLOIS, *Le catholicisme au féminin. Les congrégations françaises à supérieure générale au XIXe siècle*, Paris, Cerf, 1984 ; Pierre PIERRARD, *Les laïcs dans l'Église de France (XIXe–XXe siècles)*, Paris, Éditions Ouvrières, 1988.

de division politique, se présente comme la structure naturelle, surnaturelle du cosmos[8]. »

Ainsi, les progrès du communisme chez les ouvriers ont amené certains religieux vers les quartiers soi-disant « chauds » dans un effort de christianisation des travailleurs. Alors, la reconstruction du pays a convoqué des secteurs de la classe ouvrière, des jésuites et des dominicains, à embrasser le même projet. Ce mouvement, cependant, ne fut pas sans contradiction. En Espagne, par exemple, l'Église a soutenu Franco, bien que sa politique ait été critiquée par des intellectuels catholiques, tel Jacques Maritain. Même dans le cas français, de nombreux religieux ont combattu, essayant de protéger et de cacher des juifs dans leurs couvents, tandis que d'autres ont soutenu le gouvernement de Vichy. À la fin du conflit, l'Église a été accusée de collaboration avec l'Allemagne et a été défendue par des actions isolées de certains couvents et monastères. Beaucoup ont maintenu des positions contradictoires et ambiguës. Nous ne pouvons pas oublier que le conflit de positions politiques accompagne l'Église tout au long de son histoire[9].

Le père Louis-Joseph Lebret et les dominicains

Louis-Joseph Lebret, né au nord de la Bretagne, encore jeune, suivant les traces d'une famille de tradition maritime et de son père, étudie à l'École navale et en ressort officier de marine. Devenu pilote, ayant atteint le grade de lieutenant, il a servi dans la Première Guerre mondiale, durant laquelle il a reçu la Légion d'honneur. Pendant ses années de vie en mer, il a connu la vie des grands et petits pêcheurs et des familles impliquées dans la pêche et la préparation du poisson pour la commercialisation. Il y a vécu ses premières expériences liées à la souffrance dans le travail. Il a pu y constater les disputes entre diverses pêcheries, voire entre différents drapeaux nationaux, dans le cadre de cette activité économique. À l'âge de 26 ans, il quitte la Marine pour entrer chez les dominicains.

Les dominicains sont des prédicateurs. Ils suivent une longue formation intellectuelle. Ils se dédient à étudier la parole et l'écriture et vivent comme missionnaires aux frontières de l'Église. L'entrée dans

---

[8] Pierre BOURDIEU, « Gênese e estrutura do campo religioso », art. cit., p. 34.

[9] Denis PELLETIER, Économie et humanisme. De l'utopie communautaire au combat pour le tiers-mondisme catholique (1945–1966), Paris, Cerf, 1996.

l'ordre dominicain suit à ce titre une ritualité caractéristique : un an de noviciat simple ; quatre ans de noviciat profès, aussi appelé studentat ; puis deux ou trois années comme Jeunes Pères, c'est-à-dire religieux ordonné en fin d'études. La formation de base a donc une durée d'au moins sept ans[10]. Le prêtre ne commence à exercer son ministère qu'après sept ans, au minimum, de recueillement et d'étude.

Dans la période où le père Lebret a été admis dans l'ordre, toute la formation était faite dans les couvents, où le silence et l'absence des troubles sociaux rendaient possible une vie dédiée aux livres, à la pensée et à la prière. À l'intérieur du couvent, la vie et les relations étaient planifiées et décrites dans les règles de la congrégation. Les relations hiérarchiques testaient la capacité à répondre au vœu d'obéissance par le nouveau membre de la communauté religieuse. Le contrôle et la surveillance des progrès réalisés par les jeunes novices étaient de la responsabilité du maître des novices, dont l'*expertise* avait été lentement construite en vue de discerner les vocations[11]. La rigueur qui marque cette période est plus tard récompensée par les possibilités offertes à l'intérieur et à l'extérieur de l'ordre. Cet ordre fut conçu pour former les élites de la société, préparer la haute direction de l'État et, surtout, être responsable de la vérité. C'est sur cette voie que le maître des novices recherche des candidats qui doivent avoir un « bon état psychique », une « bonne capacité de jugement » et un « minimum d'intelligence et de bon sens » puisqu'en définitive ils sont appelés à représenter l'Église dans la société[12].

Lorsque Lebret entre dans la vie religieuse, il se consacre aux études des sciences humaines, terrain qui s'avère différent par rapport à celui de sa formation d'officier de la Marine. Encore adolescent, durant ses études au lycée et au cycle préparatoire pour l'École Saint-Charles de Saint-Brieuc (de nombreux officiers de marine y ont été formés), il a fait preuve d'une capacité intellectuelle exceptionnelle. Pour son baccalauréat (1913–1914), six prix lui ont été octroyés, ainsi qu'une

---

[10] Yann Raison du Cleuziou, *De la contemplation à la contestation. La politisation des dominicains de la province de France (années 1940–1970)*, Paris, Belin, 2016.

[11] « Comment reconnaît-on "un appel de Dieu" ? C'est là le savoir-faire propre aux maîtres des novices : discerner, reconnaître la vraie vocation de la fausse, et l'orienter ensuite à sa juste destination », *ibid.*, p. 79.

[12] « Le candidat doit avoir un "bon état psychique", un "bon jugement" et un "minimum d'intelligence et de bon sens", car le prêtre et le religieux ont dans la société un rôle de premier plan à jouer et ils représentent l'Église », *ibid.*, p. 80.

distinction spéciale en mathématiques. Son goût pour la géographie, la cartographie et les mathématiques, qui apparaîtront au centre de sa méthode et de ses pratiques de travail, ont pris racine dans sa formation à l'École navale et dans sa vie en mer[13]. Au couvent, il s'est dédié aux textes sacrés, saint Thomas d'Aquin, saint Augustin, comme tous les novices et avec la même rigueur ; il s'est aussi penché sur les textes de Marx, Engels et du géographe-anarchiste russe Piotr Kropotkin, entre autres[14].

Ordonné en 1928, Lebret reste en Bretagne, où il a fondé une association de jeunes marins, issue de la Jeunesse ouvrière chrétienne (JOC). Et ce fut à partir de cette organisation qu'il a examiné la structure familiale, les conditions de vie et les relations de travail des pêcheurs. De la lecture de Marx, il a conservé la théorie de la plus-value, fondement de l'exploitation capitaliste. Pendant la période où il a côtoyé les travailleurs de la mer, il s'est rendu compte de la fragilité de leurs femmes, engagées dans la production de conserves et de la situation des pêcheurs eux-mêmes dans leurs petits bateaux, confrontés aux grands bateaux de pêche japonais. Son expérience dans la période qui précède la Seconde Guerre mondiale est à l'origine de l'organisation d'une communauté de production constituée d'un certain nombre de petites organisations familiales ou de voisinage qui, peu à peu, se propagent partout dans la Bretagne et donnent lieu à une fédération. Il s'agit d'un modèle coopératif et corporatif. C'est à partir de cette expérience que sont nées des études économiques, consolidées dans le mouvement *Économie et Humanisme*. Pendant l'occupation allemande, le père Lebret et ses travailleurs de la pêche sont allés frapper à la porte du gouvernement de Vichy pour obtenir la reconnaissance officielle. Bientôt, le prêtre réalise qu'il faut s'écarter du gouvernement et qu'il décide de se consacrer à ses études. C'est à ce moment qu'il rencontre la théorie de l'impérialisme de Lénine qui l'a fortement impressionné, dans la mesure où il lui était possible de résoudre les inégalités sociales des formations capitalistes sur le

---

[13] Raymond DELPRAT, « Vingt-cinq ans avec le Père Lebret », *Cahier Les Amis du Père Lebret*, n° 13, 1966, p. 5–30 ; Henri GAIGNARD, Colette BOUTELOUPT, Alain BIROU, « Le père Lebret, trois témoignages », *Cahier Les Amis du Père Lebret*, n° 7, 1984, p. 1–18.

[14] Alfredo BOSI, « Economia e humanismo », *Estudos Avançados*, 2012, vol. 26, n° 75, p. 249–266 ; Denis PELLETIER, *Économie et humanisme…, op. cit.*

plan international[15]. Cependant, les contacts du père Lebret avec le maréchal Pétain et son gouvernement lui ont coûté très cher, à un tel point que cette histoire résonne dans ses relations au Brésil, comme on le verra plus tard.

Mais le dominicain était surtout intéressé à trouver une forme d'organisation sociale qui contiendrait la solidarité entre les travailleurs et leurs employeurs, les familles et le voisinage. Sa pensée, héritière des socialistes utopiques, a récupéré, dès les premiers essais, quelques aspects du communisme chrétien. Le père n'était pas intéressé à formuler une théorie sociale, mais plutôt à établir un fondement pour sa pratique chrétienne. Son pragmatisme, cependant, ne constituait pas un projet isolé, puisque l'Église en France elle-même cherchait des moyens pour résister aux progrès de la sécularisation, sans se détourner de sa place historique dans la culture et le projet moral de la société[16].

Le père Lebret pouvait compter sur un allié de taille, le père Henri Desroches, engagé dans les luttes ouvrières. Ensemble, ils ont organisé des équipes de travail pour agir dans la reconstruction de Lyon, Saint-Étienne, Nantes et Marseille puis Grenoble. Ils ont aussi fondé *Économie et Humanisme*, dans les années 1940, et ont fait face aux secteurs conservateurs de l'Église française, du Saint-Siège et l'ordre. Henri Desroches a élargi les études marxistes et travaillé au cœur des mouvements ouvriers. Peu à peu, les plaintes, attaques et débats publics ont poussé Lebret et Desroches dans des directions opposées. Alors que Desroches, dans son livre *Signification du marxisme*[17] essayait d'approfondir les liens entre pensée catholique et marxisme, le père Lebret essayait une conversion des concepts marxistes au catholicisme, dans une tentative de réduire au minimum la résistance de ses confrères. Pour Denis Pelletier, « le lancement de l'œuvre d'Henri Desroches s'inscrit dans une conjoncture qui va au-delà de l'histoire d'*Économie et Humanisme* et se lie à l'histoire de la réception du marxisme par la gauche française »[18]. La critique, les avertissements et les restrictions qui ont résulté de l'exposition publique du groupe dominicain ont conduit le père Lebret à un espace plus large pour sa mission en dehors de l'Europe.

---

[15]   *Ibid.*, p. 253.

[16]   Pierre COLIN (dir.), *Intellectuels chrétiens et esprits des années 1920*, Paris, Cerf, 1997.

[17]   Henri DESROCHES, *Signification du marxisme*, Paris, Éditions Ouvrières, 1949.

[18]   Denis PELLETIER, *Économie et humanisme…*, *op. cit.*, p. 247.

Le Brésil, un champ d'épreuves

Si la situation politique était difficile en France, elle ne l'était pas moins au Brésil. La Guerre froide produisait ses effets. L'anticommunisme était la pierre de touche dans la région et non pas seulement parmi les catholiques. Des missions scientifiques étrangères circulent dans les principaux centres, tandis que les gouvernements, les universités et les entrepreneurs cherchent des moyens pour mettre en œuvre un projet de développement et de modernisation, poussés par les progrès internationaux.

Économie et Humanisme arrive en Amérique du Sud avec le premier voyage du père Lebret, en 1947, en réponse à l'invitation d'un autre dominicain, Romeu Dale, ancien élève de Saint Maximin et alors professeur de l'École libre de sociologie et politique (ELSP), une institution fondée en 1933 par l'élite de São Paulo. Il s'agit d'une école d'orientation nord-américaine, établie lors de l'arrivée de Donald Pierson, centrée sur la recherche empirique et à finalités interventionnistes[19].

Le dominicain est resté quatre mois au Brésil, s'occupant de trouver des alliés et de construire un réseau de soutien. Son projet de transformation de la société moderne par le biais de l'économie et de la politique dépendait de son intégration dans les institutions reconnues, du soutien économique et de la légitimité auprès des élites locales. Dans le domaine universitaire, il a trouvé à São Paulo un chemin ouvert par les recherches dirigées par Donald Pierson, dont le « projet [...] était de donner un large aperçu empirique de la réalité brésilienne à travers des études de communautés »[20].

---

[19] Michelly RAMOS DE ANGELO, *Les développeurs Louis-Joseph Lebret e a SAGMACS na formação de um grupo de ação para o planejamento urbano no Brasil*, Tese (Doutorado), Universidade de São Paulo, São Carlos, 2010, p. 72.

[20] Parmi les études publiées dans cette période, on peut souligner avec Edgar MENDOZA et Luiz Carlos JACKSON, « *Grupos sociais de Guaratinguetá* », *Sociologia*, 1938, vol. V, n° 3 ; « Estudo do desenvolvimento de São Paulo através da análise de uma radial : a estrada do café à », *Revista do Arquivo Municipal*, 1944, vol. XCIX, p. 7–44 ; Samuel H. LOWRIE, « Origem da população da cidade de São Paulo e diferenciação das classes sociais », *Revista do Arquivo Municipal* (São Paulo), 1941, p. 75, 1941 ; « Pesquisa de padrão de vida dos operários da limpeza pública da municipalidade de São Paulo », *Revista do Arquivo Municipal*, 1938, vol. LI, p. 183–310 ; Oracy NOGUEIRA, « Distribuição residencial de operários de um estabelecimento industrial de São Paulo », *Sociologia*, 1949, vol. XI, n° 1, p. 32–53 ; Donald PIERSON, « Recenseamento por Quarteirões », *Revista do Arquivo*

À ce moment-là, on structurait le domaine des sciences sociales au Brésil à partir de deux écoles de São Paulo, l'USP et l'ELSP, la première d'inspiration française et la seconde représentant la pensée sociale de l'École de Chicago. Le père Lebret se déplaçait aisément dans cet espace d'« étroite convivialité et de concurrence féroce », terrain où agissaient les missions étrangères françaises et nord-américaines, démontrant une affinité particulière avec le travail effectué sous la direction de Pierson. Le récent groupe de sciences sociales transitait entre les deux écoles « afin de constituer un modèle de production intellectuelle, marquée par la scientificité et le professionnalisme »[21].

Le programme de Lebret au Brésil comprenait une série de conférences présentées pour l'Action sociale du diocèse de Rio de Janeiro, en même temps qu'il établit des contacts avec des dirigeants catholiques, des cadres politiques et militaires ; il donna aussi un cours à l'École libre de sociologie et politique à São Paulo, où il établit des contacts avec des entrepreneurs et des étudiants catholiques.

Le projet apporté et mis en place au Brésil comprenait une proposition pédagogique basée sur la géopolitique. Le dominicain français rêvait de former des techniciens dont les outils scientifiques – recherche et planification – pourraient les rendre capables de formuler des politiques et des plans économiques. Ceux-ci devraient placer l'homme et ses besoins basiques au-dessus des intérêts économiques.

Avant son arrivée à São Paulo, Lebret avait déjà choisi son plus fidèle collaborateur, le jeune frère Benevenuto de Santa Cruz, avec qui il travaillerait pendant deux décennies. Un choix qui n'a pas eu lieu par hasard, dans la mesure où le projet *Économie et Humanisme* devait être accepté par les élites chrétiennes de São Paulo, Rio de Janeiro, Minas Gerais, Pernambuco, les centres politiques et économiques les plus modernisés du pays. Benevenuto, né José Petronillo, apportait l'*expertise* d'un interprète, écrivain, éditeur, les qualités et capacités d'un jeune

---

Municipal, 1939, vol. LXII ; Emilio WILLEMS, « Contribuição para uma Sociologia da vizinhança », *Sociologia*, 1941, vol. 3, n° 1, p. 29–43 ; *A aculturação dos alemães no Brasil : estudo antropológico dos imigrantes alemães e seus descendentes no Brasil*, São Paulo, Companhia Editora Nacional, 1946 ; Edgar MENDOZA, « Donald Pierson e a escola sociológica de Chicago no Brasil : os estudos urbanos na cidade de São Paulo (1935–1950) », *Sociologia*, jun/dez 2005, vol. 7, n° 14, p. 440–470 ; Luiz Carlos JACKSON, « Gerações pioneiras na sociologia paulista (1934/1969) », *Tempo Social*, 2007, vol. 19, n° 1, p. 118.
[21] *Ibid.*, p. 120.

cultivé. On ne peut pas comprendre la trajectoire du projet sans le réseau de soutien politique.

Fils d'une famille traditionnelle de propriétaires de moulins à sucre, de politiciens et de juristes qui, depuis le XIXe siècle, étaient des notables dans la vie politique du Nord-Est brésilien, il est né en 1918, au Pernambuco. Après une jeunesse à Recife, où il fréquenta le Colégio Marista, aux côtés de l'écrivain et poète João Cabral de Melo Neto, qui fut un ami pour la vie, il déménagea à Rio de Janeiro, où vivait déjà une partie de sa famille, puis partit pour São Paulo. Entré dans l'ordre dominicain, il étudia la théologie et fut ordonné en 1944. Avant l'arrivée du père Lebret, Benevenuto entretenait déjà une correspondance avec les dominicains français de Rio de Janeiro, de Pernambuco et de Minas Gerais, étant l'intermédiaire de la circulation de livres et revues catholiques éditées en France et au Brésil[22]. Dans sa correspondance avec Alceu Amoroso Lima, on peut trouver les négociations en vue de l'édition de livres par la maison d'édition Agir et de la commercialisation de revues françaises par la même maison d'édition[23].

Benevenuto, grâce au capital de relations sociales hérité d'une famille de politiciens, à son éducation et à ses compétences dans le domaine des langues étrangères – en particulier le français – acquis en circulation internationale précoce, était en mesure d'être responsable du projet *Économie et Humanisme* au Brésil. Ainsi, chargé de préparer la visite du père Lebret en 1947, à Rio, il a contacté directement Alceu Amoroso Lima, puisque, entre eux, il existait déjà une coopération. C'est grâce à ce contact qu'il a pu avoir le soutien des dominicains et même de l'archidiocèse. Il a aussi réussi à préparer des conférences pour l'Action sociale du diocèse et à établir des contacts avec des politiciens catholiques.

Trois politico-militaires, liés à l'UDN, intéressaient le père Lebret : le général José Américo de Almeida, le brigadier Eduardo Gomes et le général Juarez Távora. Il s'agissait de militants du catholicisme conservateur, intransigeant, capables de faciliter son approche des cardinaux Dom

[22] Augusto MASSI, « Revisitando a Duas Cidades » – Memória editorial, *Revista da Biblioteca Mário de Andrade*, 2012, n° 68, p. 22–37 ; Clotilde SANTA CRUZ TAVARES, *O clã de Santa Cruz, genealogia e origens*.

[23] Lettre de Benevenuto à A. A. Lima, du 3 maio 1946, Correspondance entre frei Benevenuto de Santa Cruz et Alceu Amoroso Lima, *Arquivos Alceu Amoroso Lima*, CAALL – Centro Alceu Amoroso Lima pela Liberdade, Petrópolis.

Jayme de Barros Câmara et Dom Carlos Carmelo de Vasconcelos Motta, de Rio et São Paulo, respectivement.

Lebret ignorait la complexité du cadre politique et idéologique brésilien et ne se rendit compte du danger des chemins qu'il avait empruntés que lorsque ces interlocuteurs se révélèrent sectaires et antidémocratiques, lors de l'interdiction du Parti communiste brésilien. En conférence à Rio, il s'est publiquement manifesté contre l'interdiction du PCB, a défendu la démocratie et le renforcement du Parti démocrate chrétien. Lors d'une rencontre avec la Jeunesse universitaire chrétienne (JUC), il a critiqué l'élite brésilienne qui laisse à l'abandon les pauvres. Ses propos ont un écho dans la presse et lui valent l'interdiction du pays pour cinq ans. Ses discours déplaisaient aussi bien à l'élite ecclésiastique qu'aux dirigeants conservateurs catholiques, les franciscains de Petrópolis et les dominicains de Rome, tous en même temps.

À São Paulo, le projet fait face à la résistance de l'archidiocèse et de ses censeurs, mais pouvait compter sur le soutien de la Fédération des industries de l'État, du Jockey Club, des jeunes militants de l'Action catholique et du Parti démocrate chrétien, en plus des professeurs de l'École libre de sociologie et politique, du cours de Service social de l'Université catholique et des frères du couvent dominicain.

À l'ELSP, le père offre son cours de plus longue durée. Comme le décrit Alfredo Bosi, il avait trois parties : la première a examiné le marxisme dans l'œuvre de Marx, Engels et Lénine, l'anarchisme de Kropotkine, le corporatisme de l'État nouveau portugais, le fascisme italien, la dictature raciste du national-socialisme et l'étatisme soviétique. Dans la deuxième partie, il a cherché à articuler les précurseurs de la pensée sur l'économie humaine, en commençant par les Pères de l'Église. Dans la troisième partie, il a présenté ce qui serait sa proposition pour le monde à l'époque de l'après-guerre en abordant les principes fondamentaux de l'économie humaine, économie axée sur les besoins humains[24].

Conformément à sa pratique, basée sur la recherche et la planification sociale, Lebret a fondé la Société pour l'analyse graphique et mécanographique appliquée aux complexes sociaux (SAGMACS), où il a effectué, avec ses étudiants, une première recherche sur le logement dans la ville de São Paulo. Il a pu compter sur le financement de la Fédération des industries de l'État de São Paulo. La SAGMACS représentait la clé

---

[24]   Alfredo Bosi, « Economia e humanismo », *art. cit.*, p. 255.

pour l'enracinement du projet *Économie et Humanisme*. L'impact dans la presse, cependant, n'a pas été différent pour les cours donnés ensuite à Rio de Janeiro et au Minas Gerais, où le *Jornal do Povo* a divulgué la matière sous le titre « Marx était un génie et les communistes veulent le bien de l'humanité », suivi de l'affirmation : « Le père français Lebret, de l'ordre des dominicains, montre que la coopération des communistes et des catholiques pour résoudre les problèmes du peuple est possible et souhaitable[25]. »

Dans ce premier cours, le public était composé des dominicains, d'une élite industrielle, intellectuelle et politique, dont les futurs gouverneurs de São Paulo, Lucas Nogueira Garcez, André Franco Montoro et Carlos Alberto Alves de Carvalho Pinto, qui, à travers la SAGMACS, ont contacté les politiciens locaux et nationaux. Parmi eux, on trouvait Adhemar de Barros, également gouverneur de São Paulo et leader de la politique nationale, qui est venu intégrer le bureau de la société ; Josué de Castro, le directeur de la Commission du bien-être Social du deuxième gouvernement Vargas puis directeur de la *Food and Agricultural Organization* (FAO) ; Dom Hélder Câmara, évêque auxiliaire de Rio de Janeiro, dont le travail a contribué à réduire la résistance de l'archidiocèse par rapport au projet du père Lebret ; Severo Gomes, industriel et homme politique, partisan incontesté du groupe *Économie et Humanisme*. Pendant le séjour de quatre mois au Brésil, Santa Cruz et Lebret allaient sans repos d'un centre politique brésilien à l'autre, tandis que des bureaux de la SAGMACS ont été installés à Rio de Janeiro, Pernambuco et Minas Gerais.

Avec l'aide d'Alceu Amoroso Lima, le dominicain est allé encore plus loin : il est parti de São Paulo pour se joindre à un groupe restreint d'intellectuels et d'hommes politiques du club catholique de Montevideo où, après deux jours de travail, une équipe a été formée et, suivant les directives du groupe français, a commencé à mener des recherches sociales, lorsque le père Lebret est revenu dans le pays. En 1952 est créé le Centre latino-américain d'*Économie et Humanisme* (CLAEH) installé uniquement en Uruguay[26]. En Argentine, les projets n'ont pas prospéré, tandis qu'en Colombie, un groupe de catholiques qui avait déjà connu le

---

[25] *Jornal do Povo* apud Michelly RAMOS DE ANGELO, *Les développeurs Louis-Joseph Lebret...*, *op cit.*, p. 75–76.

[26] Juan-Pablo TERRA, « Militance sociale, économie et développement humain », *Cahier Les Amis du Père Lebret*, mars 1990, n° 9, p. 5–22.

mouvement en France travaillait de concert avec le groupe brésilien. Le père Lebret restait cependant prudent et a suggéré au leader du groupe, l'intellectuel catholique lié à la *Confédération internationale des syndicats chrétiens*, Georges Kibedi, de fonder un centre laïque, en raison de la situation politique dans ce pays. À l'occasion de sa première visite au Chili, invité par Eduardo Frei, le futur président de la République et responsable de la formation du bureau d'*Économie et Humanisme*, des négociations ont été menées pour la formation d'un réseau international des partis démocrates chrétiens. C'est à sa deuxième visite, en 1952, que le père Lebret a rencontré Raul Prebisch, Argentin, directeur de la CEPAL, avec qui il a commencé une coopération scientifique constituée par des conférences et des séminaires[27].

SAGMACS : un bureau de référence pour l'Amérique du Sud à São Paulo

Le bureau SAGMACS et la maison d'édition Duas Cidades, fondée au début des années 1950, constituent le centre de diffusion d'*Économie et Humanisme* pour l'Amérique du Sud. Établi comme laboratoire de recherche sociale et soutenu initialement par le Jockey Club de São Paulo, bastion de l'élite, ce laboratoire a été dirigé par les membres laïques de la première génération du Parti démocrate chrétien (PDC) et par la direction des organisations laïques de l'Église catholique – Action catholique et JUC. Ainsi, il était inséré dans la ville la plus dynamique des années 1940, où les discussions sur la planification urbaine impliquaient plusieurs groupes : l'Institut des architectes du Brésil (IAB) ; les facultés d'architecture de la USP et du Mackenzie ; l'Institut des ingénieurs (IE) ; la Société des amis de la Cité de SP (SAC). Des professionnels étrangers comme Robert Moses, lié à l'International Basic Economic Corporation (IBEC) et connecté à Nelson Rockefeller, ont aussi intégré le mouvement international *Économie et Humanisme*, qui a alors occupé un espace de

---

[27]   *Ibid.* ; Centre des archives contemporaines (Pierrefitte), lettre de Lebret à Santa Cruz, 13 juillet 1950, correspondance entre Louis-Joseph Lebret et Benevenuto de Santa Cruz. Le fonds Lebret 45 AS, numéro de versement 19860461, 19990268 et 20000035. Le fonds Delprat 87 AS, numéro de versement 19920554.

premier plan, en particulier le pouvoir d'État exercé par Lucas Garcez et Carvalho Pinto à São Paulo[28].

Les principaux héritiers de ce mouvement ont été des architectes et urbanistes, avant même les sociologues. Pour comprendre ce lien entre architectes et urbanistes et le mouvement *Économie et Humanisme*, il faut examiner trois points au sujet des équipes de SAGMACS : la méthodologie, le financement et la couverture que le projet peut atteindre.

En raison de sa *méthodologie* comprise comme la reconnaissance de la réalité sociale à partir d'une connaissance de la géographie humaine, de la structure des agglomérations urbaines, des quartiers, des logements, des équipements publics (écoles, hôpitaux, etc.), des conditions de mobilité, et alors seulement procéder à un diagnostic de la vie sociale, ce seront les urbanistes et architectes les héritiers naturels de la théorie et des pratiques du projet catholique de développement. Le père Lebret commençait ses études par des photographies aériennes prises quand il survolait l'espace à examiner, des cartes et des descriptions historiques existantes. Il considérait vraie la révélation offerte par le monde objectif. L'important était de connaître l'objet étudié et, pour ce faire, il avait une équipe de collaborateurs, formés et outillés avec des concepts et techniques d'action :

> « Il faut observer toujours et prendre note ; sinon, l'observation n'est qu'une simple impression. Il faut acquérir les techniques d'action. Celui qui les méprise échouera sûrement ! Chaque action a sa technique ! Une méditation, une journée d'étude, une retraite, un congrès, une session, un voyage de conférence, une campagne de presse ; l'écriture, la corporation, la communauté, un mouvement. Il faut que ceux qui ont de l'expérience nous initient, il faut que nous nous fassions l'expérience par nous-mêmes[29]. »

---

[28] Michelly RAMOS DE ANGELO, *Les développeurs Louis-Joseph Lebret...*, *op. cit.* ; « O IRFED e a Formação de Profissionais Brasileiros em Desenvolvimento do Território. SHCU 19 », *XI seminário de história da cidade e do urbano*, Out 2010, *Atas*, 2010, vol. 11 ; Lucas CESTARO, *Urbanismo e Humanismo : a SAGMACS e o estudo da « Estrutura Urbana da Aglomeração Paulistana »*, Dissertação (Mestrado em Arquitetura e Urbanismo), Universidade de São Paulo, São Carlos, 2009 ; Celso MONTEIRO LAMPARELLI, « Louis-Joseph Lebret e a pesquisa urbano-regional no Brasil », *Espaço e Debate*, 1994, n° 37, p. 281–298.

[29] Louis-Joseph LEBRET, *Princípios para a ação*, trad. Carlos Pinto Alves, 4. edição revista e aumentada, São Paulo, Livraria Duas Cidades, 1959, p. 37.

Au-delà des observations et des examens des espaces sociaux concrets, la méthode s'appuie sur l'écoute de ceux qui sont directement impliqués, qui connaissent la réalité pour l'avoir vécue, mais ne néglige pas non plus tout recours disponible[30]. Dans le livre *Principes pour l'action*, le père Lebret est absolument pragmatique lorsqu'il présente sa spiritualité : « Observer, écouter, conclure, vouloir, s'engager, se rectifier, se rationaliser, insister, élargir, prier, s'abandonner[31]. » Il traite l'action comme un combat et la corruption comme un adversaire toujours présent. Il considère qu'il est difficile de ne pas être dupe, même lorsqu'on est à la recherche de la vérité. « L'offre d'une exceptionnelle subvention, d'une voiture, d'un soutien permanent sans conditions : ce sont là les pièges les plus vulgaires. [...] Il faut être toujours vigilant[32]. » Pour lui, les adversaires explorent tout, depuis le manque d'argent, jusqu'au besoin d'appui, à l'ingénuité.

Le *financement* était surtout public, négocié par des techniciens avec des hommes politiques de différents organes administratifs, d'où l'importance de maintenir à la direction de la SAGMACS les cadres remarquables issus des élites politiques qui assuraient l'accès aux pouvoirs publics. Benevenuto de Santa Cruz, par exemple, a négocié en 1950 avec Milton Campos, alors gouverneur de Minas Gerais, un projet de recherche, qui a été par la suite suspendu en raison de l'opposition du cardinal de São Paulo et des dominicains.De même, lorsque Lucas Nogueira Garcez a été élu gouverneur de São Paulo en 1950, avant de prendre ses fonctions, il se rendit à Paris, où il devait rencontrer le père Lebret et solliciter un conseil spécial chargé d'enquêter et d'analyser les possibilités de développement de l'État. Cette coopération technique est enregistrée dans la correspondance entre Benevenuto et Lebret, lorsque celui-ci orientait, de Paris, son collaborateur brésilien, puisqu'il n'avait pas obtenu l'autorisation de revenir au Brésil[33].

C'est par l'action de Lucas Garcez, dans le gouvernement de São Paulo, assisté par les dominicains d'*Économie et Humanisme*, en septembre 1951, que fut constituée la Commission du Bassin Paraná-Uruguay (CIBPU), qui réunit les gouverneurs de Mato Grosso, Goiás, Minas Gerais, Paraná, Santa Catarina, Rio Grande do Sul et São Paulo, sous la présidence de

---

[30]   Sa méthode de travail se base sur la recherche-action attribuée à Kurt Lewin, bien que l'auteur se réfère à d'autres penseurs, comme le prouve David Tripp.

[31]   Louis-Joseph Lebret, *Princípios para a ação, op. cit.*, p. 22.

[32]   *Ibid.*, p. 25.

[33]   Correspondance de Lebret et Benevenuto, *op. cit.*

ce dernier. Elle avait pour but d'élaborer une politique commune en vue d'un développement harmonieux de la région, dans laquelle les États les plus riches (São Paulo et Minas Gerais) seraient le fer de lance. Benevenuto de Santa Cruz a été invité à se joindre à la commission, représentant la SAGMACS, qu'il dirigeait alors. Cette commission était chargée des enquêtes sur la situation des huit États. Le père Lebret s'est engagé à participer à des analyses et des propositions de planification. Comme ces projets, d'autres ont été négociés avec des municipalités dans les États de São Paulo, Rio de Janeiro, Minas Gerais et Pernambuco[34].

La couverture de l'action d'Économie et Humanisme. Au Brésil, *Économie et Humanisme* n'a pas atteint le niveau national, à l'exception de l'action des cadres qui en sont venus, au long des cinquante années qui ont suivi, à occuper des postes de ministres d'État, des positions législatives ou des fonctions techniques élevées dans les entreprises d'État, comme le juriste Plínio de Arruda Sampaio, député constituant (1946–1988), défenseur de la réforme agraire et candidat à la présidence de la République en 2010 ; l'architecte Francisco Whitaker Ferreira, directeur de la surintendance de politique agraire (SUPRA), dans le gouvernement João Goulart ou le ministre de la Planification du gouvernement d'Itamar Franco, Alexis Stepanenko, qui cite le travail effectué à SAGMACS, où une génération de techniciens et de politiciens a été formée et a agi dans l'État brésilien pendant plusieurs décennies[35]. Au-delà des activités au Brésil, la FAO, la Commission économique pour l'Amérique latine et les Caraïbes, l'ONU, l'UNESCO comptaient aussi sur la coopération d'*Économie et Humanisme*. Dans l'Église, le leader du mouvement est devenu le conseiller privilégié au moment du Concile Vatican II pour les questions économiques et sociales.

Conclusion

Cet article a voulu mettre en évidence les blocs qui se disputaient pour avoir le pouvoir de dire quel était le meilleur chemin pour le développement national dans la période d'après-guerre. Des organisations d'employeurs, le syndicat ouvrier et des organisations civiles, des secteurs intellectuels

---

[34] *Ibid.*, 1950–1952.

[35] Jayme VITA ROSO, « Alexis Stepanenko, um homem por excelencia », *Migalhas*, 15 abril 2011.

et scientifiques et l'Église catholique se disputaient l'espace du pouvoir, par le biais des partis politiques, par les coopérations techniques et/ou par l'élaboration de théories politiques et économiques.

Cette recherche met en évidence comment le mouvement dirigé par le père Lebret, bien qu'il n'ait pas réussi à s'insérer dans la politique nationale, *stricto sensu*, a bénéficié d'une réception favorable dans le plus grand centre urbain et industriel du pays, d'où il s'est étendu à d'autres centres périphériques de la République où la fédération a plus de force que l'idée de nation. Il convient de mettre en relief le fait que la position historique de concurrence avec le gouvernement fédéral vécue par São Paulo a pris une place importante dans le jeu politique, surtout dans la période étudiée ici. Dans la littérature et les documents examinés dans cette recherche, les indices attestent que les idées diffusées par *Économie et Humanisme* étaient présentes dans les gouvernements de São Paulo, Minas Gerais et Pernambuco, et peut-être même, au niveau national, surtout quand les cadres de la démocratie chrétienne liée au PDC étaient au pouvoir.

Pour comprendre l'accueil privilégié au Brésil, par rapport aux autres pays d'Amérique du Sud visités par le père Lebret, il faut tenir compte que ce processus a été facilité non seulement par la tradition catholique du pays, mais aussi par le fait que les dominicains brésiliens avaient des liens étroits avec les Français, puisque le début de leur formation a été assuré par eux, et aussi parce qu'ils constituaient une sous-province de Toulouse, à la différence des religieux dominicains d'autres pays de la région, liés aux Espagnols, au profil nettement conservateur. Une étude approfondie sur la réception d'*Économie et Humanisme* et de l'œuvre de Lebret reste à faire. Mais on ne peut ignorer les chemins entrepris dans les universités, non seulement par les concepts de tiers-mondisme, développement et sous-développement ou recherche-action, qui constituent des questions centrales pour le mouvement.

Transgresser l'ordre : l'action missionnaire des Sœurs blanches à travers La Ruche de Kabylie (1938-1972)

Catherine Foisy

Avec le concile Vatican II, la notion de dialogue est devenue centrale dans la représentation que l'Église se fait de son rôle dans les sociétés contemporaines[1]. Qui plus est, le dialogue entre les religions représente l'un des défis les plus structurants de la mission chrétienne contemporaine[2]. Une question alors se pose : quelles avenues les missionnaires et les populations locales empruntent-elles pour entrer en dialogue ? Par ailleurs, le dialogue interreligieux en général[3], et islamo-chrétien en

---

[1] Karl RAHNER, « Sur le dialogue dans la société pluraliste », *Écrits théologiques*, vol. 7, Bruges, DDB, 1967, p. 23–36 ; Geneviève COMEAU, « Mission et religions : le point de vue catholique (1963–1999) », Françoise JACQUIN et Jean-François ZORN (dir.), *L'altérité religieuse. Un défi pour la mission chrétienne (XVIIIe–XXe siècles)*, Paris, Karthala, 2001, p. 365–373.

[2] David J. BOSCH, *Dynamique de la mission chrétienne : histoire et avenir des modèles missionnaires*, Paris, Karthala, 1995 ; Klauspeter BLASER, *Repères pour la mission chrétienne. Cinq siècles de tradition missionnaire. Perspectives œcuméniques*, Paris-Genève, Cerf-Labor et Fides, 2000 ; Maurice PIVOT, *Un nouveau souffle pour la mission*, Paris, Éditions de l'Atelier, 2000 ; Peter C. PHAN, *In Our Own Tongues. Perspectives from Asia on Mission and Inculturation*, New York, Orbis Books, 2003 ; Francis Anekwe OBORJI, *Concepts of Mission. The Evolution of Contemporary Missiology*, New York, Orbis, 2006 ; Maurice PIVOT, *Au pays de l'autre : l'étonnante vitalité de la mission*, Paris, Éditions de l'Atelier, 2009 ; Richard FRIEDLI et al., *Intercultural perceptions and Prospects of World Christianity*, Frankfurt-am-Main, Peter Lang, 2010 ; Stephen B. BEVANS et Roger SCHROEDER, *Prophetic Dialogue. Reflections on Christian Mission Today*, New York, Orbis, 2011.

[3] Paul F. KNITTER, *No Other Name? A Critical Survey of Christian Attitudes Toward the World Religions*, New York, Orbis, 1985 ; Gavin D'COSTA, *Theology and Religious Pluralism. The Challenge of Other Religions*, New York, Blackwell, 1986 ; Hans KÜNG et Leonard J. SWIDLER, *The Church in Anguish. Has the Vatican*

particulier[4], a été conceptualisé de manière plutôt restrictive, c'est-à-dire en mettant un accent particulier sur les échanges doctrinaux. Dans un tel contexte, il est regrettable que les travaux portant spécifiquement sur les relations entre les missionnaires et les musulmans demeurent aussi rares et qu'ils aient porté presque exclusivement sur les expériences des leaders religieux masculins et que la période couverte s'arrête généralement à la décennie 1950[5]. Ces études ne peuvent prendre en considération les transformations politiques, religieuses et sociales majeures opérées par les sociétés du Sud global et les sociétés occidentales ni mesurer leurs effets sur l'évolution des relations entre chrétiens et musulmans en contexte missionnaire.

Betrayed Vatican II?, San Francisco, Harper and Row, 1987 ; Gavin D'Costa, *Christian Uniqueness Reconsidered. The Myth of a Pluralistic Theology of Religions*, New York, Orbis, 1990 ; Jean-Claude Basset, *Le dialogue interreligieux, histoire et avenir*, Paris, Cerf, 1996 ; Wilfred C. Smith, *Faith and Belief. The Difference Between Them*, Oxford, Oneworld, 1998 ; Jacques Dupuis, *La rencontre entre le christianisme et les autres religions, de l'affrontement au dialogue*, Paris, Cerf, 2002 ; Claude Geffré, *De Babel à Pentecôte. Essais de théologie interreligieuse*, Paris, Cerf, 2006 ; Pierre-François de Béthune, *L'hospitalité entre les religions*, Paris, Albin Michel, 2007 ; Karl J. Becker et Ilaria Morali, *Catholic Engagement with World Religions : a Comprehensive Study*, New York, 2010 ; Henri de La Hougue, *L'estime de la foi des autres*, Paris, Desclée de Brouwer, 2011.

4   Claude Geffré, « Le Dieu un de l'Islam et le monothéisme trinitaire », *Concilium*, n° 289, 2001, p. 91–99 ; Douglas Pratt, *The Challenge of Islam. Encounters in Interfaith Dialogue*, Burlington, Ashgate, 2005 ; Risto Jukko, *Trinity and Unity in Christian-Muslim Relations. The work of the Pontifical Council for Interreligious Dialogue*, Leiden, Brill, 2007 ; Gregory Baum, *Theology of Tariq Ramadan. A Catholic Perspective*, Notre Dame, University of Notre Dame Press, 2009 ; Christian Salenson, *Une théologie de l'espérance*, Paris, Bayard-Centurion, 2009 ; Anne-Noëlle Clément, *Le Verbe s'est fait frère. Christian de Chergé et le dialogue islamo-chrétien*, Paris, Bayard, 2010 ; Hans Küng, *L'islam*, Paris, Cerf, 2010.

5   Lissi Rasmussen, *Christian-Muslim Relations in Africa. The Cases of Northern Nigeria and Tanzania Compared*, New York, British Academic Press, 1993 ; Pierre Soumille, « La représentation de l'islam chez les chrétiens de Tunisie pendant le protectorat français (1881–1956) et après l'indépendance », dans Françoise Jacquin et Jean- François Zorn (dir.), *L'altérité religieuse, op. cit.*, p. 87–119 ; Oissila Saaïdia, *Clercs catholiques et oulémas sunnites dans la première moitié du XX* siècle. Discours croisés, Paris, Geuthner, 2004 ; Jérôme Bocquet, *Missionnaires français en terre d'Islam : Damas (1860–1914)*, Paris, Les Indes Savantes, 2005 ; Ussama Makdisi, *Artillery of Heaven. American Missionaries and the Failed Conversion of the Middle East*, Ithaca, Cornell University Press, 2008 ; Hervé Legrand et Giuseppe Maria Croce (dir.), *L'Œuvre d'Orient. Solidarités anciennes et nouveaux défis*, Paris, Cerf, 2010.

Pour pallier cette situation, ce chapitre se concentre sur la Ruche de Kabylie devenue, en 1963, la Ruche d'Algérie, une expérience bien précise vécue entre 1938 et 1972, unique dans le paysage missionnaire catholique d'Afrique du Nord, menée par les Sœurs missionnaires de Notre-Dame d'Afrique (SMNDA), connues sous le vocable usuel de Sœurs blanches. Bien qu'ils aient peu retenu l'attention des chercheurs jusqu'à présent, les échanges entre missionnaires féminines catholiques et musulmans représentent un terreau fertile pour interroger l'espace missionnaire comme lieu de rencontres interculturelles et interreligieuses.

Voilà donc l'un des deux aspects que nous souhaitons traiter à travers l'analyse de La Ruche : les conditions de la rencontre interculturelle et interreligieuse, voire de formes de dialogue entre femmes de deux traditions religieuses différentes. L'autre aspect de notre interrogation concerne directement les objectifs de La Ruche, soit les effets de cette présence et de cette action missionnaire féminine sur ces jeunes filles et ces jeunes femmes kabyles. Pour ce faire, nous exposerons d'abord les grandes lignes de cette expérience, en nous attardant à ses conditions d'émergence. Ensuite, nous nous pencherons sur les actions menées dans le cadre de ce projet de même qu'aux formes qu'a pu prendre le dialogue entre ces femmes catholiques occidentales et ces jeunes filles ou femmes musulmanes kabyles, entre 1938 et 1972. Enfin, nous proposerons une analyse de cette expérience au regard de l'interprétation contemporaine du dialogue interreligieux et islamo-chrétien en particulier.

Émergence du mouvement de La Ruche de Kabylie

À partir de données collectées dans les archives générales des SMNDA à Rome, mais aussi de la littérature secondaire ayant trait à l'effort missionnaire catholique féminin en Algérie ainsi qu'un ouvrage intitulé « La Ruche de Kabylie. Témoignages sur un mouvement vernaculaire né d'une mission africaine (1938–1975) », nous sommes en mesure de dresser une vue d'ensemble de l'expérience qu'a été La Ruche de Kabylie.

Les SMNDA ont été fondées en 1869, sous la forme d'un institut missionnaire international, par le cardinal Lavigerie[6], alors archevêque d'Alger, dont l'objectif principal est l'évangélisation des peuples africains. Les pionnières arrivent en Kabylie en 1878, cinq ans après l'établissement

---

[6] Deux ans auparavant, il avait fondé les Missionnaires d'Afrique ou Pères blancs.

des premiers Pères Blancs dans la région, ouvrant une école pour filles à Ouadhias[7]. Après plus de 50 ans de présence en Kabylie[8], les missionnaires catholiques se réunissent en 1937 à Bou-Noh pour faire le point sur leur action dans la région. Cette conférence marque un changement de paradigme pour l'action missionnaire dans cette région de l'Algérie : les acteurs institutionnels finissent par évaluer l'évolution de la mission en Kabylie de manière critique – comme le faisaient d'ailleurs les acteurs de terrain depuis cinq décennies. Le rapport de la conférence fait alors état de la nécessité d'une connaissance approfondie des langues arabe et kabyle[9]. Cette prise de conscience implique de faire face au faible taux de conversion pour un peuple que l'on avait longuement cru[10] être les descendants des chrétiens nord-africains des premiers siècles, peu ou mal islamisés. Tel que l'indique Karima Dirèche,

---

[7] Cette mission était située près d'une mission de diaconesses protestantes, ce dont témoignent les documents d'archives consultés.

[8] Karima Dirèche, « Coloniser et évangéliser en Kabylie : les dessous d'un mythe », dans Bernard Heyberger et Rémy Madinier (dir.), *L'islam des marges. Mission chrétienne et espaces périphériques du monde musulman (XVIe–XXe siècles)*, Paris, Karthala, 2011, p. 107–127.

[9] Tel que l'indiquent Mahtout et Gaudin : « En 1937, les supérieurs de Kabylie continuent à prôner l'apprentissage de l'arabe et du kabyle et voient dans leur maîtrise un intérêt stratégique majeur. En effet, ils pensent que, dans un milieu soumis à l'influence d'un marabout musulman, le missionnaire doit "éviter toute occasion de polémique" s'il n'est pas assez expérimenté et surtout "s'il n'est pas plus fort en arabe que son adversaire". Il y va donc du prestige de l'Église catholique et de ses représentants face aux indigènes et à l'Islam, le lien entre la religion musulmane et l'arabe littéral étant très étroit » : Mahfoud Mahtout et François Gaudin, « Approche historique et sociolinguistique de la lexicographie bilingue missionnaire et les langues minoritaires en Algérie coloniale (1830–1930) : le cas du berbère ».

[10] « L'analyse du discours et des pratiques missionnaires concernant l'islam kabyle permet de saisir une véritable déformation des réalités sociologiques de la Kabylie de cette fin de siècle. […] Aucune donnée concernant les musulmans, les pratiques, les croyances, l'islam qui vit dans ces communautés. Ce silence, qui caractérise les écrits de la première génération des missionnaires, est certainement lié à la vision des sociétés berbères que les orientalistes français décrivaient et qui était si chère à Lavigerie : un islam altéré, trempé dans un univers païen, dont la greffe n'a pris que superficiellement, et des berbères perçus comme des islamisés et non comme des musulmans » : Karima Dirèche, « Coloniser et évangéliser en Kabylie : les dessous d'un mythe », *art. cit.*, p. 122. Voir également l'étude comparative de Dahbia Abrous, *La Société des Missionnaires d'Afrique à l'épreuve du mythe berbère. Kabylie-Aurès-Mzab*, Paris, Peeters, 2007.

« Même si, au début des années 1920, on peut identifier des micro-chrétientés locales s'élevant à 4000 personnes environ, ce chiffre paraît dérisoire au vu de l'incroyable énergie déployée sur le terrain et plusieurs décennies. Et si la première génération de missionnaires était convaincue de la pertinence de ses représentations et de ses actions, les années d'après-guerre ont vu la nécessité de moderniser et de contextualiser la présence missionnaire en milieu kabyle. La mauvaise pratique de la langue, l'ignorance parfois honteuse de l'islam, de son dogme et de son histoire, les représentations idéologisées à l'extrême de la société, imposaient de nouvelles orientations missionnaires et une évolution de l'apostolat chrétien[11]. »

Suite à cette conférence, sous la direction de la supérieure d'Algérie, Sœur Régis, les SMNDA commencent à réfléchir à la manière la plus efficace de favoriser un changement dans les communautés locales par un programme éducatif approfondi pour jeunes filles et jeunes femmes kabyles. À l'instar des garçons, les filles quittent alors l'école entre 11 et 13 ans sans les outils requis pour assumer leurs rôles d'épouses et de mères, selon les religieuses. Cette réflexion s'inscrit dans le paradigme, prégnant en Occident comme ailleurs dans le monde, de la femme qui existe à travers sa maternité et d'une éducation féminine où la première visée est de préparer convenablement ces jeunes filles et ces jeunes femmes au double rôle de mère et d'épouse, structurant à la fois sur le plan sociétal, mais aussi personnel. Les religieuses identifient un créneau d'intervention auprès de la jeunesse féminine de Kabylie, soulignant que « dans cette société kabyle si bien structurée, la femme tient une place de choix, même si cette place est obscure et semble de second plan par rapport à celle de l'homme »[12].

Au cours de l'été 1939, les sœurs décident qu'il faut maintenir les élèves à l'école plus longtemps, afin de leur assurer une formation aussi complète que possible à leur « vocation » de femme ; garder avec celles qui ont quitté l'école un contact régulier et fécond, qui les soutienne et complète au besoin leur formation. L'une des difficultés de l'entreprise réside alors dans l'obligation de mettre en place un mouvement qui soit,

---

[11] « La représentation du kabyle, considéré comme ancien chrétien, prédomine dans la lecture socio-religieuse de la Kabylie. [...] Le mythe kabyle participe de la politique d'assimilation : franciser, convertir et naturaliser. [...] Un chrétien indigène passé par le filtre de l'éducation missionnaire et protégé, par son autochtonie même, de toutes les interférences et altérations apportées en Europe par les nouvelles idéologies qui bouleversent cette fin du XIXe siècle », *ibid.*, p. 121 et 125.

[12] *La Ruche de Kabylie. Bref historique*, Archives générales de la SMNDA, 982, 33, p. 1.

tout à la fois, suffisamment stimulant pour les jeunes filles et les jeunes femmes, mais aussi assez pratique pour retenir l'attention des parents sans attirer leur suspicion et qui puisse rejoindre tous les postes des Sœurs blanches en Kabylie. Le modèle du mouvement, l'abeille, s'inspire du pays[13], ainsi que du scoutisme bien implanté dans la région par les Pères blancs. Toutefois, le mouvement ne démarre qu'en octobre 1940, plusieurs SMNDA ayant été mobilisées sur le front tunisien dès la fin de 1939.

Deux phases de développement : 1938–1961 et 1962–1972

La Ruche de Kabylie se développera en deux moments : 1938–1961 et 1962–1972. À travers son histoire, le mouvement poursuit cet objectif : travailler à la perfection progressive de la société kabyle à travers l'éducation et la prise en charge des femmes par elles-mêmes. Plus précisément, les SMNDA voulaient atteindre deux grands objectifs. D'une part, il s'agissait de mettre la femme kabyle à même de conquérir cette place par un ensemble de qualités et de capacités forçant le respect et l'estime de tout son entourage et lui permettant de remplir ainsi, sans entraves, son rôle, envisagé comme providentiel, d'épouse et de mère de famille. Comme les SMNDA l'affirment dans leurs archives, « en étant quelqu'un sur qui on peut compter, elle deviendra quelqu'un avec qui l'on compte »[14]. D'autre part, elles souhaitaient leur donner le souci du rayonnement à exercer dans leur milieu, en rendant les jeunes filles capables de réaliser par elles-mêmes, en les aidant à découvrir en elles cette force qu'elles ont de réaliser, afin qu'elles deviennent elles-mêmes des catalyseurs dans leur milieu.

Ce programme offrait une formation personnelle et une autre à teneur plus sociale. La première incluait une formation morale et spirituelle basée sur la loi de La Ruche : « Toujours mieux », dont la traduction kabyle, simple, est très expressive « Aujourd'hui mieux qu'hier. Demain, mieux qu'aujourd'hui ». La loi était ainsi repensée et traduite, dès ses débuts, par les Abeilles elles-mêmes. Comme dans la plupart des écoles

---

[13] *Ibid.*, p. 1. Les sœurs étaient aussi inspirées par l'Évangile de Jean (15, 16) ainsi que par la parabole du semeur de l'Évangile de Luc (8, 13).

[14] *Ibid.*, p. 4.

féminines tenues par les religieuses, une formation manuelle et technique, théorique et pratique préparait ces femmes comme épouses et mères. Par exemple, dans le contexte de la Nouvelle-Guinée, comme l'a démontré Katharina Stornig dans une analyse approfondie de l'expérience de religieuses missionnaires allemandes, ces dernières se percevaient comme championnes de la libération des femmes, même si elles ont, jusqu'aux années 1960, longtemps employé un discours séculier de la différence culturelle et raciale afin de marquer leur rapport de supériorité face à ces femmes[15]. À partir des données d'archives consultées, nous ne pouvons affirmer que les SMNDA aient employé un discours similaire à celui de ces religieuses allemandes.

Par ailleurs, la dimension sociale de la formation vise à faire prendre conscience à cette jeunesse féminine de son appartenance à un environnement social particulier, de même qu'à développer son sens du beau, du bon, du vrai et du juste. Une participante affirme que « l'accent était mis sur les valeurs morales que tout un chacun doit avoir, à savoir notre devoir (ou nos devoirs) vis-à-vis de tout le monde, ainsi que l'obéissance, la discipline, la notion du pardon, le respect, l'honnêteté, la tolérance et surtout l'amour du prochain et l'amour de Dieu plus que tout. La notion de Dieu était d'ailleurs omniprésente mais sans jamais faire référence à aucune religion »[16]. Grâce au rayonnement des abeilles sur leur sphère d'influence et à cause d'elles, on doit trouver dans la société kabyle plus de droiture, de bienveillance, de dévouement et d'ouverture aux autres.

Jusqu'en 1962, la structure du mouvement demeure très hiérarchique et presque entièrement entre les mains des religieuses, même si elles partagent des responsabilités locales avec les jeunes filles qu'elles forment. Elles reproduisent la structure d'une véritable ruche : une reine, Sœur blanche, qui coordonne et préside à la vie du mouvement. Au niveau local, une sœur, dame butine, veille à la formation des jeunes filles et femmes,

---

[15] Katharina STORNIG, « Sister Agnes was to go to Ghana in Africa! Catholic Nuns and Migration », dans Glenda L. BONIFACIO (dir.), *Feminism and Migration: Cross-Cultural Engagements, International Perspectives on Migration*, New York, Springer, 2012, p. 270–271. Nous ne croyons pas, à ce point-ci de notre recherche, que des conclusions similaires s'appliquent au cas de la Ruche de Kabylie.

[16] Témoignage de Mme Tassadit Bélaidi : Bahia AMELLAL, *La Ruche de Kabylie. Témoignages sur un mouvement vernaculaire né d'une mission africaine (1938–1975)*, Paris, L'Harmattan, 2014, p. 94.

habituellement assistée par les autres sœurs du poste missionnaire, selon leurs compétences. Elle forme des jeunes filles, la première et la seconde, qui préparent, avec elle, chacune des rencontres d'équipes et de leur essaim, qu'elles apprennent à animer de même. En moyenne, les filles ont entre 10 et 12 ans à leur entrée dans le mouvement. À travers ces étapes[17] où elles font une promesse[18], les jeunes filles acquièrent l'estime de soi, la confiance, prennent des responsabilités et développent leur sens de l'initiative[19].

---

[17] La fillette qui manifeste son désir d'entrer à la ruche pourra y être admise dès l'instant où elle lit couramment et est capable de suivre avec profit les « Réunions ». Elle devra écrire, seule, sa demande d'admission. Les rayons (ou programmes) sont sérieux et progressifs, élaborés dans un sens bienfaisant pour l'ensemble du pays. Pour chaque rayon, l'avette ou l'abeille a un programme défini ; c'est elle qui en a le souci. Elle travaille comme elle veut et, l'épreuve terminée, la fait signer par Dame Butine sur le carnet « Mes rayons » reçu à cet effet. La pré-avette apprend ce qu'est la ruche, sa devise, la loi, en kabyle et en français, combien d'équipes dans l'Essaim, leurs cris, quelques chants. Elle sait se présenter – est propre – s'initie aux premiers points de couture, de broderie, de tricot, dessine. L'avette découvre la merveilleuse histoire d'avette servant de support à chacun des 6 articles de la loi, et en tout premier lieu, le mot magique : « Toujours mieux ». Déjà, la voilà responsable d'une nouvelle pré-avette pour lui expliquer un peu ce qu'est la ruche. Elle continue d'apprendre des chants de la ruche, des mouvements rythmiques. Elle enrichit son cahier de couture, brode, tricote, dessine. Son rayon rempli, et ayant donné des preuves de son esprit « ruche », elle est admise à prononcer sa promesse d'avette. Elle s'engage à faire chaque jour une bonne action. Le premier rayon peut se faire en 1 ou 2 ans, suivant l'âge et les possibilités de l'avette. À son terme, elle doit pouvoir expliquer : 1. Ce qu'est la ruche, les 6 articles de la loi d'Abeille et en faire des applications dans sa vie. 2. Elle prépare une avette à sa promesse, contribue à l'entretien du rucher. 3. Son répertoire s'enrichit de chants nouveaux, surtout de ceux du mouvement. 4. Elle étudie la géographie de son pays, de sa région, avec toutes ses richesses, la vie des abeilles bien sûr. 5. Elle se perfectionne dans tous les travaux manuels et ménagers de son programme. Son programme achevé, elle peut demander à prononcer la promesse d'abeille où elle est admise par la reine, sur témoignage suffisant de la loi vécue en famille, à l'école, au village et sur un degré suffisant de maturité lui permettant de prendre conscience de l'engagement qu'elle va prendre. L'âge moyen nous paraissait être une douzaine d'années. De 1941 à 1945, le chant de la promesse se fit en français, air scout, composé par Sr St-Damien (Marcelle Alluard) du pensionnat. Le chant en kabyle composé par les Abeilles, sera inauguré à la colonie des Grandes à Djemâa-Saharidj en juillet 1946.

[18] La formule de la promesse était : « Je promets de faire toujours de mon mieux, sous le regard du Bon Dieu, d'être fidèle à la Loi de la Ruche et de faire chaque jour une bonne action. »

[19] Créé en 1945, le titre de Rayonnante visait celles qui avaient 17 ans bien sonnés, afin qu'elles travaillent avec les Dames butine. Tout en continuant sa formation personnelle dans les « Rayons spécialisés » de son choix, la formation propre de la

Dès 1942, les participantes composent les chants du mouvement à la gloire de Dieu, de la Création, de la loi de La Ruche et de leur pays. Points de contact avec la culture kabyle parce qu'ils entrent dans les foyers et font connaître l'œuvre parmi les familles, ces chants deviennent même un marqueur d'identité pour les filles et les femmes kabyles qui se les approprient complètement, d'où une forme d'inculturation réussie comme l'indique ce témoignage :

« "Oui, le chant a eu un véritable impact sur les abeilles, mais pas seulement sur elles. Ces chants en kabyle, composés sur des mélodies du terroir, ont eu une influence remarquable sur le milieu : mères, tantes, belles-mères, grand-mères, amies, toutes s'intéressaient et appréciaient la ruche à travers ses chants." Par exemple, à Rivet, durant la Colonie de 1951, des amis d'Ighil-Ali, reporters à Radio-Algérie, vinrent enregistrer bon nombre de chants de la Ruche, surtout en kabyle, et même une saynète. C'était d'ailleurs la visée poursuivie par les religieuses dès le début de l'aventure, tel que le relate sœur Lucette Guy dans un témoignage : "Plusieurs sœurs souhaitent donc s'inspirer de l'expérience du scoutisme et faire surgir en Kabylie un mouvement féminin, bien adapté au milieu, inculturé et capable de répondre aux besoins ressentis, un mouvement épanouissant, assez pratique, avec comme modèle vivant l'Abeille, si connue et si prisée dans le pays. Nous essayions alors de développer l'initiative, la personnalité avec des occasions de pratiquer la B.A. (Bonne Action prônée par Baden Powell)"[20]. »

Un autre aspect de ce mouvement qui représente une véritable audace pour des religieuses catholiques dans le contexte socio-culturel de la Kabylie de cette époque, eu égard au genre, est qu'elles ont identifié le besoin de ces jeunes filles de diverses régions de la Kabylie de se réunir annuellement pour partager leurs expériences, pour approfondir leurs connaissances et pour développer des solidarités. Ces rencontres annuelles sont aussi le moment des promesses d'engagement des jeunes filles et des jeunes femmes. Traditionnellement, en Kabylie, les filles ne passent jamais une nuit à l'extérieur de leur famille. Selon un notable local, « c'est

---

rayonnante est de seconder dame butine dans la formation des avettes et des abeilles de l'Essaim et en Colonie : au service de toutes. Une formation spéciale d'Éducatrice lui est donnée dans ce but. C'est aussi pour elle le moment de mettre au service de son entourage tout ce qu'elle a acquis, au point de vue moral et technique, en vue du perfectionnement progressif du milieu. Entre 1946 et 1961, la ruche a eu la joie d'accueillir 14 rayonnantes des essaims blanc, or, orange et feu.

[20] Bahia AMELLAL, *La Ruche de Kabylie, op. cit.*, p. 115.

inouï..., une vraie révolution..., vous pouvez juger par-là de la confiance que vous avez acquise auprès des parents »[21]. Plus de cinquante ans après les événements, Mme Fetta Amellal témoigne du caractère émancipatoire de son expérience au sein de La Ruche : « Sans La Ruche, jamais à cette époque d'enfermement (années 1940–1950), nous aurions connu Alger (Chalet de Rivet) ou même d'autres villages »[22].

La dernière caractéristique du mouvement, le Bulletin de La Ruche, est publiée d'octobre 1940 à 1970. Chaque numéro contient un long article suivi d'un questionnaire pour aider les filles dans leur vie quotidienne et dans leur travail d'équipe. On retrouve aussi des enseignements pratiques, une série d'articles portant sur un thème pour découvrir un aspect de la vie du pays, préparés par un groupe d'abeilles. Avec un lectorat en croissance, le Bulletin ne rejoint pas uniquement les membres de La Ruche, mais aussi d'autres jeunes femmes algériennes ainsi que de Tunisie et du Maroc[23]. Le tirage du Bulletin atteint 850 exemplaires en 1967 et sa moyenne se situe aux alentours de 700 copies par numéro. Le rayonnement est tel qu'il mène, dès 1952, à des rencontres d'anciennes, devenues épouses et mères[24]. L'année 1954 marque une période de transition avec le début de la guerre d'indépendance algérienne au cours

---

[21] Les religieuses ont essayé cette forme et mis sur pied un camp de quatre jours à Oued-Aïssi où 72 filles provenant de six rayons se sont rencontrées en juin 1941 et une année plus tard, 84 filles se réunissaient à Ouaghzen. De 1942 à 1946, il y a eu des colonies à Ouagzhen ou à Taguemount-Azouz. À partir de 1946, 90 candidates et plus se réunissent, et ce sont les portes du pensionnat qui s'ouvrent, mais à Djemâa-Saharidj où il a été transféré. Chacune de ces sessions vise un approfondissement vécu de la loi et du toujours mieux.

[22] Bahia AMELLAL, *La Ruche de Kabylie, op. cit.*, p. 103.

[23] Les Sœurs blanches de Tunisie utilisaient leurs ressources dans leurs écoles ménagères. Sœur Saint-Maximilien, l'une des fondatrices de la Ruche, envoyée à Kairouan en Tunisie en 1944, y a mis ce mouvement en place là-bas. La même chose s'est produite dans le contexte du village berbère marocain de Taroudant. Pour leur part, les Franciscaines Missionnaires de Marie ont aussi adopté ce bulletin pour leurs activités de formation au sein du centre des femmes de Marrakech.

[24] La première est inaugurée en avril 1952 à Tagmount-Azouz. En janvier 1959, un premier essai est fait avec les aînées de la région algéroise et des environs (18) puis en mars 1965, où une soixantaine d'aînées sont réunies. En avril 1967, c'est à Meftah (ex-Rivet) qu'elles se réunissent. De plus en plus, de grandes jeunes filles abeilles poursuivent leurs études, parfois filles de femmes qui sont passées par les premiers groupes d'avettes et d'abeilles.

de laquelle l'état d'incertitude sociopolitique va tranquillement réduire les activités du mouvement[25].

La Ruche de Kabylie ne fera pas exception à la longue liste des changements à venir en Algérie et l'année 1960 initie un tournant sous divers aspects : les sœurs saisissent les changements sociopolitiques en cours en Algérie, notent l'émancipation féminine se déployant dans la plupart des sociétés ainsi que l'ouverture ecclésiale annoncée avec la tenue du Concile Vatican II (1962–1965). Ce contexte de changements tous azimuts annonce la transformation du mouvement, une évolution d'abord perceptible dans les centres où les sœurs dirigent les écoles : les jeunes femmes kabyles complètent leur baccalauréat français et poursuivent désormais des études universitaires. En une génération, qui coïncide avec le développement de La Ruche, la tendance est à la transformation de l'éducation féminine en Kabylie, contribuant aussi à modifier les représentations sociales des femmes.

En réponse à ces besoins émergents, une demi-douzaine de nouvelles religieuses débarque en Kabylie avec un esprit plus proche de ce nouveau contexte sociohistorique. Les structures du mouvement sont repensées, une équipe collégiale constituée de quatre jeunes et de quatre religieuses prend le mouvement en charge et partage désormais les responsabilités[26]. La nouvelle organisation se décline ainsi : A) À l'échelon ruche entière : il n'y a plus de reine, qui est remplacée par une équipe maîtrise composée de 8 membres, soit 4 abeilles aidées de 4 sœurs. Les 4 responsables abeilles sont : Smina K. – formation des chefs ; Fetta N. – formation technique ; Houria A. – Secrétariat : Sadia B. – Branche étudiante à Alger. B) À l'échelon essaim, il n'y a plus de Dame butine. Dans chaque essaim, il y aura une ou plusieurs responsables, suivant le nombre d'avettes et d'abeilles. C) À l'échelon équipes : il n'y a plus de vaillante ni de butinette et plutôt, en tête de chaque équipe, une cheffe d'équipe. Elle aussi devra former ses équipières. Les rayons seront mélangés dans les équipes. Chaque semaine, une réunion spéciale sera consacrée à la formation des

---

[25] Entre 1956 et 1959, il y a eu une grève générale paralysant le système d'éducation à tous ses niveaux, ce qui a eu un impact considérable sur le mouvement de la Ruche de Kabylie, paralysant la plupart de ses activités. En 1960, une session de camp fut de nouveau rendue possible à Sidi-Ferruch. Signe que les temps avaient changé, la rencontre eut lieu dans des locaux loués à l'Institut musulman de la solidarité nationale.

[26] « Du nouveau dans la Ruche », *Bulletin La Ruche*, n° 150, nov.–déc. 1963.

chefs par la responsable (ou les responsables) d'essaims. En 1963, le titre de Ruche de Kabylie devient Ruche d'Algérie. Les nouvelles responsables prennent très à cœur leurs responsabilités, mais les contraintes sociales et familiales les obligent encore à se décharger sur les sœurs pour ce qui est des démarches officielles auprès des divers organismes publics.

Les questions de genre deviennent un élément central du mouvement comme en témoigne l'article d'Houria[27], publié dans le *Bulletin* en 1964 sous le titre : « Comment j'envisage la montée de la femme algérienne ». Même si la vision initiale de La Ruche de Kabylie demeure, une nouvelle préoccupation sera désormais au cœur du mouvement : servir l'Algérie. D'ailleurs, le mouvement change de nom en 1963 pour devenir La Ruche d'Algérie. L'orientation sociale donnée à la formation des filles inclut désormais une dimension citoyenne et patriotique[28]. Compte tenu de la situation postcoloniale et sur la recommandation d'amis de La Ruche, le *Bulletin* se simplifie et devient plus rare dès décembre 1967. Devant la décroissance du mouvement, le conseil provincial d'Algérie décide en 1970 de mettre un terme à la parution du *Bulletin* et, moins de deux ans plus tard, tout mouvement de jeunesse est aboli, sauf le FLNJ[29].

Conclusion

Que retenir de cette aventure ? Deux choses, nous semble-t-il. En premier, ce n'est pas une expérience de dialogue interreligieux compris ou envisagé de manière classique comme des discussions sur la foi ou la

---

[27] Elle fut membre de la première équipe occupant une position de leader au sein de la nouvelle structure de la Ruche mise en place en 1962.

[28] Fin 1962, les Scouts algériens musulmans, engagés dans la guerre de libération, ont créé une section féminine. Ils ont choisi une cheffe de l'essaim de feu pour agir comme commissaire régionale de la grande Kabylie et une autre comme commissaire adjointe. Deux autres abeilles furent recrutées comme leaders locales.

[29] En avril 1976, la nationalisation des mouvements privés, incluant les écoles dirigées par des sœurs, mène au départ de la plupart de celles qui, en Kabylie, ont le mieux connu le mouvement. À partir de ce moment, ces religieuses sont demeurées en contact avec les jeunes femmes du mouvement à travers une correspondance et en ayant suivi certaines d'entre celles qui avaient immigré en France. Elles avaient d'ailleurs été précédées par des devancières, dès les années 1950 comme en témoigne cet extrait d'archives : « Durant l'année 1953/54, Sœur Servus Dei (Jeanne Lavergne) est à Paris et fait la tournée de toutes les anciennes de la Ruche…, elle retrouve 42 familles ! »

doctrine. Toutefois, il y a eu un partage réel entre ces religieuses catholiques et ces jeunes filles et ces jeunes femmes en termes d'échanges réalisés à partir de valeurs enracinées dans leurs traditions religieuses respectives, de même que sur leur vision de la femme et du monde. C'est sur la base de ces valeurs communes que des femmes catholiques et musulmanes ont coopéré pour développer le leadership communautaire des femmes kabyles et, plus largement, algériennes. En ce sens, La Ruche de Kabylie, devenue en 1963 La Ruche d'Algérie, représente un catalyseur pour le changement au sein des communautés locales et éventuellement au plan national, spécialement au regard de l'*empowerment* des jeunes filles et des jeunes femmes à travers l'éducation et la préparation adéquate à leurs vies futures d'épouses et de mères, puis comme professionnelles et citoyennes algériennes, éventuellement.

À notre sens, c'est le second élément qui représente le plus important à conserver de cette expérience. D'une part, ces femmes occidentales catholiques transgressent, par leur vie missionnaire, l'espace habituellement réservé aux femmes dans l'Église, le cloître, ainsi que le rôle qui leur serait assigné dans leur société d'origine. D'autre part, même si les religieuses ne remettent pas en question le rôle traditionnel des jeunes filles et jeunes femmes qu'elles forment, en transgressant l'ordre de genre au sein de l'Église et de leur société d'origine et en favorisant le développement de l'agentivité de générations entières de jeunes filles et de jeunes femmes kabyles à travers La Ruche, ces religieuses nous semblent avoir été des modèles stimulants. De plus, elles nous apparaissent avoir pu créer un espace pour qu'émergent, en syntonie avec d'autres mouvements progressistes en cours à l'époque, des manières alternatives d'être femme dans le contexte socioculturel et politique kabyle puis algérien.

La défense des droits humains au cœur de la mission en Amérique latine

Maurice DEMERS

Dans son livre *Le Canada français missionnaire*, Lionel Groulx esquisse l'étendue de l'effort missionnaire en affirmant que dans cette « épopée des derniers siècles [...], j'ai cru voir l'un des grands chapitres, non seulement de l'histoire de l'Église et du Canada français, mais encore de tout le pays canadien »[1]. Selon Groulx, au-delà des appuis religieux octroyés de par le monde, une des réalisations les plus notables de cet effort missionnaire aura été d'éloigner des populations entières des sirènes du communisme[2]. Mais cette perspective se transforme dans les années 1960–1970. Appelés pour appuyer les Églises nationales d'Amérique latine à la fin des années 1950, les missionnaires canadiens-français sont aux premières lignes des turbulences affectant la région et vivent la transformation de l'Église latino-américaine. Les perspectives sur les causes de l'oppression et de l'insécurité se renversent dans les années 1960–1970 et une communauté d'intérêts aux dimensions

---

[1] Lionel GROULX, *Le Canada français missionnaire*, Montréal, Fides, 1962, p. 10. Ce chapitre est rédigé dans le cadre du projet financé par le CRSH « La militance pour les droits humains en Amérique latine durant la guerre froide racontée par les missionnaires catholiques du Canada ». Le financement obtenu dans le cadre de la subvention du Fonds de recherche du Québec – Société et Culture (FRQSC), dans le cadre du programme Établissement de nouveaux professeurs-chercheurs, pour le projet « Professer la lutte contre l'injustice en Amérique latine. Le Centre interculturel de documentation de Cuernavaca et son influence sur la pensée des missionnaires catholiques du Québec », a aussi permis de réaliser la recherche pour écrire ce chapitre.

[2] Cette contribution du missionnariat catholique, qui était censé éloigner les populations latino-américaines du communisme, était perçue comme étant plus centrale pour les missionnaires américains : Gerald M. COSTELLO, *Mission to Latin America. The Success and Failures of a Twentieth Century Crusade*, New York, Orbis, 1979, p. 7.

transnationales émerge, liant les acteurs catholiques du Nord et du Sud, dans le but de défendre les droits de la personne en Amérique latine. Bien loin de se percevoir comme des agents luttant contre le communisme, plusieurs missionnaires travaillent en collaboration avec les groupes populaires pour transformer les communautés et résister contre les actions violentes des dictatures latino-américaines, parfois au péril de leur vie. Néanmoins, l'envoi au fil des ans de milliers de Canadiens français en Amérique latine en tant que missionnaires constitue un volet peu exploré, mais très révélateur, du processus de création de réseaux transnationaux dans les Amériques catholiques. Ce chapitre cherche à esquisser un portrait de cet engagement missionnaire.

L'objectif de ce chapitre est d'expliciter les retombées de la rencontre entre les catholicismes latino-américain et québécois. Le chapitre cherche aussi à présenter de quelles façons l'Amérique latine a contribué à transformer la vision du monde des missionnaires québécois qui se sont par la suite impliqués dans des organisations non gouvernementales de développement et des organisations de solidarité internationale avec la région, par exemple Développement et Paix, le Centre d'étude et de coopération internationale (CECI) et le Comité pour les droits humains en Amérique latine (CDHAL), organisations qui existent toujours, quoique plusieurs ont été sécularisées. Il faut dire que des religieux du Québec s'intéressaient déjà depuis les années 1920 au sort de l'Église catholique en Amérique latine et établissaient des liens avec des activistes catholiques (surtout au Mexique). Dans leurs actions communes pour préserver un espace social pour l'Église en Amérique latine, en réponse aux conséquences des décolonisations au XIXe siècle et des réformes libérales au tournant du XXe, une familiarité s'est développée entre le Québec et l'Amérique latine. Cette solidarité facilitera le contact entre les missionnaires progressistes et le renouveau religieux latino-américain.

Les missionnaires canadiens-français étaient bien présents partout en Amérique latine dans la deuxième moitié du XXe siècle. John Ogelsby note qu'il y avait 1902 missionnaires canadiens en Amérique latine en 1967, la grande majorité étant Canadiens français, ce qui se compare avantageusement avec les 3391 missionnaires étatsuniens qui œuvraient dans la région en 1968[3]. Plusieurs d'entre eux ont joué un rôle au sein

---

[3]   *Ibid.*, p. 293 ; John Charles Martin Ogelsby, *Gringos from the Far North: Essays in the History of Canadian-Latin American Relations (1866–1968)*, Toronto, Macmillan of Canada, 1976, p. 202.

d'organismes de solidarité internationale, des années 1960 aux années 2000. Il est donc pertinent de se questionner : comment des missionnaires québécois sont-ils passés de la parole aux actes, collaborant avec des ONG humanitaires pour mettre sur pied des campagnes de solidarité visant la défense des droits humains en Amérique latine ? Certes, ce ne sont pas tous les missionnaires qui ont été influencés par la théologie de la libération, mais plusieurs des missionnaires qui se sont impliqués dans des organismes de solidarité l'ont été. Comment se sont-ils approprié sa méthode et son engagement auprès des opprimés ? C'est en utilisant comme exemple les campagnes organisées par Développement et Paix et le Comité chrétien pour les droits humains en Amérique latine, des articles de revues catholiques québécoises, ainsi que des extraits d'entrevues effectuées avec des missionnaires ayant collaboré avec ces organismes que je vais tenter d'éclairer ces questions.

Afin de bien comprendre comment les religieux sont passés de la parole aux actes, il est nécessaire de comprendre comment la sensibilité des missionnaires québécois s'est transformée dans la deuxième moitié du XXe siècle. On le sait, la fin de la Deuxième Guerre mondiale lève le voile sur un nouveau conflit planétaire. Dès la formulation de la doctrine Truman et la ratification de la charte de l'Organisation des États américains en 1948, les États-Unis affirment leur intention de lutter par tous les moyens contre l'infiltration communiste. Ils utiliseront cette excuse pour renverser des gouvernements réformistes, comme au Guatemala en 1954, ce qui a contribué à radicaliser la révolution cubaine. Face à l'augmentation rapide des inégalités dans une Amérique latine en plein boom démographique, les militaires latino-américains ont profité de la collaboration de Washington et du support de l'École des Amériques pour mater les mouvements de guérilla et réprimer les mouvements sociaux. Alors que des dictatures militaires dirigent déjà le Guatemala, le Honduras, le Salvador, le Nicaragua, Haïti, la République dominicaine et le Paraguay dans les années 1950, l'Amérique du Sud vivra une série de coups d'État militaires dans les années 1960 et 1970. Nathalie Gravel explique : « Des coups d'État militaires survinrent au Brésil et en Bolivie en 1964 et, par la suite, en Argentine (1966) et en Équateur (1972)[4]. » Les coups d'État au Chili en 1973 et en Uruguay la même année, ainsi que le retour des militaires au pouvoir en Argentine en 1976, complètent

---

[4]   Nathalie GRAVEL, *Géographie de l'Amérique latine. Une culture de l'incertitude*, Montréal, Presses de l'Université du Québec, 2009, p. 203.

ce tableau et font basculer les sociétés latino-américaines dans l'angoisse des assassinats politiques, des disparitions forcées et de la torture. Penny Lernoux décrit les conséquences de cette situation dans son ouvrage *Cry of the People* :

> « As under Hitler, organizations that might have protested the brutality have been eleminated, one by one. The communists were the first to go; then the liberal and conservative political parties. Student federations and unions were banned, their leaders imprisoned or killed. Congress was abolished, civil courts were replaced by military tribunals, newspapers were closed or severely censored. Even lawyers' and doctors' organizations have been disbanded. On this wrekage of civil association has arisen a vast network of government spies, secret police, and para-police operations with their attendant torture chambers and death squads. Teachers are ordered to indoctrinate the young in a totalitarian ideology and to encourage them to denounce any critic of the state, including their parents[5]. »

Dans les années 1960 et 1970, les missionnaires Québécois en Amérique latine se retrouvent en plein cœur de cette tourmente et certains vont appuyer les mouvements de défense du peuple contre les pouvoirs militaires tortionnaires.

Pour structurer l'action des missionnaires en Amérique latine, ainsi que pour mieux diriger les fonds octroyés vers les acteurs locaux, une panoplie d'organismes ont été fondés au Canada. Notons pour débuter la fondation du Comité d'Entre-Aide Missionnaire en 1950 dans le but d'offrir de la formation générale avant le départ et de partager les expériences sur le terrain[6]. Notons de la même façon celle du Centre d'étude et de coopération internationale (CECI) en 1958. La fondation de la Commission épiscopale de l'Amérique latine (CECAL) et celle de l'Office Catholique Canadien de l'Amérique latine (OCCAL) suivent en 1960 en réponse à l'appel du pape Jean XXIII pour que l'Église canadienne contribue à pallier le manque de religieux en Amérique latine. Cet appel était autant dirigé à l'Église américaine que canadienne, suite aux représentations du père John J. Considine auprès du pape,

---

[5] Penny LERNOUX, *Cry of the People. United States Involvement in the Rise of Fascism, Torture, and Murder and the Persecution of the Catholic Church in Latin America*, New York, Doubleday, 1980, p. 9–10.

[6] Catherine FOISY, « Et si le salut venait aussi du Sud "missionné" ? Itinéraire de l'Entraide missionnaire (1950–1983) », *Études d'histoire religieuse*, 2013, vol. 79, n° 1, p. 117–129.

pour l'inciter à demander que 10 % du personnel religieux soit envoyé en Amérique latine[7]. L'organisation de l'assistance pour la région, qui accompagne l'établissement des missions avec la fondation de séminaires, dispensaires, coopératives, etc., est d'ailleurs grandement influencée par le programme d'*Alliance pour le progrès*, ce programme d'assistance économique lancé par John F. Kennedy en 1961 pour favoriser le développement économique et social de la région[8]. Les objectifs de la mission s'adaptent aussi aux conclusions du concile Vatican II et à la publication des encycliques *Mater et Magistra* et *Populorum Progressio*, ainsi que la constitution pastorale *Gaudium et Spes*[9]. Finalement, la création de Développement et Paix en 1967 et la création de l'Agence canadienne de développement international (ACDI) en 1968 influencent l'organisation de l'aide internationale provenant du Canada[10]. Développement et Paix, une organisation non gouvernementale de développement, sera très active en Amérique latine et la création de sa revue *Solidarités* en 1977 mènera l'organisation à prendre des positions plus politiques et servira à relayer de l'information permettant de s'opposer aux régimes militaires qui prennent le pouvoir dans la région[11].

Ces organismes coordonnaient les échanges d'un point de vue macro, mais sur le terrain, les religieuses et religieux sont bien plus

---

[7] Gerald M. Costello, *Mission to Latin America...*, *op. cit.*, p. 48.

[8] Susan Fitzpatrick-Behrens, *The Maryknoll Catholic Mission in Peru (1943–1989). Transnational Faith and Transformation*, Notre Dame, University of Notre Dame Press, 2012, p. 140.

[9] Robert Calderisi, « Social Teaching: From Caesar to *Centesimus Annus* » et « Religion and Development: "A Task of Fraternity" », dans *Earthly Mission. The Catholic Church and World Development*, New Haven, Yale University Press, 2013, p. 43–94 ; Catherine Foisy, « La décennie 1960 des missionnaires québécois : vers de nouvelles dynamiques de circulation des personnes, des idées et des pratiques », *Bulletin d'histoire politique*, 2014, vol. 23, n° 1, p. 24–41.

[10] Peter E. Baltutis, « Forging the Link between Faith and Development: The History of the Canadian Catholic Organization for Development and Peace (1967–1982) », thèse de doctorat, University of St. Michael's College (Toronto), 2012 ; Léo Dérome, « Study of NGOs in Development: A Comparative Analysis of CUSO and Development and Peace », mémoire de maîtrise, Université d'Ottawa, 1990 ; Susan Eaton *et al.* (dir.), *Chemins de solidarité : l'histoire de Développement et Paix*, préface de Gustavo Gutiérrez, Outremont, Novalis, 1992.

[11] Pierre Beaudet, *Qui aide qui ? Une brève histoire de l'aide internationale au Québec*, Montréal, Boréal, 2009, p. 62–63 ; Solange van Kemenade et Louis Favreau, *Coopération Nord-Sud et économie sociale : l'expérience de l'ONG Développement et Paix (1966–1999)*, Gatineau, Université du Québec à Hull, 2000.

marqués par les aléas de la guerre froide, l'extrême pauvreté, ainsi que le renouveau religieux latino-américain qui commence à influencer la région grâce à la formation de communautés ecclésiales de base[12]. C'est ce qu'ils confient en entrevue[13]. Depuis la Deuxième Guerre mondiale, mais surtout depuis les années 1950, des religieux progressistes tentent de transformer l'institution sclérosée en Amérique latine pour faire face à la désaffection de nombreux croyants influencés par les politiciens anticléricaux, les missionnaires protestants ou tout simplement par le manque de contact avec des religieux œuvrant dans leur pays[14]. Déjà, en 1947, les idées de Jacques Maritain avaient motivé la rencontre de catholiques à Montevideo afin de fonder la *Organización Demócrata Cristiana de América*, établissant les bases de la démocratie chrétienne en Amérique du Sud. Les principes de l'humanisme intégral allaient aussi influencer la formation de mouvements sociaux novateurs pour contrer la déchristianisation des sociétés latino-américaines[15]. De plus, grâce au dynamisme de Dom Hélder Câmara, les évêques brésiliens se dotent d'un organisme les aidant à coordonner leurs actions avec la création de la Conférence des évêques brésiliens en 1952. Trois ans plus tard, c'est au tour des évêques latino-américains de se doter d'une structure supranationale[16]. Le Conseil épiscopal latino-américain, mieux connu sous son acronyme CELAM, souligne dès sa formation que la menace qui pèse sur le catholicisme latino-américain n'est pas seulement le résultat du défaut de prêtres et de religieuses, mais est aussi attribuable à la misère qui accable la population[17]. Dom Hélder Câmara au Brésil, mais aussi

---

[12] Claude LACAILLE, *En mission dans la tourmente des dictatures (1965–1986). Haïti, Équateur, Chili*, Montréal, Novalis, 2014.

[13] Entrevues avec Jean Ménard et Charlemagne Ouellet, qui sont allés en Amérique latine avec les prêtres des Missions étrangères, Constance Vaudrin, avec les Sœurs de l'Espérance, ainsi que Madeleine Doyon et Suzanne Robert, avec les Filles de la Charité du Sacré-Cœur de Jésus, dans le cadre du projet financé par le CRSH « La militance pour les droits humains en Amérique latine durant la guerre froide racontée par les missionnaires catholiques du Canada ».

[14] Lee M. PENYAK et Walter J. PETRY (dir.), « The Troubled Twentieth Century », dans *Religion in Latin America. A Documentary History*, New York, Orbis, 2006, p. 239–262.

[15] Olivier COMPAGNON, *Jacques Maritain et l'Amérique du Sud. Le modèle malgré lui*, Villeneuve d'Ascq, Presses universitaires du Septentrion, 2003.

[16] David THOMBS, *Latin American Liberation Theology*, Boston, Brill, 2002.

[17] Luis Martinez SAAVEDRA, *La conversion des Églises latino-américaines. De Medellin à Aparecida (1968–2007)*, Paris, Karthala, 2011.

Manuel Larraín au Chili, seront deux animateurs de cette transformation de l'Église latino-américaine qui se soldera par l'affirmation de l'option préférentielle pour les pauvres lors du congrès de la CELAM à Medellín en 1968[18].

Cette option a alors incité des religieux à se rapprocher du peuple et à appuyer ses revendications. Mais déjà avant Medellín, l'effervescence sociopolitique était un élément changeant les perspectives et favorisant une conversion aux luttes sociales. La transformation enclenchée de l'Église favorisait aussi les rapprochements avec le Québec. Par exemple, au retour du congrès panaméricain d'Action catholique qui a eu lieu au Chili en 1945, l'oblat Maurice Veillette racontait : « La vitalité de la JOC canadienne frappa le cardinal [Caro] qui demanda l'aide d'un Oblat canadien à la direction de l'Action catholique chilienne. Le père Albert Sanschagrin... fut désigné pour cette mission spéciale. Peu de temps après..., le cardinal Caro ainsi que [l']évêque d'Iquique sollicitaient des Oblats pour leurs diocèses respectifs. » Les oblats seront par la suite très actifs dans les zones les plus pauvres du Chili, du Pérou et de la Bolivie[19].

Cette activité dans les zones les plus pauvres transforme les missionnaires. Par exemple, l'oblat Germain Lesage raconte le processus de transformation des missionnaires. Il explique que si, dans les années 1950, le programme apostolique recommandait bien aux missionnaires de « rester en dehors des partis et des litiges politiques »[20], leur missionnariat auprès des travailleurs exploités et la prise de conscience des conditions de vie misérables des mineurs transforment leur regard sur la situation sociopolitique de la Bolivie. Germain Lesage explique qu'en 1961, les oblats, surnommés les « Pères des Mines », adaptent leur pastorale :

---

[18] Lee M. PENYAK et Walter J. PETRY (dir.), « Dom Hélder Câmara », dans *Religion in Latin America. A Documentary History, op. cit.*, p. 270–272 ; Christian SMITH, *The Emergence of Liberation Theology. Radical Religion and Social Mouvement Theory*, Chicago, University of Chicago Press, 1991.

[19] Maurice VEILLETTE, « Un bon coup du cardinal Caro ! », *L'Apostolat*, avril 1959, p. 8 ; Véronique ARCHAMBAULT, « L'action missionnaire catholique québécoise au Chili (1948–1990) : politisation du discours et de l'action sociale des oblats de Marie Immaculée », *Études d'histoire religieuse*, 2011, vol. 77, p. 71–83 ; Yves CARRIER, *Théologie pratique de libération au Chili de Salvador Allende*, Paris, L'Harmattan, 2013.

[20] Germain LESAGE, *Conquis par les Boliviens*, Ottawa, Université Saint-Paul, 1967, p. 208.

« Les malaises économiques et sociaux de nos ouvriers relèvent des autorités civiles ; mais ils dépassent les moyens des gouvernants, de sorte que l'Église, du moins actuellement, doit faire ici œuvre de suppléance ; le missionnaire doit se préoccuper de promotion ouvrière non à cause des influences communistes, mais parce que la grâce a besoin d'une base humaine saine et normale pour prendre racine et croître ; comme il n'y aura jamais assez de prêtres pour la population croissante de l'Amérique latine, il faut faire appel à des catéchistes laïcs et prévoir la formation d'un groupe de missionnaires laïcs autochtones intégralement dévoués à l'apostolat[21]. »

Évidemment, ces constats font part d'une transformation importante des objectifs de la mission. Ce processus de transformation sera reproduit dans la plupart des pays de mission dans la décennie qui suit.

Un autre exemple de cette transformation est le parcours de Jean Ménard à Cuba, un prêtre des Missions étrangères. Ménard a quitté le Québec pour Cuba à la fin des années 1950. Son histoire familiale lui avait fourni les bases pour acquérir la conscience sociale qui allait transformer son travail. Il explique cela à l'aide d'une anecdote familiale[22] :

« Ma mère a voulu être religieuse. Mais son père a dit : "toi tu vas aller travailler, car on n'a pas de quoi manger, faut que tu fasses manger tes frères." Elle n'a jamais digéré cela. Les femmes devaient faire manger les gars. [...] Elle est retournée travailler à 11 ans et elle a développé beaucoup d'amitié et de solidarité avec ses compagnes, mais pas de conscience sociale par rapport au *boss*. Sa compagne, Mme Morin, s'est fait couper trois doigts sur le métier et elle est partie et puis on l'a amenée à l'hôpital. Elle est revenue travailler avec un bandage, les trois doigts coupés, et puis le *boss* disait : "regardez comme elle est courageuse la petite, elle s'est coupé trois doigts et elle revient travailler la même journée". Ma mère contait cela et elle se disait "hum... j'suis pas trop sûre que c'était correct". Et bien la conscience sociale allait pas plus loin que ma mère qui disait c'est dont d'valeur, pis c'est dont d'valeur, c'était comme ça. »

Si son histoire familiale l'avait sensibilisé aux injustices, c'est Cuba qui lui a permis de transformer sa compréhension des enjeux sociopolitiques sous-jacents au missionnariat. Dans une entrevue qu'il avait accordée il y a quelques années et qui est reproduite sur la page web des p.m.é., il racontait :

---

[21]   *Ibid.*, p. 211–212.

[22]   Maurice Demers (31 mai 2016). Entrevue avec Jean Ménard, p.m.é.

« J'ai été envoyé à Cuba, alors que le pays était en pleine ébullition. En sortant de l'aéroport, j'ai vu une affiche qui annonçait ce dont j'allais être témoin *"Revolucion es construir"*, la révolution c'est construire !... Je constatais que plusieurs s'impliquaient bénévolement dans les campagnes de vaccination et d'alphabétisation lancées par le gouvernement. Moi qui sortais tout juste du Québec de Duplessis, je n'en revenais pas ! Je passais d'une société soumise à une société en pleine créativité[23]. »

Cuba a aidé Ménard à faire sens des histoires d'injustice qu'il avait entendues dans son enfance. Il s'est impliqué dans différents programmes de la révolution cubaine afin de transformer la société plutôt que « construire des églises »[24]. C'est probablement pour cela que les supérieurs de sa communauté ont décidé de le rappeler au Québec quelques mois après la Révolution de janvier 1959.

Car, n'en déplaise à Ménard, la révolution cubaine a constitué un repoussoir plutôt qu'un éveilleur de conscience pour l'Église québécoise[25]. D'ailleurs, Marcel Gérin, ancien missionnaire à Cuba pendant 17 ans et directeur de l'OCCAL, ne partageait pas du tout sa lecture de la révolution. Il expliqua au début des années 1960 l'urgence de contrer Fidel Castro, car « sinon, la tumeur maligne qui vient de se déclarer aux Antilles se propagera bientôt à tout le corps de notre continent... Khrushchev n'est pas plus immortel que Néron et Castro que le préfet Publius »[26]. La grande majorité des articles publiés dans la revue d'idées jésuite *Relations* dans la première moitié des années 1960, surtout ceux signés par Joseph Ledit et Luigi d'Appolonia, concordent avec cette lecture de la situation[27]. Mais la suite des événements sociopolitiques

---

[23] http://www.smelaval.org/fr/node/Jean-Ménard.

[24] Maurice Demers (31 mai 2016). Entrevue avec Jean Ménard, p.m.é.

[25] Chantale GAUTHIER et France LORD, *Engagées et solidaires. Les Sœurs du Bon-Conseil à Cuba (1948–1998)*, Montréal, Carte blanche, 2013 ; John LYNCH, « Religion and Revolution », dans *New World. A Religious History of Latin America*, New Haven, Yale University Press, 2012, p. 287–323.

[26] *Lutte pour l'Amérique latine : journée d'étude organisée par les Ligues du Sacré-Cœur, avec le concours de vingt associations, sous la présidence de S. E. Mgr Albert Sanschagrin et de S. E. Mgr Agustín Adolfo Herrera*, Montréal, 1961, p. 36 et 40.

[27] Pourtant, avec le temps, Marcel Gérin (p.m.é.) sera considéré comme un évêque progressiste au Honduras dans les années 1960–1970 : Fred BURRILL et Catherine C. LEGRAND, « Progressive Catholicism at Home and Abroad. The "Double Solidarité" of Quebec Missionaries in Honduras (1955–1975) », dans Karen DUBINSKY *et al.* (dir.), *Within and Without the Nation. Canadian History as Transnational History*, Toronto, University of Toronto Press, 2015, p. 311–340.

latino-américains dans les années 1960 a poursuivi le travail de conscientisation, en commençant par le coup d'État des militaires au Brésil en 1964, qui a été approuvé par le gouvernement étatsunien et a changé les conditions d'accès au financement de l'*Alliance pour le progrès*.

On peut constater cela clairement à la lecture des revues catholiques québécoises, car leur couverture des mouvements sociaux et des causes de la violence en Amérique latine change radicalement de ton à partir des années 1966–1968. Par exemple, la revue jésuite *Le Brigand* publie le témoignage de Lucien de Carufel qui affirme en 1966 : « La nécessité de sauver l'homme, toujours urgente en tous les coins du globe, se fait ici plus pressante encore pour des hommes dont la situation sociale et humaine entrave le plein et légitime exercice d'une authentique liberté[28]. » La même revue publie aussi, deux ans plus tard, le témoignage d'Yves Chaloult, un prêtre jésuite qui est missionnaire au Brésil lors du coup d'État. On peut lire dans l'article intitulé « Vers la vraie révolution » :

> « Je suis membre de l'équipe régionale du fameux MEB, Mouvement d'Éducation de Base, que les évêques ont fondé en 1962, que Paul VI citait en exemple en 1965, mais que le gouvernement a sans cesse persécuté depuis le coup d'État d'avril 1964. Vous comprendrez pourquoi : les objectifs du MEB sont les suivants. Prise de conscience des paysans, i.e. capacité de pénétrer, de juger et de critiquer la réalité afin de libérer l'homme et de permettre son autodétermination. Puis politisation de ces mêmes paysans pour en arriver, dans une troisième phase, à une socialisation chrétienne au niveau des petites communautés naturelles et, ensuite, des plus grandes communautés de la région[29]. »

Il est clair, dans la couverture des revues catholiques québécoises, que des initiatives lancées par les missionnaires visant à venir en assistance aux populations les plus démunies d'Amérique latine sont entravées par l'action des gouvernements. On y dénonce haut et fort, dans la deuxième moitié des années 1960, les nombreuses violences commises par l'État contre leur population.

C'est dans ce contexte que les articles écrits par des religieux latino-américains associés au renouveau du catholicisme dans la région et reproduits dans les revues québécoises permettent de faire sens de cette

---

[28]   Lucien DE CARUFEL, « Les pauvres évangélisés », *Le Brigand*, janvier 1966, vol. 2, n° 286, p. 17.

[29]   Yves CHALOULT, « Vers la vraie révolution », *Le Brigand*, mai 1968, vol. 6, n° 300, p. 22.

situation turbulente et de renouveler la compréhension des objectifs de la mission[30]. La visite au Québec de Latino-américains associés à la théologie de la libération renforce aussi ce changement de vision du monde. Montréal a d'ailleurs eu une certaine importance pour favoriser l'émergence de cette nouvelle théologie. Gustavo Gutiérrez écrit dans son article « Option pour les pauvres » : « À l'été 1967... j'ai donné un cours de deux semaines à [la faculté de théologie de l'Université de Montréal]... C'était une année avant que n'apparaisse l'expression théologie de la libération. Je puis vous dire que le contenu de cette théologie a pris naissance dans ce cours donné à Montréal[31]. » Claude Lacaille raconte l'importance de sa rencontre avec Gutiérrez, de retour au Québec deux ans plus tard : « J'ai eu le privilège d'entendre Gustavo à Montréal en 1969, à ma sortie d'Haïti : ce fut une véritable lumière sur le chemin que j'allais parcourir. Je découvrais enfin une théologie qui éclairait mon vécu. Hier, ligoté par l'impuissance devant tout ce mal social, je commençais à me percevoir comme un acteur de changement en exerçant mon métier de missionnaire[32]. » La théologie de la libération s'enrichira de ces rencontres interculturelles.

La présence sur le terrain en Amérique latine transforme aussi les objectifs de la mission. Claude Lacaille écrit encore sur le sujet :

« La vie est une merveilleuse maîtresse : en quelques mois, elle m'avait initié à l'analyse sociale et m'avait introduit au monde des Premières Nations et à leurs aspirations à vivre sur leurs terres en toute dignité et liberté. En Haïti, j'avais appris à m'indigner devant les injustices, sans savoir pourquoi celles-ci existaient. Maintenant, je commençais à comprendre dans quel monde je vivais. Et ce sont les collégiens de l'Équateur qui m'ont fait faire ce bond en avant. Aucune université n'aurait pu me faire avancer aussi vite. Maintenant que j'avais vécu le *voir* et le *juger*, il restait à passer à la troisième phase, l'*agir*[33]. »

Confrontés à la violence des troupes gouvernementales, les missionnaires agiront pour défendre leurs ouailles. Ils s'impliqueront dans les mouvements d'action populaire en Amérique latine, ils feront des

---

[30] Catherine FOISY, « Et si le salut venait... », *op. cit.*

[31] Gustavo GUTIÉRREZ, « Option pour les pauvres : bilan et enjeux », *Théologiques*, 1993, vol. 1, n° 2, p. 121.

[32] Claude LACAILLE, *En mission dans la tourmente des dictatures (1965–1986). Haïti, Équateur, Chili*, Montréal, Novalis, 2014, p. 43.

[33] *Ibid.*, p. 70.

représentations auprès des gouvernements et s'impliqueront au Canada dans des organisations non gouvernementales humanitaires.

Cette militance s'inscrivait dans l'air du temps, car le revirement d'une partie de l'Église latino-américaine était perceptible à l'international. En fait, on se questionnait pour savoir si l'Église n'était pas en train de virer à gauche en Amérique latine, comme le note cet article de Richard Arès publié dans *Relations* :

> « L'Évangile, qui est la bonne nouvelle annoncée aux pauvres, n'est-il pas source de développement ? Aussi l'Église, tout en respectant la compétence des États doit offrir son aide pour promouvoir un "humanisme plénier", c'est-à-dire "le développement intégral de tout l'homme et de tous les hommes" [...]. Les catholiques, en particulier, sont invités à prendre la tête d'un mouvement de solidarité fraternelle "qui doit apporter à tous les humains la satisfaction de leurs besoins de pain, d'emploi, de logement, d'éducation et la réponse à leurs aspirations à la responsabilité, à la liberté, à la justice, aux vertus morales, en un mot à un humanisme plénier"[34]. »

On note dans la lecture de la situation en Amérique latine faite par Arès que cette prise de position franche en faveur de l'option préférentielle pour les pauvres, formulée par les évêques latino-américains réunis à Medellín en 1968, est une source d'inspiration pour tous les catholiques[35]. Depuis Medellín, les articles publiés dans les revues catholiques québécoises à propos de la mission dans la région font part de ce parti pris en faveur de l'option préférentielle pour les pauvres et dénoncent plus facilement les actions des gouvernements à l'encontre de leurs populations.

Au tournant des années 1970, des auteurs publiant dans *L'apostolat*, *maintenant* et *Relations* souhaitent même un rapprochement plus prononcé avec la gauche latino-américaine. Par exemple, Yves Vaillancourt, fondateur du groupe marxiste des politisés chrétiens[36], affirme dans *Relations* en 1971 : « Mais ne serait-ce pas précisément la chance de l'Amérique latine contemporaine que de voir se réaliser une

---

[34]   Richard Arès, « L'Église vire-t-elle à gauche ? », *Relations*, janvier 1971, n° 356, p. 10–11.

[35]   Conferencia general del Episcopado latinoamericano y del Caribe, *L'Église dans la transformation actuelle de l'Amérique latine à la lumière du concile de Vatican II : conclusions de Medellin, 1968*, Paris, Cerf, 1992.

[36]   Gregory Baum, « Catholicisme, sécularisation et gauchisme au Québec », dans Brigitte Caulier (dir.), *Religion, sécularisation, modernité : les expériences francophones en Amérique du Nord*, Québec, Presses de l'Université Laval, 1996, p. 105–120.

rencontre entre l'Église – au moins à travers un de ses secteurs – et la libération ? Est-ce que le phénomène des chrétiens révolutionnaires ne pourrait pas permettre une *dialectique* nouvelle qui profiterait et à la libération et à l'Église ? »[37]. Il faut dire que, depuis la publication de *Teología de la liberación : perspectivas* par Gustavo Gutiérrez en 1971, mais aussi l'enthousiasme généré dans les secteurs catholiques progressistes par l'élection de Salvador Allende au Chili l'année précédente, les perspectives de gauche se multipliaient dans les revues québécoises[38]. Une transition s'effectue dans les connexions transnationales de l'Église avec l'Amérique latine, délaissant les évêques conservateurs (qui étaient les principaux interlocuteurs au tournant des années 1960) pour les secteurs populaires progressistes. Yves Vaillancourt écrit à propos de l'impact de cette transition à Développement et Paix en 1973 :

> « Le 9 mars dernier, l'Organisation catholique canadienne pour le Développement et la Paix lançait la première phase d'une opération appelée "libération solidaire". Cette première phase voulait permettre à 150 militants de groupes populaires, de syndicats et d'organismes de coopération internationale du Québec, de l'Acadie et du Tiers Monde de confronter leurs expériences de lutte et de vérifier si ces dernières pouvaient être menées en solidarité. Une seconde phase, prévue pour les deux dernières semaines de mars, devait permettre à 5 militants du Tiers Monde, principalement du Chili, de circuler dans les différentes régions du Québec, dans le but de conférer un retentissement local à la question de la solidarité des groupes populaires d'ici et du Tiers Monde[39]. »

Clairement, on assiste à un changement de perspectives au tournant des années 1970 qui entraîne un réalignement de la solidarité internationale et des connexions au sein des organisations humanitaires transnationales articulées par les missionnaires canadiens-français qui ont œuvré en Amérique latine. Le partage des expériences d'oppression et de violence dans les revues québécoises aura permis ce renversement de perspectives.

---

[37] Yves VAILLANCOURT, « Les chrétiens révolutionnaires en Amérique latine », *Relations*, mai 1971, n° 360, p. 144.

[38] Gustavo GUTIÉRREZ, *Teología de la liberación : perspectivas*, Lima, Centro de Estudios y Publicaciones, 1971.

[39] Yves VAILLANCOURT, « Un virage à développement et paix », *Relations*, avril 1973, n° 381, p. 108.

Mais la conscientisation ne provient pas seulement de la confrontation à la violence. En fait, la formation linguistique reçue au Mexique et au Brésil par des centaines de missionnaires avant de partir en mission a joué un rôle de conscientisation supplémentaire. Par exemple, dans une entrevue avec le prêtre des Missions étrangères Charlemagne Ouellet, qui fut missionnaire à Pulcallpa au Pérou de 1969 à 1980, ce dernier a confié que son passage au Centre interculturel de documentation (CIDOC) à Cuernavaca pour apprendre l'espagnol avant de se rendre au Pérou l'avait grandement éveillé à la situation latino-américaine. Ce dernier y avait suivi une formation de quatre mois qui incluait des cours d'espagnol l'avant-midi et des cours sur l'histoire et la situation sociopolitique en après-midi. Il est vrai qu'Ivan Illich, directeur du CIDOC, avait des idées sociopolitiques qu'il cherchait à partager avec les missionnaires nord-américains passant par son centre pour les conscientiser à la réalité latino-américaine qu'ils allaient rencontrer. Ce travail s'est poursuivi au Brésil. Il faut dire qu'il y avait des liens entre le CIDOC et le *Centro de Informação Intercultural* (CENFI), car Mgr Gérard Cambron, qui fonda le CENFI au Brésil, avait collaboré au préalable avec Ivan Illich au CIDOC au Mexique[40].

Dans une autre entrevue, Constance Vaudrin, qui est allée au Brésil, avec les Sœurs de l'Espérance (Sainte-Famille de Bordeaux), en Colombie et au Pérou, avec Développement et Paix, et en Bolivie et en Argentine, avec la Commission justice et paix internationale de la Conférence oblate, explique que son passage au CENFI à Rio l'avait, elle aussi, conscientisée au renouveau religieux latino-américain[41] :

« Quand je suis partie pour le Brésil, là, sur place, il y avait un cours de quatre mois qui se donnait d'apprentissage de la langue, mais aussi de connaissance des lieux d'intégration, ainsi que de connaissances des lieux sur les plans politique, économique et social. Ce cours avait lieu à Rio de Janeiro, [puis] à Petrópolis dans ce que l'on appelait le CENFI, une école de préparation

---

40 Catherine LeGrand, « The Antigonish Movement of Canada and Latin America. Catholic Cooperatives, Christian Communities, and Transnational Development in the Great Depression and the Cold War », dans Stephan Andes et Julia G. Young (dir.), *Local Church, Global Church. Catholic Activism in Latin America from Rerum Novarum to Vatican II*, Washington, The Catholic University of America Press, 2016, p. 207–244 ; Yves Carrier, *Lettre du Brésil. L'évolution de la perspective missionnaire. Relecture de l'expérience de Mgr Gérard Cambron*, Louvain-la-Neuve, Academia-Bruylant, 2008.

41 Maurice Demers (31 mars 2016). Entrevue avec Constance Vaudrin.

pour la mission organisée par les évêques brésiliens. Elle était vraiment très bien faite, autant pour l'apprentissage de la langue, qui se faisait en petits groupes, que pour la visite des bidonvilles. La venue de personnes comme Gustavo Gutierrez et Leonardo Boff a apporté beaucoup. Mais le contact avec les gens comme tels aussi, je dirais que j'ai appris le portugais une fois que je suis sortie de l'école, en étant sur le terrain. »

On constate que tant pour Charlemagne Ouellet que pour Constance Vaudrin, la formation qu'ils ont reçue au Mexique et au Brésil les a préparés à comprendre la société latino-américaine, ce qui a transformé leur compréhension des enjeux sociaux.

La rencontre avec la culture latino-américaine a été, pour Charlemagne Ouellet, tout aussi importante dans son parcours. Véritable ferment de conscientisation, les airs de la *Nueva canción* émanant du Chili lui ont permis de faire des liens avec des gens de la communauté et partager leur vécu[42]. Il explique l'importance de la musique lors de son missionnariat au Pérou :

« Je faisais de la musique. Quand je suis arrivé à Pucallpa, il y a un p.m.é. qui dirigeait une chorale avec des professeurs. Il m'a dit : "prendrais-tu ça" ? J'ai dit oui, mais je n'étais pas bon pour lire des partitions. Mais quelqu'un m'avait laissé une bobine pleine de chansons péruviennes et latino-américaines. Ces chansons parlaient, par exemple, de *un pueblo unido jamas sera vencido*, un peuple uni ne sera jamais vaincu, oh !, ou encore *no se puede sepultar la luz de un pueblo que busca la libertad*, on ne peut pas enterrer la lumière d'un peuple qui cherche la liberté. Alors, moi, quand j'ai accepté de prendre la conduite de ce groupe-là, je leur ai dit : "écoutez, on a des chansons en espagnol avec des rythmes latino-américains, on peut chanter ça !" Cela a été le début d'un nouveau véhicule des enjeux politico-sociaux de la région. Et même du continent, car quand on dit un peuple uni ne sera jamais vaincu, c'est bon pour l'Amérique latine, et même au-delà. Ce cœur-là s'appelait le Cœur polyphonique de Pucallpa. On a changé le nom... Ça s'est appelé *territorio libre*, territoire libre ; ça voulait dire quelque chose et les gens le comprenaient. On essayait de véhiculer ce que l'on vivait et d'attirer l'attention sur les situations difficiles du peuple. Notre cahier de

---

[42] Krista Brune, « Subversive Instruments: Protest and Politics of MPB and the Nueva Canción », *Studies in Latin American Popular Culture*, 2015, vol. 33, p. 128–145 ; Juan Pablo González, « Nueva Canción Chilena en dictadura : divergencia, memoria, escuela (1973–1983) », *Estudios Interdisciplinarios de América Latina y el Caribe*, 2016, vol. 27, n° 1, p. 63–82.

chant s'appelait *voces del pueblo para el pueblo*, les voix du peuple, pour le peuple[43]. »

La culture latino-américaine prend un nouveau sens à cette époque, les expériences de répression et de résistance, mettant fin à des siècles d'oppression, sont partagées par tous les pays de la région. Dès lors, une réelle communauté d'intérêts aux dimensions transnationales émerge liant les acteurs catholiques latino-américains avec ceux du Nord qui ont partagé leur vécu. Ainsi, l'organisation de cette chorale, les émissions à la radio auxquelles Charlemagne Ouellet a participé et les concerts effectués par *territorio libre* étaient des occasions de partager de l'information sur la situation sociopolitique vécue par la population et d'organiser la résistance.

Suite à sa formation à Rio, Constance Vaudrin s'est aussi impliquée socialement à São Paulo, dans la communauté de Jardim Peri. Cette rencontre avec les gens de la communauté, le partage de leurs luttes et la constatation de l'oppression dont ils étaient victimes a profondément marqué sa compréhension des enjeux de justice sociale. Elle explique :

« J'ai rencontré des gens de la communauté de Jardim Peri qui étaient vraiment formidables. Des hommes des lieux qui ont pris en charge la communauté, qui avaient des projets et qui guidaient les gens. Nous, on accompagnait les gens, par exemple à la mairie, quand ils revendiquaient l'électricité. On faisait simplement les accompagner sans dire un mot ; la présence d'un étranger amenait une certaine sécurité, parce que les gens avaient peur : c'était le régime militaire à ce moment-là[44]. »

Au-delà des enjeux de sécurité, ce qui a marqué le plus Constance Vaudrin lors de son missionnariat au Brésil, c'est l'exclusion vécue par la population de Jardim Peri. Les contrastes sociaux à São Paulo étaient une atteinte à la dignité humaine. Si elle n'a pas été témoin de violence physique directe envers la population, elle a réellement compris comment l'exclusion de la société et la marginalisation étaient vécues comme des violences systémiques.

Mais les années 1970 ont aussi été marquées par des coups d'État qui ont grandement affecté le missionnariat de Québécois œuvrant dans la région. Après l'assassinat de Maurice Lefebvre en Bolivie en 1971 lors

---

[43]   Maurice Demers (28 mars 2016). Entrevue avec Charlemagne Ouellet.
[44]   Maurice Demers (31 mars 2016). Entrevue avec Constance Vaudrin.

du coup d'État d'Hugo Banzer, ainsi que l'expulsion de missionnaires québécois du Chili après le renversement et l'assassinat de Salvador Allende par les troupes du général Augusto Pinochet, de nombreux témoignages font part des violences subies par les populations et dénoncent ces régimes sanguinaires[45]. Ceux-ci justifient aussi les actions des Québécois qui, loin d'être les révolutionnaires que clamaient les dictatures, n'effectuaient que leur mission en bonne conscience. On peut lire dans le manifeste des missionnaires expulsés du Chili :

> « Si nous avons accompagné et appuyé les travailleurs chiliens dans l'option qu'eux avaient faite pour le gouvernement Allende, comme semble nous le reprocher la junte militaire, c'était que son projet et son programme, basés sur la participation populaire, nous semblaient plus près de l'Évangile que les autres projets proposés par des partis qui, traditionnellement, n'avaient fait qu'exploiter le peuple. C'est parce que nous avons vu dans ces efforts concrets quelque chose qui s'approchait davantage du projet de libération que Dieu propose aux membres de sa famille[46]. »

Le coup d'État au Chili en 1973 cristallise cette alliance. La formation de nombreux comités de solidarité avec le Chili suite à l'expulsion de plusieurs missionnaires québécois du pays en 1973 (ensuite avec toute l'Amérique latine) solidifie cette communauté d'intérêts transnationale. Comme nous le racontait Suzanne Chartrand lors d'un événement organisé par le CDHAL à Montréal en février 2016 sur l'accueil des réfugiés chiliens au Québec, la situation des droits de la personne au Chili interpellait énormément les Québécois à l'époque, car plusieurs personnes de la gauche québécoise et les religieux de la mouvance de la théologie de la libération se reconnaissaient dans le projet de société porté par le gouvernement Allende (Michel Chartrand avait d'ailleurs visité le Chili en janvier 1973 avec l'aide de Jean Ménard)[47]. Les organismes de solidarité avec l'Amérique latine n'émergent donc pas seulement pour

---

[45] Maurice LEFEBVRE, *Le courrier de Maurice Lefebvre*, Richelieu, Imprimerie Notre-Dame, 1971.

[46] « Manifeste des missionnaires québécois expulsés du Chili », *Relations*, décembre 1973, n° 388, p. 337.

[47] Témoignage de Suzanne Chartrand lors de la conférence « Réfugiés et immigrants au Québec. Une longue solidarité de l'histoire internationale à partir de l'expérience chilienne », organisée par le Comité pour les droits humains en Amérique latine (CDHAL) à l'UQAM le 11 février 2015.

défendre des victimes de la répression, mais aussi pour défendre des frères qui résistent pour créer une société plus juste.

Jean Ménard racontait qu'il ne s'est pas impliqué seulement au Comité de solidarité Québec-Chili, mais que c'est dans ce contexte en 1975 qu'est fondé le Réseau des politisés chrétiens (en lien direct avec le groupe des Chrétiens pour le socialisme). De plus, en 1976, une des associations de solidarité les plus militantes voit le jour à Montréal avec la formation du Comité Chrétien des Droits Humains en Amérique latine (CDHAL), association avec laquelle Jean Ménard, Charlemagne Ouellet et Constance Vaudrin ont collaboré. On peut lire sur les lettres patentes de l'incorporation du CDHAL que son objectif est « de servir les Églises canadiennes dans leurs relations avec l'Amérique latine et dans leur souci de sensibiliser leurs membres aux problèmes touchant la dignité de l'homme latino-américain ». En plus de faire pression sur les gouvernements, le groupe a comme objectif aussi de « coopérer avec d'autres groupes qui partagent le même souci de promouvoir la justice humaine en Amérique latine »[48]. À la fin des années 1970 et au début des années 1980, le CDHAL réalisera ces objectifs en organisant entre autres des conférences. On constate à la lecture des résolutions de clôture de la journée d'étude de mars 1978 :

> « Nécessité d'être beaucoup mieux formés et informés face aux diverses situations qui impliquent les droits de l'homme ; Nécessité pour l'Église institution et pour les divers groupes d'Église de s'engager publiquement dans les débats politiques qui impliquent les droits de l'homme ; Nécessité pour la hiérarchie et les autorités des communautés religieuses de soutenir beaucoup plus les missionnaires et les autres personnes qui s'engagent concrètement dans les luttes avec les opprimés ; Nécessité de "se mettre les pieds" là où vivent et luttent les gens dont les droits sont violés si l'on veut être vraiment solidaires avec eux[49]. »

Bref, les acteurs catholiques sont mobilisés pour dénoncer les exactions commises contre les populations, mais aussi pour faire pression sur le gouvernement canadien.

Au-delà des justifications et des dénonciations, on en vient même à dénoncer la complicité du Canada dans l'établissement du contexte

---

[48]   Archives du CDHAL, Montréal.

[49]   CDHAL, *Les chrétiens d'Amérique latine : témoins de Jésus-Christ sur un continent devenu une gigantesque prison*, Montréal, mars 1978.

sociopolitique dominant en Amérique latine dans les années 1970. On peut lire dans *Solidarités*, publication de Développement et Paix :

> « Pourquoi les Canadiens doivent-ils se solidariser avec le peuple du Chili ? D'abord, le Canada est le deuxième plus grand investisseur au Chili depuis le coup d'État. Les banques canadiennes ont été d'importants prêteurs au gouvernement militaire et à ses agences. Cela veut dire que le peuple canadien a la possibilité d'aider à mettre fin à la violation des droits humains au Chili en obtenant que cessent ces investissements et ces prêts du Canada au Chili. Leur comportement et l'impact de leurs décisions financières parlent plus clairement au sujet de la politique étrangère canadienne que les déclarations les plus progressistes du gouvernement fédéral. Acceptons-nous que les banques et les corporations canadiennes supportent la junte militaire et continuent à écraser le peuple chilien ?[50] »

Les missionnaires catholiques, à la fin des années 1970, se servent maintenant du cadre institutionnel de l'Église canadienne pour faire pression sur le gouvernement canadien pour qu'il modifie sa politique extérieure et ses relations avec les gouvernements de la région qui commettent des abus contre les droits de la personne.

Évidemment, le tournant des années 1980, avec l'assassinat de Mgr Óscar Romero au Salvador et celui du missionnaire laïque acadien Raoul Léger au Guatemala, n'a fait qu'accentuer cette tendance[51]. Des campagnes de solidarité sont organisées par le comité Québec-Chili, Développement et Paix et par le CDHAL. Des milliers de lettres sont ainsi envoyées aux gouvernements (tant canadien que latino-américains), des pétitions sont organisées et recueillent des dizaines de milliers de signatures à l'échelle du pays, des manifestations réunissent des milliers de participants pour signifier l'inacceptable *statu quo* en matière de relations internationales avec la région[52]. Dans une lettre d'octobre 1981 de Mgr Hamelin, évêque de Rouyn-Noranda, on pouvait lire dans *Caminando*, publication du CDHAL :

> « Mais personne ne se fait d'illusions. [Raoul Léger] est disparu parce qu'il prenait le parti des petits et des pauvres. On l'a, dit-on, accusé de

---

[50]   « Dossier Solidarités. Le Chili après 7 ans de dictature », *Solidarités*, septembre 1980, vol. 5, n° 1, p. 6.

[51]   Yves Carrier, *Mgr Oscar A. Romero. Histoire d'un peuple. Destinée d'un homme*, Paris, Cerf, 2010.

[52]   « Bilan, campagne d'automne 1982 », *Solidarités*, janvier–février 1983, vol. 7, n° 3.

communisme. Comme s'il fallait être communiste pour défendre ceux qui sont petits, sans voix, opprimés ! Jadis, le père Lefebvre, o.m.i., un autre Québécois, avait été tué en Amérique Latine. L'écho de l'assassinat de Mgr Óscar Romero retentit encore auprès de nous. Et qui dira le nombre effarant de chrétiens, prêtres et laïcs, qui disparaissent dans ces contrées de dictatures et de tyrannie, parce qu'ils osent, au nom de leur foi, proclamer les droits de la personne et la justice pour tous. [...] Notre abandon du Père nous fera-t-il nous tourner vers l'Évangile plutôt que vers des moyens humains pour bâtir le Règne de Dieu chez nous ? Quelle solidarité aurons-nous avec ces pays, dits chrétiens, qui étouffent sous la violence et l'oppression ?[53] »

Les catholiques progressistes organisent tout au long des années 1980 des actions pour dénoncer les dictatures d'Amérique centrale et le génocide qui est perpétré contre les autochtones du Guatemala[54]. Cette pression qui est exercée par les groupes catholiques porte ses fruits, car le gouvernement canadien ajuste ses relations avec les pays d'Amérique centrale et porte aux Nations Unies les demandes de groupes populaires pour faire respecter les droits de la personne dans ces pays[55].

Conclusion

Les cas exposés précédemment montrent bien comment la conscientisation et la mobilisation en faveur des droits humains à partir des années 1960 ont suscité des actions concrètes dans les décennies subséquentes. Ces actions ont aussi produit des résultats concrets en exerçant des pressions pour que le gouvernement canadien ajuste sa politique internationale avec la région. Mais si les dictatures militaires ont fait place à des régimes démocratiques, les transformations de l'économie mondiale font que les injustices demeurent, que la lutte continue pour le respect de la dignité humaine. Constance Vaudrin nous confiait à propos de son retour au Brésil après ses années de missionnariat :

---

[53] Mgr HAMELIN, « Un martyr de chez nous ! », *Caminando*, octobre 1981, vol. II, n° 3, p. 5–6.

[54] « La Répression n'est pas un jeu », *Solidarités*, novembre 1980, vol. 5, n° 2, p. 8 ; « Agissons en solidarité avec les peuples d'Amérique centrale », *Solidarités*, novembre 1982, vol. 7, n° 2, p. 3.

[55] Marc-André ANZUETO, *Ce que promouvoir les droits humains veut dire : une étude de la diplomatie canadienne au Guatemala (1976–2013)*, thèse de doctorat, UQAM, 2016.

« Je suis retournée en 1998 dans le quartier où j'avais travaillé, et quand je disais aux gens qui me reconnaissaient que j'étais venue juste pour les voir, ils me répondaient : "ce n'est pas possible, nous on n'est rien". Donc, ça les valorisait, car je me rappelais de la phrase que les gens prononçaient à l'époque : "nous on n'est pas des gens, on n'est pas des humains, *não somos gentes*". Ça, ça voulait tout dire. Ils se dévalorisaient face à l'ensemble de la population, parce qu'ils étaient pauvres. Moi, ça m'a éveillée beaucoup à l'importance de la personne humaine, de la dignité de la personne, et ça me poursuit encore : c'est ça qui est ma priorité, c'est la dignité de la personne, qu'une personne se sente utile, qu'elle soit. Le Brésil m'a apporté cela[56]. »

Cette expérience n'est pas unique. Comme les missionnaires qui ont œuvré au CDHAL le racontent, l'Amérique latine les a éduqués à la lutte perpétuelle pour la justice sociale. Ainsi, le partage de l'expérience de terrain de plusieurs, la réflexion sur les alternatives et les actions possibles, leur ont permis de s'approprier le discours de la théologie de la libération pour renouveler leur vision du monde et du missionnariat, leur permettant par le fait même de se rapprocher (et de se solidariser) avec les mouvements sociaux de gauche. Ils ont ainsi épaulé les actions de secteurs de la société québécoise qui se sont mobilisés pour dénoncer les régimes militaires qui prennent le pouvoir et mettent à feu et à sang la région et faire pression sur le gouvernement. Comme le révèle l'expérience de Constance Vaudrin, les violences extrêmes ont peut-être cessé en Amérique latine, mais le combat pour assurer que tous se sentent inclus dans la société et, par le fait même, qu'ils ne soient pas marginalisés et exclus, est loin d'être gagné. Il s'agit d'une lutte qui mobilise encore les groupes de solidarité internationale et les organisations humanitaires. Et ce tant au Sud qu'au Nord.

---

[56] Maurice Demers (31 mars 2016). Entrevue avec Constance Vaudrin.

L'ONG-isation des missions catholiques : catholicisme néolibéral ou ré-évangélisation ? L'exemple des Clercs de Saint-Viateur au Burkina Faso

Louis AUDET-GOSSELIN

Introduction : Néolibéralisme et ONG-isation du religieux

La mise en place de l'idéologie néolibérale, incarnée en particulier par l'adoption en série de programmes d'ajustement structurel par la majorité des pays africains et de nombreux pays d'Amérique latine et d'Asie dans les années 1980–1990, a été abondamment documentée[1]. Ces programmes, mis en œuvre par le Fonds monétaire international, impliquaient l'adoption de réductions drastiques de la taille de l'État (gel ou diminution de salaires, privatisations de sociétés d'État, coupures budgétaires dans la plupart des ministères, licenciement de fonctionnaires). Au tournant des années 1990, ce mouvement semblait s'imposer dans l'ensemble du monde, en particulier sur le continent africain. Il coïncidait par ailleurs avec une vague de démocratisations qui a emporté certains des régimes autoritaires du continent et forcé la plupart à des aménagements en faveur d'une plus grande liberté d'expression. Cette convergence entre le néolibéralisme et la démocratisation a contribué à faire des ONG des acteurs centraux du jeu socio-politique et économique dans les pays en voie de développement. D'une part, ces organisations étaient appelées à remplacer une partie de l'activité sociale et économique auparavant sous contrôle des États. D'autre part, la critique de l'autoritarisme et

---

[1] James FERGUSON, *Global Shadows. Africa in the Neoliberal World Order*, Durham, Duke University Press, 2006.

de la corruption des États postcoloniaux a conduit certains analystes et observateurs à voir dans les organisations de la « société civile » un antidote efficace, intègre et proche des préoccupations des populations au travers d'États lourds et autoritaires.

Cette convergence a pavé la voie à un processus que Julie Hearns a défini comme une « ONG-isation » des sociétés en voie de développement, en particulier en Afrique. Cette notion fait référence à un large mouvement de dépolitisation des enjeux sociaux, qui sont principalement considérés, depuis les années 1980–1990, comme des problèmes techniques, dont la solution revient à des experts formés selon un modèle considéré comme universel[2]. Ainsi, urbanisme, politiques scolaires, offre sanitaire, transports, aide d'urgence, développement rural sont rapidement tombés dans le champ d'action d'ONG transnationales fonctionnant sur un modèle relativement standardisé, employant des professionnels qualifiés œuvrant sur le marché international du travail. Cette situation constitue un rapide retournement de situation quant à la signification des ONG qui, depuis l'après-guerre dans les pays occidentaux, étaient principalement des foyers d'activisme alternatifs, ancrés dans la contre-culture, en opposition autant à l'autoritarisme étatique qu'à l'économie capitaliste. En occupant la place autrefois dévolue aux États postcoloniaux, les ONG sont plutôt devenues, dans un contexte de développement néolibéral, les adjuvantes de l'économie capitaliste libéralisée[3].

Cette dynamique a créé une pression sur l'ensemble des acteurs sociaux à travers le monde, qui ont progressivement adapté leur action à la nouvelle donne. C'est le cas des associations citoyennes, organisations féminines et ONG locales[4], qui ont eu à revoir leurs façons de faire et à les ajuster aux standards techniques globaux. C'est également le cas de bon nombre d'organisations religieuses, dont la pertinence et l'audience ne peuvent plus, dans ces circonstances, s'évaluer uniquement sur le plan spirituel. Bien que la plupart des organisations religieuses aient été

---

[2]   Julie HEARN, « The "NGO-isation" of Kenyan society: USAID & the restructuring of health care », *Review of African Political Economy*, n° 75, 1998, p. 89–100.

[3]   Françoise BOURDARIAS, « ONG et développement des élites », *Journal des anthropologues*, n° 94–95, 2003, p. 23–52.

[4]   Marie Nathalie LEBLANC, « The NGO-ization of Muslim Women's Associative Milieu in Côte d'Ivoire : Precarious Agency in the Face of "Good Governance" », dans Marie Nathalie LEBLANC et Louis AUDET GOSSELIN (dir.), *Faith and Charity. Religion and Humanitarian Assistance in West Africa*, Londres, Pluto Press, 2016, p. 85–104.

impliquées de longue date dans le domaine « social » et caritatif, elles ont dans bien des cas opéré un tournant radical à partir des années 1980– 1990 vers une standardisation de leur fonctionnement, en plus de mettre l'accent sur leur pertinence sociale plutôt que sur leur rôle spirituel. Associations islamiques, églises évangéliques, congrégations catholiques ont ainsi « ONG-isé » leur fonctionnement.

Cette dynamique a été favorisée par la prise en compte des organisations religieuses par les institutions internationales de développement, en particulier la Banque mondiale, à partir de la fin des années 1990[5]. Les principaux arguments en faveur de cette implication plus grande du religieux dans les politiques de développement étaient la proximité plus grande imputée à ces organisations avec les populations cibles, ainsi que leur plus grande capacité à recruter des volontaires dédiés, motivés par la foi[6].

Forte d'une ancienne tradition d'œuvres sociales, l'Église catholique a globalement saisi l'opportunité de l'ONG-isation du religieux pour réinventer son rôle public, après plusieurs décennies de recul dans son profil public dans la plupart des pays du monde. Ce mouvement de « déprivatisation » du catholicisme[7] s'est donc accompagné de la création d'un « catholicisme néolibéral »[8]. L'implication sociale des ONG catholiques au Burkina Faso s'inscrit aussi dans un contexte plus large de transformation des orientations économiques du pays depuis les années 1990, qui a mis le secteur privé et les ONG au premier plan des programmes de développement économique. Au Burkina Faso comme ailleurs, les organisations religieuses, notamment celles liées à l'Église catholique, ont fait montre d'une grande capacité à investir ce champ et à développer des initiatives sociales en conformité avec, d'une part, les

---

[5]   Katherine MARSHALL et Richard MARSH (dir.), *Millenium Challenges for Development and Faith Institutions*, Washington, World Bank, 2003.

[6]   Gerard CLARKE, « Faith Matters. Faith-based Organisations, Civil Society and International Development », *Journal of International Development*, vol. 18, n° 6, 2006, p. 835–848.

[7]   José CASANOVA, *Public Religions in the Modern World*, Chicago, University of Chicago Press, 1994.

[8]   Tara HEFFERAN, *Twinning faith and development. Catholic parish partnering in the U.S. and Haiti*, Bloomfield, Kumarian Press, 2007 ; Andrea MUELEBACH, *The Moral Neoliberal. Welfare and Citizenship in Italy*, Chicago, University of Chicago Press, 2012.

objectifs des États et institutions de développement et, d'autre part, leurs propres orientations théologiques et prosélytes.

Ce chapitre examinera les transformations récentes des missions catholiques au Burkina Faso en se basant sur l'exemple de la fondation burkinabè associée aux Clercs de Saint-Viateur du Canada, lancée en 1999. Ce cas, documenté par l'abondante production médiatique des Clercs[9] et observé par l'auteur lors d'une enquête auprès des ONG chrétiennes de Ouagadougou en 2011 et 2015, permettra de comprendre les mécanismes derrière la création, sous le statut d'ONG, d'une nouvelle vague de congrégations catholiques au Burkina Faso depuis les années 1990. Il s'agira de comprendre dans quelle mesure le contexte néolibéral influe sur la forme et le fond de ce missionnariat. À l'inverse, nous évaluerons comment les Clercs, en concertation avec la hiérarchie catholique nationale, utilisent l'opportunité de l'ONG-isation pour reconstruire une option d'évangélisation affirmée.

Dans un premier temps, nous présenterons un bref historique de la congrégation des Clercs de Saint-Viateur, en insistant sur les conditions qui ont mené sa branche canadienne à lancer une fondation au Burkina Faso, rencontrant une stratégie d'expansion pilotée par l'Église burkinabè. Dans un second temps, nous étudierons le processus d'ONG-isation des Viatoriens au Burkina Faso, processus qui s'inscrit dans une dynamique plus large du religieux dans ce pays comme ailleurs. Enfin, la troisième partie évaluera dans quelle mesure cette ONG-isation agit en partie comme couvert d'une stratégie renouvelée d'évangélisation et de prosélytisme, dans un contexte religieux marqué par l'affirmation de propositions religieuses fortes et décomplexées.

Les Clercs de Saint-Viateur québécois au Burkina Faso : relance d'une congrégation en déclin

Fondée en France au XIXe siècle, rapidement implantée au Canada, la communauté des Clercs de Saint-Viateur s'estimposée comme une société missionnaire solide, spécialisée dans l'enseignement d'élite. Cependant, le déclin rapide du catholicisme au Canada dans la seconde moitié du

---

[9] Benoît Tremblay, *La communauté de Saint-Viateur au Burkina Faso*, Montréal, Les Clercs de Saint-Viateur, 2009 ; revues *Viateurs en mission*, *Fasoviat* et *Viateurs du Canada*.

XXᵉ siècle a lourdement hypothéqué l'avenir de la communauté. Devant cette situation, les responsables canadiens ont voulu relancer l'activité missionnaire avec un nouveau projet d'implantation sur le continent africain. Cette volonté a rencontré une stratégie renouvelée de la part de l'Église burkinabè, qui cherchait à relancer son action d'évangélisation par le recours aux sociétés missionnaires.

Les Clercs de Saint-Viateur du Canada : déclin et renouveau missionnaire

Peu après la reconnaissance de la congrégation des Clercs de Saint-Viateur en 1838, ces derniers ont envoyé un groupe de trois missionnaires pour fonder des institutions scolaires au Canada dans les années 1840. Cette initiative venait à la demande de Mgr Ignace Bourget, évêque de Montréal, tenant de la doctrine ultramontaine, qui nourrissait l'ambition de mailler le territoire d'institutions catholiques privées, et ainsi prévenir toute implantation de l'État dans le domaine scolaire. Rapidement, les Clercs de Saint-Viateur ont établi leurs institutions qui allaient assurer leur rayonnement dans le milieu de l'éducation catholique, en particulier le Collège de Joliette en 1847 et le Collège Bourget, à Rigaud, en 1850. Ces établissements ont ouvert la voie vers un développement rapide de la communauté au Canada francophone, surpassant même la maison-mère française en nombre de membres et en influence extérieure. Au milieu du XXᵉ siècle, on estime que les clercs canadiens constituaient environ les deux tiers de la congrégation à travers le monde et exerçaient une influence prépondérante sur la direction de l'organisation[10]. Au cours des années 1940–1950, les candidats affluaient, menant la congrégation à un programme d'expansion ambitieux. La province du Canada, séparée en deux en 1938 (Montréal et Joliette), a de nouveau été scindée dans les années 1950 pour créer les provinces d'Abitibi et du Saint-Laurent. Au milieu du XXᵉ siècle, les Clercs du Canada ont également lancé quatre implantations missionnaires : Japon (1948), Taïwan (1953), Pérou (1959) et Haïti (1964).

Cependant, cette période faste s'est brusquement terminée au cours des années 1960. De l'aveu même des Viatoriens, la congrégation a connu

---

[10] Léo-Paul Hébert, *Les Clercs de Saint-Viateur au Canada (1947–1997)*, Québec, Septentrion, 2010, p. 45.

de sérieuses difficultés à s'adapter au changement de la donne religieuse au Québec et dans le monde à partir des années 1960[11]. L'acceptation tacite par le concile de Vatican II du principe de séparation de l'Église et de l'État mettait à mal une communauté qui avait fondé son succès au Canada sur le rôle dominant de l'Église catholique sur les institutions politiques et sociales canadiennes-françaises. Par ailleurs, la création d'un ministère de l'éducation au Québec en 1964, idée contre laquelle l'Église s'était battue depuis le XIXe siècle, a contribué à marginaliser le système d'enseignement catholique. Ce changement venait détruire la « structure de plausibilité »[12] des Clercs de Saint-Viateur au Québec, eux qui avaient fondé leur pertinence sociale presque exclusivement sur l'enseignement. Le Collège de Joliette, institution phare de la congrégation, a été intégré au réseau collégial public pour devenir le cégep de Joliette. Aujourd'hui, les Clercs de Saint-Viateur ne dirigent plus que deux institutions d'élite en périphérie de Montréal, le Collège Bourget et le Collège Champagneur de Rawdon.

Cette conjoncture a créé des questionnements sérieux dans la congrégation, qui a dû gérer sa décroissance, les recrutements se faisant au compte-gouttes après le milieu des années 1960. Le conseil général de 1967–1969, houleux, a mis en lumière le désarroi des Viatoriens autant face aux changements sociaux au Québec qu'aux impératifs de l'*aggiornamento* conciliaire[13]. De façon générale, la congrégation s'est repliée sur ses institutions restantes et sa vie interne jusqu'aux années 1990 sans lancer de projet majeur. Les provinces canadiennes ont fusionné en 1994[14], signe de la rapide décroissance de cette communauté. La survie de la congrégation semblait en jeu lorsque le conseil des Clercs s'est donné pour mission de lancer une nouvelle fondation au milieu des années 1990, avec pour objectif explicite d'assurer la pérennité de l'œuvre. Cette décision a émergé d'un congrès mondial de la congrégation à Vourles en 1994, où les différentes provinces étaient appelées à contribuer à une nouvelle fondation chacune dans la perspective d'un renouveau global de la pertinence de la congrégation. Après quelques années de

---

[11]   Benoît TREMBLAY, *La communauté de Saint-Viateur…*, *op. cit.*, p. 23–29.

[12]   Paul-André TURCOTTE, *L'éclatement d'un monde. Les Clercs de Saint-Viateur et la révolution tranquille*, Montréal, Bellarmin, 1981.

[13]   Léo-Paul HÉBERT, *Les Clercs de Saint-Viateur au Canada*, *op. cit.*, p. 342–363.

[14]   *Ibid.*, p. 480–485.

discussions, la province du Canada s'est offerte pour s'implanter en Afrique francophone[15].

Cette décision de lancer une nouvelle fondation, prise du point de vue d'une volonté de la congrégation de retrouver une « structure de plausibilité », a rencontré une action dynamique de l'Église du Burkina Faso pour attirer des missionnaires étrangers, construisant dès lors une convergence idéale pour une implantation réussie.

Stratégies de « *l'Église-Famille* » et implantation viatorienne

La volonté des Clercs de Saint-Viateur de relancer l'initiative missionnaire pour assurer la pérennité de leur œuvre a rencontré une série d'initiatives de la part du clergé burkinabè afin d'attirer de nouvelles missions au pays. À lire le récit de la fondation viatorienne au Burkina Faso par l'un de ses acteurs[16], on constate à quel point les éclaireurs missionnaires ont été doucement amenés par les responsables du clergé national à prendre des décisions quant à la forme et à l'emplacement que prendrait leur implantation. Alors que les Clercs n'avaient à l'origine pas d'idée précise sur le lieu de leur éventuelle fondation outre la volonté de s'établir dans un pays francophone d'Afrique, le clergé burkinabè s'est activé pour les attirer dans leur pays afin de renforcer l'offre éducative et profiter des ouvertures fournies par le contexte néolibéral (appel de l'État pour la création d'écoles privées, valorisation de l'engagement des ONG dans le domaine social).

Les recherches faites par les Clercs sur les champs de mission possibles les ont rapidement orientés vers le Burkina Faso. D'abord, les responsables de la Congrégation pour l'évangélisation des peuples, organe du Saint-Siège chapeautant l'ensemble des sociétés missionnaires, ont suggéré les choix du Cameroun et du Burkina Faso comme terres de mission potentielles. Par la suite, les Viatoriens français ayant travaillé en Côte d'Ivoire ont fait pencher la balance du côté du Burkina Faso, pays voisin très proche sur le plan culturel et religieux. Suite à ces démarches, les Clercs canadiens ont pris contact avec les responsables du clergé burkinabè au début 1999. La rapidité, l'enthousiasme et le degré de

---

[15] Benoît TREMBLAY, *La communauté de Saint-Viateur...*, *op. cit.*, p. 64–67.

[16] *Ibid.* Cette section se base, sauf mention contraire, sur ce récit très détaillé.

préparation de la réponse des prélats laissent penser qu'ils s'attendaient à une telle proposition et qu'ils n'étaient pas étrangers au fait que les missionnaires européens aient orienté les Viatoriens vers ce pays.

En effet, Mgr Jean-Baptiste Somé, alors président de la Conférence épiscopale du Burkina-Niger, ainsi que Mgr Jean-Marie Compaoré, archevêque de Ouagadougou, ont répondu aux Clercs en proposant une visite et en mettant en avant d'emblée une série de possibles implantations, en particulier dans de nouveaux diocèses. Il convient de souligner qu'à cette époque, le clergé burkinabè était en plein processus d'extension de son implantation par la multiplication des diocèses afin de les harmoniser avec la carte des 13 régions administratives du pays. Cette entreprise nécessitait un maillage institutionnel requérant du personnel en abondance, avec pour objectif de renforcer la présence catholique dans des régions autrefois négligées. Ainsi, les possibilités d'implantation dans le futur diocèse du Sahel ou encore dans celui nouvellement créé de Banfora ont tout de suite été évoquées.

Cette sollicitation active se faisait dans un cadre où l'Église burkinabè relançait son réseau scolaire. En effet, alors que les Pères Blancs avaient profité des investissements coloniaux de la période 1945–1960 dans le domaine scolaire pour lancer un réseau d'écoles primaires et secondaires afin d'asseoir leur influence sur l'élite africaine en puissance[17], l'indépendance avait changé la donne. Devant l'abolition des subventions publiques à l'enseignement privé, l'Église, héritière des institutions missionnaires, a cédé ses écoles primaires à l'État en 1969 et n'a plus étendu son réseau d'écoles secondaires. Dans les années 1990, la situation s'est complètement inversée avec l'établissement d'une politique étatique sollicitant les initiatives privées en santé et en éducation. Les écoles primaires catholiques ont donc été rétrocédées et la hiérarchie ecclésiale cherchait à développer de nouvelles écoles[18]. Ainsi, l'Église catholique voyait se rouvrir le champ de l'action scolaire et cherchait activement à attirer de nouvelles congrégations.

La première visite de Viatoriens québécois au Burkina Faso à l'été 1999 possédait tous les aspects d'une opération de charme, les visiteurs

---

[17]   Magloire Somé, *La christianisation de l'Ouest-Volta. Action missionnaire et réaction africaine*, Paris, L'Harmattan, 2004, p. 273–280 et 479–484.

[18]   Maxime Compaoré, « La refondation de l'enseignement catholique au Burkina Faso », *Cahiers d'études africaines*, n° 169–170, 2003, p. 87–98.

étant emmenés à travers le pays dans une visite des pôles catholiques les plus dynamiques et des champs de mission les plus prometteurs. En compagnie des évêques Philippe Ouédraogo de Ouahigouya et Lucas Sanou de Banfora, l'équipe exploratoire des Clercs a littéralement traversé le pays d'est en ouest, du nord au sud en visitant les diocèses de Dori en projet, Kaya alors vacant, Manga, Ouagadougou, Bobo et Fada. Ils ont été mis en contact avec les congrégations québécoises déjà implantées, qui ont pu témoigner du dynamisme de l'Église locale et des aspects agréables du pays. Ils ont également été initiés aux principes théologiques centraux de l'Église burkinabè, en particulier le concept d'Église-famille de Dieu, orientation théologique adoptée en 1977 visant à modeler l'Église suivant l'aspect de la famille traditionnelle. Si l'on en croit le récit de fondation, c'est avec enthousiasme que les Clercs sont rentrés, décidant immédiatement l'envoi d'une équipe.

Plus tard, le choix de l'implantation scolaire leur a été offert sur un plateau d'argent par la hiérarchie burkinabè. En effet, ils ont été informés au détour d'une conversation par un adjoint de l'archevêque de Ouagadougou qu'un homme d'affaires catholique serait prêt à vendre son école privée, le Groupe scolaire Ibrahim Babanguida, dans le quartier Dassasgho à Ouagadougou, pour un prix réduit à une congrégation religieuse. Les Clercs, qui cherchaient justement à fonder une école, ont naturellement été conduits à procéder à cet achat et à fonder le Groupe scolaire Saint-Viateur. Ils ont également été conduits à choisir Banfora comme second lieu d'implantation suivant l'insistance de Mgr Sanou, qui souhaitait développer l'évangélisation de la petite ville à majorité musulmane, mais dont la croissance démographique laissait entrevoir des possibilités d'expansion du catholicisme.

Ainsi, les questionnements internes de la congrégation des Clercs de Saint-Viateur les ont poussés, après des décennies de troubles liés aux changements sociaux et religieux des années 1960, à relancer l'action missionnaire. Cette action les a menés vers le Burkina Faso, où l'Église nationale déployait des efforts pour attirer de nouvelles missions étrangères. Ces efforts s'inscrivaient dans le cadre du tournant néolibéral emprunté par le Burkina Faso, qui a conduit l'Église, comme l'ensemble des organisations privées, à réinvestir le champ social.

L'ONG-isation des Clercs de Saint-Viateur

Depuis les années 1990, l'Église catholique burkinabè a reconfiguré son action et ses institutions afin de se conformer au cadre néolibéral, en particulier en renforçant ses ONG de développement pour jouer un rôle actif dans la nouvelle donne socio-économique. En étroite connexion avec ce processus, la fondation burkinabè des Clercs de Saint-Viateur a elle-même adopté le statut d'ONG et déployé un large éventail d'action d'aide humanitaire et d'initiatives de développement.

ONG-isation de l'Église au Burkina Faso

Au Burkina Faso, l'avènement de l'ère néolibérale est généralement associé àla signature du premier programme d'ajustement structurel par le président Blaise Compaoré en 1991. Cet événement coïncidait avec le retour à un régime constitutionnel et la mise en place d'institutions démocratiques avec la bénédiction de la France, et ce même si les conditions d'application de la démocratie étaient fermement encadrées par un régime « semi-autoritaire » qui s'est maintenu au pouvoir jusqu'en 2014[19]. Cependant, le régime révolutionnaire de Thomas Sankara (1983–1987), bien qu'en conflit ouvert avec les institutions de Bretton Woods et en froid avec la France, avait déjà mis en place des mesures « d'auto-ajustement »[20] et fait appel à plus d'implication de la part des ONG. Ainsi, le gouvernement révolutionnaire a mis en place la Direction du suivi des ONG (DSONG) en 1984, afin d'encadrer l'action sociale des ONG.

C'est toutefois au cours des années 1990 que le processus d'ONG-isation de la société civile burkinabè s'est accéléré, le régime Compaoré sollicitant activement une participation accrue des ONG dans les diverses sphères de la société, au point d'en faire le « pays des ONG »[21]. Les programmes de construction d'écoles, de centres de santé, de routes, d'aménagement urbain faisaient appel à un maximum de fonds privés,

---

[19]   Mathieu HILGERS et Jacinthe MAZZOCCHETTI (dir.), *Révoltes et oppositions dans un régime semi-autoritaire : le cas du Burkina Faso*, Paris, Karthala, 2010.

[20]   Pascal ZAGRÉ, *Les politiques économiques du Burkina Faso : une tradition d'auto-ajustement*, Paris, Karthala, 1994.

[21]   Grégory ENÉE, « Les ONG au Burkina Faso : une référence dans le champ du développement africain ? », *Espaces et sociétés*, n° 30, 2010, p. 43.

poussant les ONG à raffermir leurs expertises dans divers domaines techniques. C'est à cette période que l'Église catholique a réinvesti le champ de l'action sociale. Auparavant, les structures caritatives catholiques, principalement regroupées dans le réseau caritatif Caritas fondé dans les années 1950, se concentraient surtout sur l'aide d'urgence. C'est le cas de Catholic Relief Services (CRS), branche américaine de Caritas implanté au Burkina Faso dans la foulée de l'indépendance, qui a longtemps été reconnu surtout pour ses dons alimentaires pour les cantines scolaires. Par ailleurs, si Caritas est présent dans le pays depuis les années 1950 en appoint aux projets de l'État, c'est surtout la crise alimentaire de 1973 qui a consolidé l'action sociale catholique, avec la création du Bureau d'étude et de liaison (BEL) piloté par la hiérarchie catholique nationale[22].

Les principales ONG catholiques du pays (Caritas-Burkina et le BEL) ont fusionné en 1998 au sein de l'Organisation catholique pour le développement économique et social (OCADES). Cette nouvelle structure, dirigée par un abbé nommé par la commission épiscopale nationale, et subdivisée suivant les diocèses du pays, avait pour but de mieux coordonner l'intervention sociale de l'Église, d'obtenir une meilleure visibilité publique, ainsi que de développer des compétences professionnelles plus élaborées, en lien avec les nouvelles attributions des ONG dans l'économie politique néolibérale. Par ailleurs, la dénomination de l'organisation mettait bien en avant la priorité accordée au développement économique par rapport aux œuvres sociales. Ce faisant, l'Église catholique affirmait ouvertement chercher à épauler l'État et les institutions internationales de développement dans le domaine économique.

Dans un contexte néolibéral, cet effort économique est essentiellement vu sous la forme d'un appui au développement d'initiatives privées. Cette orientation s'est accentuée au début du XXIe siècle avec l'adoption de politiques destinées à encourager « l'auto-emploi » des jeunes et à développer l'esprit d'entrepreneuriat dans la population burkinabè. Les organisations catholiques ont globalement embrassé ces orientations, et les organisations paroissiales organisent, en partenariat avec l'État ou

---

[22] Myriam BRUNEL, *Les relations entre l'Église catholique burkinabè et le pouvoir de 1960 à 1995*, mémoire de DEA, CEAN, 1996, p. 12–35.

des entrepreneurs privés, des sessions de formation à l'entrepreneuriat[23]. De plus, l'essentiel des activités récentes de développement menées par l'OCADES, CRS, ou les organisations affiliées, s'ancrent dans une vision du développement centré sur l'acquisition de compétences en entrepreneuriat, en gestion ou dans des domaines techniques afin d'aider les populations à construire des entreprises durables et rentables[24].

En plus d'utiliser l'OCADES, l'épiscopat burkinabè a sollicité la venue de nouvelles congrégations étrangères dans le but de mobiliser une nouvelle gamme d'expertises. Par exemple, la maison Don Orione, basée en Italie mais implantée en Côte d'Ivoire depuis les années 1950, s'est établie en périphérie de Ouagadougou à la fin des années 1990 avec la mise en place d'une clinique moderne de réadaptation pour handicapés moteurs[25]. Enfin, l'Église a réaffirmé sa présence dans le milieu éducatif. En 1969, la fin des subventions d'État aux établissements privés avait poussé l'Église à abandonner son réseau d'écoles primaires fondées par les Pères Blancs. À la fin des années 1990, les nouvelles orientations de l'État en matière éducative ont ouvert la porte à la rétrocession de ces institutions. En effet, l'État burkinabè recherchait désormais à encourager les initiatives privées en éducation afin de compléter l'offre publique insuffisante, afin d'atteindre l'objectif de la scolarisation universelle pour le niveau primaire. Par ailleurs, l'accroissement rapide de la population forçait l'État à trouver des solutions pour maintenir l'offre d'éducation secondaire malgré des politiques budgétaires austères imposées par les engagements passés avec les organismes internationaux. Dans ce contexte, l'Église catholique a modernisé son organisation de l'enseignement catholique, avec la création en 1998 du Conseil national de l'enseignement catholique (CNEC), destiné à piloter l'arrimage entre

---

[23] Louis AUDET GOSSELIN, *Fresh contact dans la jeunesse religieuse autour du cinquantenaire de l'indépendance du Burkina Faso (2010)*, thèse de doctorat, UQAM, 2013, p. 362-363.

[24] Entretien avec Rosie, responsable de CRS au Burkina Faso, Ouagadougou, 13 janvier 2011 ; entretien avec Ibrahim, responsable de l'OCADES, Ouagadougou, 3 février 2011.

[25] Entretien avec le père Clément, responsable de Don Orione, Ouagadougou, 17 janvier 2011.

les politiques étatiques et la pratique des congrégations enseignantes et des établissements diocésains[26].

La relance de l'enseignement catholique a donc fourni un cadre pour la venue des Clercs de Saint-Viateur. Ces derniers se sont insérés dans une Église en grande partie « ONG-isée » et ont, à l'image d'autres congrégations, reconstruit leur pertinence sociale autour d'une action socio-économique large.

Les Clercs de Saint-Viateur au Burkina Faso : action sociale et réseaux caritatifs

Si le succès historique des Clercs de Saint-Viateur au Québec s'est basé sur leur rôle dans un système d'éducation privé, la redécouverte d'une « structure de plausibilité » au Burkina Faso passait par une insertion dans l'ONG-isation du religieux. Cette dynamique s'observe dans un premier temps dans le choix des modes d'implantation. La mise sur pied d'un complexe scolaire à Ouagadougou dès 2000 cadrait en effet avec la construction du système éducatif comme une forme de partenariat entre l'État et les structures privées, ces dernières faisant publiquement montre de désintéressement en soulageant l'État d'une partie de son fardeau éducatif.

Par ailleurs, les dépenses liées à l'établissement des Viatoriens ont été largement couvertes grâce à des collectes de fonds auprès de donateurs et d'un réseau transnational d'ONG catholiques et laïques. Benoît Tremblay, auteur de l'ouvrage retraçant le récit de la fondation burkinabè, évoquait le « Club des 100 » en référence au groupe de parents, amis et sympathisants qui avaient fourni les sommes importantes nécessaires à l'achat de l'école de Ouagadougou et à la construction des installations de l'école et de la paroisse de Banfora[27]. Par ailleurs, ces installations ont également été financées par des ONG catholiques, en particulier Manos Unidas, ONG de développement liée à l'Église catholique espagnole[28].

---

[26] Kathéry COUILLARD, *Action sociale et espace public. L'Église catholique et les associations musulmanes à Ouagadougou (Burkina Faso) (1983–2010)*, mémoire de maîtrise, Université Laval, 2013, p. 63.

[27] Benoît TREMBLAY, « Lettre au "Club des 100" », *Viateurs en mission*, n° 308, décembre 2010, p. 11.

[28] Entretien avec le père Dieudonné, responsable des Clercs de Saint-Viateur, Ouagadougou, 16 février 2011.

À Banfora, les Clercs ont en outre développé une action d'assistance spécifique envers les femmes. Dans l'édition de septembre 2010 de *Viateurs en mission*, le frère Jocelyn Dubeau, s'est livré à une exposition de cette œuvre sur un mode de sollicitation classique dans les ONG. Dans un premier temps, Dubeau a décrit de manière très sombre la vie des femmes au Burkina Faso, et en particulier des femmes gouin de la région de Banfora : exclusion des décisions politiques, marginalisation économique, travail pénible, vital pour les familles, mais peu rémunérateur, mariages précoces et forcés, vulnérabilité au VIH/SIDA et autres maladies graves, de même que conditions désespérées des veuves. Par la suite, l'auteur a exposé les actions accomplies par la paroisse Saint-Viateur de Banfora envers les femmes : dons alimentaires et médicaux acheminés à travers l'OCADES, ainsi que création, avec l'assistance des ONG catholiques espagnoles Manos Unidas et SERSO (ONG des Clercs de Saint-Viateur espagnols), d'associations féminines paroissiales nommées Regroupement féminin Emmaüs et Association Marie consolatrice destinées à développer la production agricole et l'activité commerciale auprès des femmes vulnérables. Cet exposé se terminait par des considérations inspirées par l'option du développement « intégral » de l'Église :

> « Nous savons que la mission des Viateurs consiste à annoncer Jésus-Christ et son Évangile et à susciter des communautés où la foi est vécue, approfondie et célébrée. Mais comment annoncer Jésus-Christ si nous ne luttons pas contre les conditions difficiles des femmes en vue de promouvoir un véritable développement durable ? Comment susciter des communautés sans construire avec les femmes une société meilleure où elles participent à leur avenir et à l'avenir de leurs enfants ?[29] »

En plus de renvoyer aux principes de développement « intégral » de l'Église énoncés dans *Populorum progressio* en 1967[30], ce discours revient également à certains principes développés par les Pères Blancs au Burkina Faso à l'époque coloniale, où ils renforçaient leur légitimité

---

[29]   Jocelyn DUBEAU, « Les pénibles conditions de vie des femmes burkinabè », *Viateurs en mission*, n° 308, décembre 2010, p. 10.

[30]   Ludovic BERTINA, « La doctrine catholique du "développement humain intégral" et son influence sur la communauté internationale du développement », *International Development Policy/Revue internationale de politique de développement*, 4/1, 2013, p. 141–154.

par des activités de développement économique, en plus de lutter contre certaines pratiques patriarcales, telles que les mariages forcés[31].

À Ouagadougou, l'organisation des « Camps de l'avenir » sert de moyen pour sensibiliser les jeunes élèves catholiques du Groupe scolaire Saint-Viateur, souvent issus de milieux relativement aisés, aux réalités de la pauvreté. Lors de l'édition 2016, tenue à Koubri au sud de la capitale, les jeunes du secondaire ont été amenés à discuter sur le thème de la pauvreté et à visiter des familles démunies de ce milieu rural, en plus de leur apporter de l'aide alimentaire : « J'ai aimé le sous-thème vaincre l'indifférence face au pauvre et aussi le théâtre était enrichissant. Je me suis couché tout heureux d'avoir pu rendre visite à un pauvre en lui apportant des vivres avec mes amis[32]. » Les Viatoriens tentent ainsi d'instaurer une culture de l'aide aux démunis comme prolongement d'un mode de vie chrétien.

Enfin, les Clercs de Saint-Viateur ont apporté leur contribution à l'une des sphères d'intervention les plus en vue de l'Église catholique burkinabè au XXIᵉ siècle : le dialogue interreligieux. Ce principe, issu des réflexions conciliaires et renforcé par l'action subséquente du Saint-Siège, a conduit l'Église à reconnaître officiellement le pluralisme religieux et à modérer ses élans prosélytes. Les responsables de l'Église mènent donc plusieurs initiatives de rencontre avec les leaders musulmans, protestants et coutumiers, au sein de structures activement soutenues par l'État, qui y trouve un intérêt évident en vue de la préservation de la paix sociale[33]. Dans cette lignée, les Viatoriens burkinabè ont mis sur pied les « Camps de l'Amitié », inaugurés en 2006, où se retrouvent des jeunes catholiques, musulmans et protestants dans un camp de vacances commun :

> « Face à la situation de troubles sociaux observés à travers le monde, occasionnés par les conflits religieux, l'État burkinabè a entrepris la mise en place d'un mécanisme de veille aux contenus médiatiques à caractère religieux, de suivi des pratiques cultuelles et de promotion de la tolérance et du dialogue interreligieux.[...] Les camps de l'Amitié constituent un cadre de formation et d'éducation de la jeunesse croyante. Durant ces huit jours,

---

31 Magloire Somé, *La christianisation de l'Ouest-Volta, op. cit.*, p. 297–310.

32 Victor Zongo et Marcel Tiemtoré, « Camps de l'avenir 2016 au Burkina Faso », *Viateurs en mission*, n° 7, décembre 2016, p. 9.

33 Katrin Langewiesche, « Le dialogue interreligieux au service du développement. Élites religieuses et santé publique au Burkina Faso », *Bulletin de l'APAD*, n° 33, 2011, p. 91–119.

nous nous sommes efforcés de transmettre aux jeunes certaines valeurs de vivre ensemble dans la paix et la concorde qui se résument comme suit : la tolérance, l'ouverture, l'amour, la fraternité, le dialogue, le partage, la justice, la foi, la gratuité, le vouloir vivre ensemble[34]. »

Cette action se présente donc en appui à celle de l'État, dans l'esprit de l'ONG-isation de l'Église.

En droite ligne de la posture de l'Église catholique burkinabè, les Clercs de Saint-Viateur ont ainsi cadré leur implantation sous la forme d'une ONG de développement, en mettant en avant leur utilité sociale en éducation, aide d'urgence, soutien économique des femmes et dialogue interreligieux. Cependant, cette forme masque une action qui a d'abord été entreprise pour des raisons religieuses et qui a pour but ultime, pour les responsables, de relancer l'évangélisation catholique dans un contexte de compétition religieuse féroce.

Derrière l'ONG-isation, la ré-évangélisation ?

La vague de nouvelles fondations missionnaires au Burkina Faso depuis les années 1990 constitue certainement une orientation en vue d'une évangélisation adaptée au contexte néolibéral. Tout en s'insérant dans le cadre formel des ONG et en misant sur la respectabilité publique conférée par les actions éducatives, sanitaires ou socio-économiques, ces nouvelles congrégations également un nouvel élan à l'évangélisation et une identité catholique forte. En décalage avec une attitude plus timide adoptée en conformité avec les principes du dialogue interreligieux, cette évangélisation réaffirmée se fait dans un contexte où la compétition religieuse est intense.

Une identité catholique affirmée

Très souvent, les responsables d'ONG religieuses rencontrés au cours de nos recherches tendaient à insister sur l'aspect matériel de leur travail, certains semblant même mal à l'aise avec l'étiquette d'ONG confessionnelle ou religieuse. C'était le cas de la Société internationale de linguistique dont les responsables rejettent l'appellation confessionnelle

---

[34] Hermann PALÉ, « Les camps de l'amitié : Banfora 2015 », *Fasoviat*, n° 13, juillet–août 2015, p. 6–7.

et insistent sur leur travail d'alphabétisation et de développement d'outils
pédagogiques séculiers, alors que l'organisation constitue un agent de
prosélytisme évangélique parfois agressif et base l'essentiel de son
travail sur la traduction de la Bible[35]. C'est également le cas en milieu
musulman, au Burkina Faso comme dans les pays voisins, où plusieurs
imams tendent à dissocier leurs activités religieuses et le travail de leurs
ONG[36]. Cette insistance s'est également rencontrée dans les milieux
catholiques où les congrégations enregistrées comme ONG (Frères de la
Sainte-Famille, Sœurs de Saint-Gildas-des-Bois, Sant'Edigio) mettaient
l'accent sur leur travail en éducation générale, en formation technique,
en santé ou en développement agricole. Le cas de l'OCADES, structure
fédérative des ONG catholiques, est emblématique dans son absence
affirmée de volonté prosélyte[37].

De façon compréhensible, une partie de cette tendance est à mettre sur
le compte d'une volonté de contrôler le message véhiculé à un observateur
étranger dont les croyances religieuses étaient inconnues des responsables.
De plus, dans une perspective de visibilité auprès de l'État ou d'éventuels
donateurs extérieurs aux communautés religieuses, les responsables des
ONG confessionnelles ont tout intérêt à placer au second plan leurs
visées religieuses. Cependant, dans le milieu catholique, cette attitude
puise dans une tendance lourde depuis le concile Vatican II, suite auquel
le prosélytisme agressif est déconsidéré et vu comme inconciliable avec
les principes d'œcuménisme et de dialogue interreligieux. Olivier Servais
a bien montré comment les Pères Blancs belges ont pris un tournant
tiers-mondiste après les indépendances africaines et progressivement
marginalisé leur discours religieux, jusqu'à le mettre complètement
de côté à partir de la fin du XXᵉ siècle[38]. De façon générale, il semble
que les ONG catholiques de la seconde moitié du XXᵉ siècle aient vu

---

[35] Marie Nathalie LeBlanc, Louis Audet Gosselin et Muriel Gomez-Perez,
« Les ONG confessionnelles en Afrique de l'Ouest : un équilibre précaire entre
prosélytisme et professionnalisme au Burkina Faso », *Revue canadienne d'études du
développement*, vol. 34, n° 2, 2013, p. 244.

[36] Kathéry Couillard, « Établissements d'enseignement et de santé confessionnels,
espace public et *agency* à Ouagadougou (1987–2010) », *Revue canadienne des études
africaines*, vol. 50, n° 1, 2016, p. 87–104.

[37] Louis Audet Gosselin et Boris Koenig, « Catholic NGOs in Burkina Faso and
Côte d'Ivoire : A Case Apart », dans Marie Nathalie LeBlanc et Louis Audet
Gosselin (dir.), *Faith and Charity, op. cit.*, p. 63–82.

[38] Olivier Servais, « Dimension politique de la revue belge *Vivant Univers* des Pères
Blancs de 1969 à 2002 », dans Caroline Sappia et Olivier Servais (dir.), *Mission et*

la dimension religieuse de leur œuvre comme relevant à la rigueur de l'engagement personnel des donateurs et volontaires, mais ne devant pas teinter leur action sur le terrain par crainte de s'aliéner les bénéficiaires non catholiques. De façon emblématique, les Clercs de Saint-Viateur rebaptisaient leurs missions du terme de « fondation » à partir de 1988, terme jugé « plus approprié »[39].

Toutefois, il semble que la nouvelle vague de création d'ONG issues des congrégations catholiques vienne également d'une volonté de relancer une évangélisation plus directe, sans toutefois rompre avec les orientations conciliaires. En effet, en allant au-delà des premiers entretiens, il est évident que la religion joue un grand rôle pour la plupart des congrégations qui utilisent leur statut d'ONG pour sécuriser une implantation avant tout centrée sur la croissance du catholicisme au Burkina Faso. Par exemple, la congrégation Don Orione a d'abord été sollicitée par l'archevêque Jean-Marie Compaoré pour mettre en place un séminaire et augmenter le nombre de vocations pastorales au Burkina Faso. C'est dans un second temps que la congrégation a ouvert une clinique de réadaptation, lui permettant de bénéficier d'une meilleure visibilité[40].

Pour leur part, les Clercs de Saint-Viateurs ne font pas mystère de leur utilisation du statut d'ONG dans un but surtout stratégique. Lorsque, questionné à ce propos, un responsable de l'organisation a répondu, sourire en coin : « Vous savez, il y a des ONG qui ne sont pas comme les autres ! Nous avons obtenu le statut d'ONG essentiellement parce que ça nous donne des exemptions de douanes sur l'importation de certains équipements[41]. » Les Viatoriens ne se considèrent donc pas principalement comme une ONG, mais comme une communauté religieuse qui œuvre, depuis sa fondation par l'enseignant Louis Querbes, dans le milieu de l'éducation générale avec une forte orientation catholique.

Dans leurs nombreuses publications, de même qu'en entretien, les Viatoriens canadiens et burkinabè vantent en priorité l'action religieuse,

---

engagement politique après 1945 : Afrique, Amérique latine, Europe, Paris, Karthala, 2010, p. 71–85.

[39]   Léo-Paul Hébert, *Les Clercs de Saint-Viateur au Canada*, *op. cit.*, p. 54.

[40]   Entretien avec le père Clément, responsable de Don Orione, Ouagadougou, 17 janvier 2011.

[41]   Entretien avec le père Dieudonné, responsable des Clercs de Saint-Viateur, Ouagadougou, 16 février 2011.

ainsi que l'arrimage de leur vocation éducative avec l'enracinement de l'œuvre d'évangélisation au Burkina Faso. Certes, la création du Groupe scolaire Saint-Viateur à Ouagadougou a été leur première implantation, témoignant donc d'une approche pragmatique autant en termes géographiques (présence des institutions étatiques dans la capitale, milieu d'insertion plus aisé pour des étrangers) que stratégiques (volonté de profiter de l'ouverture rendue possible par le retrait de l'État et l'appel aux initiatives privées). Cependant, cette implantation apparaît surtout comme un tremplin afin de sécuriser leur présence dans le pays et préparer des missions futures.

L'une de ces missions les plus prioritaires semble la mise sur pied d'une œuvre dans l'Ouest du pays, à Banfora, où les Clercs sont arrivés officiellement en 2004. Cette œuvre figure toujours en priorité dans les publications. Ils avaient visité ce diocèse de création récente dès leur voyage d'exploration en 1999, où ils avaient constaté que le potentiel de croissance de l'Église était grand. La mise sur pied de la paroisse Saint-Viateur de Banfora faisait visiblement partie des priorités de l'organisation :

> « La paroisse Saint-Viateur fut créée le 7 novembre 2004, donc très peu de temps après l'arrivée des Viateurs à Banfora en juin 2004. La fondation de cette paroisse s'est faite progressivement par la mise en marche, l'une après l'autre, des structures de base, suivant un ordre prioritaire. Pour les Viateurs arrivés à Banfora, notamment le curé fondateur, le P. Claude Auger, il allait de soi d'établir, le plus tôt possible, le parcours catéchétique. Il s'agissait bien d'une nécessité vitale, d'une conviction ancrée dans notre nature même de catéchistes de Saint-Viateur... Ainsi, notre effort d'évangélisation assurera un avenir certain de la mission de l'Église-Famille de Banfora. Le nombre des catéchumènes ira toujours en augmentant[42]. »

La préparation de nouvelles vocations est également une préoccupation de la première heure des Clercs de Saint-Viateur au Burkina Faso. Dès leur arrivée et leur période d'« acclimatation », les Viatoriens québécois ont rapidement pris contact avec les jeunes de l'aumônerie des élèves et des étudiants à la Rotonde, près de l'Université de Ouagadougou, afin de monter des groupes d'initiation à la vie vocationnelle. Par la suite, la formation de nouveaux Clercs de Saint-Viateur était constamment au centre des préoccupations de la congrégation. Dans cette perspective,

---

[42]   Jean-Marc Provost, « La catéchèse à la paroisse Saint-Viateur », *Viateurs en mission*, n° 305, juin 2009, p. 29.

les Clercs ont acquis un site à Boassa afin d'y établir un noviciat pour les futures recrues. D'année en année, les publications des Viatoriens rapportent de nouvelles entrées, ainsi que des professions de vœux. En 2006, la fondation comptait 13 Clercs burkinabè, soit un recrutement impressionnant pour une présence de seulement 7 ans[43]. En 2016, ils étaient 26 religieux, 3 novices et 3 postulants, en passe de rejoindre la fondation d'Haïti pourtant bien plus ancienne[44]. Par ailleurs, les Viatoriens du Burkina Faso organisent des camps vocationnels, au cours desquels de jeunes hommes attirés par la vie consacrée sont initiés aux principes du charisme viatorien, suite à quoi des demandes d'admission au noviciat peuvent être remplies. Après une quinzaine d'années d'implantation, la fondation burkinabè semble donc tenir ses promesses de relancer une congrégation en déclin et d'assurer son avenir sur une terre où le catholicisme est toujours en croissance[45] :

> « Ainsi, comme le printemps luttant avec l'hiver pour son installation parmi les saisons, la fondation du Pérou se bat au quotidien pour exister, elle se réajuste au gré des événements et de la diminution de ses membres pour se reverdir ; celle du Japon crie à l'aide de nouveaux missionnaires, tandis que celle de Taïwan est déjà entrée en hivernation sous l'œil vigilant d'un dernier témoin, le dernier Mohican. Par contre, profitant des bienfaits de l'été, comme des arbres plantés près d'un ruisseau, les fondations d'Haïti et du Burkina Faso fructifient et les personnes qui sont à leurs ombres tirent profit de leur fraîcheur et de leurs fruits[46]. »

Travaillant en milieu majoritairement musulman, les Clercs de Saint-Viateur, en particulier à Banfora, s'appuient d'une part sur la position catholique officielle basée sur le dialogue interreligieux et l'évitement des attitudes de confrontation directe avec l'islam. D'autre part, l'option évangélisatrice n'est pas complètement mise à l'écart et les clercs souhaitent attirer discrètement des convertis musulmans, à l'instar de ce qui est valorisé dans les mouvements liés au renouveau charismatique. L'animation de mouvements d'action catholique très dynamiques dans les écoles des Clercs constitue un élément central dans cette action

---

[43] Benoît TREMBLAY, *La communauté de Saint-Viateur…*, *op. cit.*, p. 165–171 et 223–224.

[44] « Campagne de financement Burkina Faso », *Viateurs en mission*, n° 8, décembre 2016, p. 20.

[45] « Camp vocationnel », *Viateurs en mission*, n° 6, octobre 2015, p. 15.

[46] Lindberg MONDÉSIR, « Mot du responsable », *Viateurs en mission*, n° 7, juin 2015, p. 2.

indirecte envers les élèves non catholiques. « On peut ici rappeler que 60 % des élèves de l'établissement Louis Querbes sont musulmans, mais que le caractère catholique de l'école est bien affirmé dans le respect des particularismes religieux et le dialogue interreligieux[47] ». Le militantisme des jeunes musulmans et protestants respectivement au sein de l'Association des élèves et étudiants musulmans du Burkina (AEEMB) ou des Groupes bibliques scolaires (GBS) est ainsi encouragé, afin de fournir une base institutionnelle au dialogue interreligieux.

Cependant, ces derniers groupes semblent peu actifs ou encore leurs activités sont minimisées par les publications viatoriennes. Ainsi, pour l'établissement Louis-Querbes de Banfora, *Fasoviat* mentionnait trois mouvements d'action actifs : les scouts, la Jeunesse étudiante catholique et le GBS, ce dernier n'ayant « pas encore mené une activité d'envergure, mais qui tient régulièrement ses rencontres mensuelles »[48]. Globalement, l'offre de mouvements religieux non catholiques est écrasée par le nombre de groupes catholiques, que ce soient les mouvements déjà implantés au Burkina Faso (JEC, scouts) ou encore les mouvements spécifiquement viatoriens comme le Service de préparation à la vie et les camps de l'avenir. Par ailleurs, si l'AEEMB est présente au Groupe scolaire Saint-Viateur de Ouagadougou, les responsables ne tolèrent pas le port du voile intégral et interdisent les discours jugés extrémistes. Par ailleurs, on peut faire l'hypothèse que, même s'ils se défendent de pratiquer une quelconque discrimination envers les élèves non catholiques, la présence d'aumôneries au sein des écoles et l'affirmation claire de l'identité catholique des établissements peuvent constituer un attrait pour les élèves musulmans ou protestants[49].

Cet élan évangélisateur des Clercs de Saint-Viateur, bien que discret et cadré dans les limites du dialogue interreligieux et des positions de respect des autres croyances adoptées par les hiérarchies catholiques, vient affirmer une voix catholique forte dans le paysage religieux burkinabè. Cette position semble participer d'une prise de conscience qu'une identité religieuse plus affirmée est gage d'un certain succès dans

---

[47] Jocelyn Dubeau, « Saint-Viateur, Banfora : 5ᵉ anniversaire », *Viateurs en mission*, n° 305, juin 2009, p. 28.

[48] Irénée Hien, « Mouvements d'action : Les Querbésiens se signalent ! », *Fasoviat*, n° 16, janvier–février 2016, p. 17.

[49] Entretien avec le père Dieudonné, responsable des Clercs de Saint-Viateur, Ouagadougou, 16 février 2011.

un champ religieux caractérisé par la montée de tendances radicales du protestantisme et de l'islam.

Réaffirmer la présence catholique dans un contexte de radicalisme religieux

La présence au Burkina Faso de ces nouvelles congrégations missionnaires est justifiée, surtout devant un chercheur étranger au profil religieux inconnu, par leur expertise technique dans des domaines précis. Cependant, dans leur fonctionnement interne, ces organisations placent leur action religieuse et évangélisatrice au premier rang de leurs priorités. L'exemple des Orionistes constitue une bonne illustration de ces priorités. Animé par un jeune prêtre burkinabè né et ayant grandi en Côte d'Ivoire[50], le centre Don Orione est centré sur la préparation de la relève pastorale. Les activités sanitaires apparaissent, d'une part, comme un prolongement de l'action spirituelle de la congrégation, en conformité avec son charisme. D'autre part, cette clinique constitue une stratégie d'implantation au Burkina Faso, permettant d'attirer des fonds d'ONG privées catholiques ou non, d'obtenir les faveurs de l'État, ainsi que de soigner l'image de la congrégation aux yeux d'un public conscient des sévères limites du système de santé.

Dans son plan d'action 2015–2019, Caritas Internationalis indique clairement la nécessité de remettre en avant son identité catholique[51]. S'il est connu du public africain que Caritas, ainsi que l'OCADES, sa branche burkinabè, sont des organes de l'Église catholique, peu de choses dans leurs activités de terrain trahissent cette identité. Les employés sont recrutés sur la base de leurs compétences techniques et, outre l'équipe de direction menée en théorie par les évêques des diocèses, la composition religieuse des équipes techniques est diversifiée. Cette façon de faire contraste avec les pratiques de la plupart des ONG protestantes

---

[50] Ludovic O. Kibora, « La question "diaspo" à Ouagadougou », dans Issiaka Mandé (dir.), *Le Burkina Faso contemporain. Racines du présent et enjeux nouveaux*, Paris, L'Harmattan, 2012, p. 85–98.

[51] Louis Audet Gosselin et Boris Koenig, « Catholic NGOs in Burkina Faso and Côte d'Ivoire », *art. cit.*, p. 74.

ou musulmanes, qui insèrent du contenu religieux explicite dans leurs activités et recrutent en priorité des membres de la communauté[52].

Plus encore, depuis quelques décennies, des tendances religieuses radicales s'affirment au Burkina Faso comme dans l'ensemble de la région. Les attentats du 15 janvier 2016 à Ouagadougou perpétrés par Al Qaïda au Maghreb Islamique, celui du 13 août 2017, ainsi que l'émergence depuis la fin de l'année 2016 du groupe djihadiste Ansaroul Islam au nord du pays, ont mis en lumière la connexion du pays avec les mouvements islamistes armés globaux. Cependant, si l'attrait des mouvements violents peut s'accroître au gré des évolutions socio-politiques nationales et mondiales, ce sont principalement les groupes prosélytes non violents qui transforment le tissu social en profondeur. En particulier, l'islam salafiste, regroupé principalement autour du Mouvement sunnite du Burkina, transforme l'islam à travers sa diffusion d'une religion très codifiée, qui promet de fournir un code de comportement valide en tout temps et en tout lieu, en plus de protéger contre les forces maléfiques. Les salafistes, appuyés sur des prédicateurs populaires formés dans les universités islamiques du monde arabe, bouleversent les rapports sociaux par leur promotion de pratiques littéralistes qui vont à l'encontre de pratiques communes au Burkina Faso : interdiction aux hommes de serrer la main des femmes, refus de participer aux fêtes non musulmanes, refus des mariages interreligieux[53].

Cet islam salafiste évolue en parallèle et en réaction au christianisme évangélique. Historiquement marginale au Burkina Faso, cette mouvance s'est affirmée à partir des années 1980 en proposant une protection infaillible contre les dangers de la « modernité insécurisée »[54]. En contraste avec l'Église catholique, les organisations liées aux Églises évangéliques se livrent à un prosélytisme actif : évangélisation porte-à-porte, aide

---

[52] Marie Nathalie LeBLANC, Louis AUDET GOSSELIN et Muriel GOMEZ-PEREZ, « Les ONG confessionnelles en Afrique de l'Ouest », *art. cit.*, p. 242–243.

[53] Louis AUDET GOSSELIN, « Une nation pluraliste ? Les limites du dialogue interconfessionnel chez les jeunes militants religieux à Ouagadougou », *Revue canadienne d'études africaines*, vol. 50, n° 1, 2016, p. 105–126 ; Ousman KOBO, *Unveiling Modernity in Twentieth-Century West African Islamic Reforms*, Leiden, Brill, 2012 ; Issa CISSÉ, « Le Wahhabisme au Burkina Faso : Dynamique interne d'un mouvement islamique réformiste », *Cahiers du CERLESHS*, n° 33, 2009, p. 1–33.

[54] Pierre-Joseph LAURENT, *Les pentecôtistes du Burkina Faso. Mariage, pouvoir et guérison*, Paris, Karthala et IRD, 2009.

économique conditionnée à l'écoute de discours religieux, campagnes d'évangélisation dans les endroits publics, sonorisation à outrance des églises, ainsi que guérisons miraculeuses. Par ailleurs, ces Églises cherchent autant que possible à construire les bases d'une contre-société autonome où les contacts avec le monde « impur » seraient limités au strict minimum[55].

L'Église catholique compte elle aussi une frange radicale, surtout incarnée au Burkina Faso par le renouveau charismatique, qui propose une foi totalisante, ritualisant la totalité de la vie sociale du croyant. De plus, les groupes de renouveau sont les seuls à mener des actions directes en vue de convertir des musulmans au catholicisme, alors qu'ils tendent à voir les pentecôtistes comme des frères que peu de choses distinguent. Pour les charismatiques comme pour les évangéliques, l'islam est assimilé à une œuvre démoniaque. La conversion de musulmans est donc prioritaire afin de leur permettre de sauver des âmes autrement damnées. L'abbé Blaise Bicaba, principale figure du renouveau charismatique, draine des foules considérables pour ses séances de guérisons et de prédication. Bien que peu à l'aise avec cette mouvance, la hiérarchie catholique tolère ces groupes à cause de leur popularité, des convertis qu'ils canalisent, ainsi que de leur acceptation de l'autorité des prélats et leur fidélité à l'Église.

Dans ce champ en ébullition, une posture comme celle des Clercs de Saint-Viateur demeure modérée et relativement discrète. Ils ne prônent pas ouvertement la conversion des autres croyants et leur apostolat vise avant tout les jeunes catholiques, afin de les amener soit à adhérer aux principes de la religion tels que définis par les Viatoriens, ou mieux encore à postuler pour entrer dans la congrégation. Par ailleurs, l'exemple des Viatoriens ne constitue qu'un exemple modeste à l'échelle du pays. Mais on observe qu'à la différence d'autres ONG confessionnelles comme l'OCADES qui minimisent le caractère religieux de leurs activités, les Clercs de Saint-Viateur voient leur œuvre scolaire comme un prolongement d'une mission avant tout spirituelle.

Le succès de l'œuvre scolaire et de l'action vocationnelle des Clercs de Saint-Viateur vient donc renforcer l'image d'un catholicisme plus affirmé

---

[55] Fabienne SAMSON-NDAW, « Entre repli communautaire et fait missionnaire : Deux mouvements religieux (chrétien et musulman) ouest-africains en perspective comparée », *Social Sciences and Missions*, vol. 21, n° 2, 2008, p. 228–252 ; Sandra FANCELLO, *Les aventuriers du pentecôtisme ghanéen. Nation, conversion et délivrance en Afrique de l'Ouest*, Paris, IRD-Karthala, 2006.

qu'il ne l'était il y a quelques décennies. La venue des Clercs et leurs lieux d'implantation ont été fortement orientés par la hiérarchie de l'Église nationale. On voit donc que la fondation viatorienne du Burkina Faso s'inscrit dans une volonté de l'Église de profiter des ouvertures offertes par l'ONG-isation de la société burkinabè pour repositionner l'Église catholique au cœur de la compétition religieuse du XXIe siècle.

Conclusion

En définitive, on constate une ONG-isation du religieux, qui participe de la société néolibérale qui s'est mise en place au Burkina Faso depuis les années 1990. Cette dynamique ouvre une possibilité pour l'Église catholique burkinabè de reprendre une place centrale dans le secteur socio-économique, en réintégrant le milieu de l'éducation, alors que l'Église n'avait pas réussi à capitaliser sur sa mainmise des élites après l'indépendance. Dans ce contexte, les Clercs de Saint-Viateur canadiens ont aussi trouvé un champ d'apostolat pour relancer leur congrégation en rapide déclin suite à la perte de leur réseau éducatif au Québec dans les années 1960 et au vieillissement de leurs membres. À l'instar d'autres organisations religieuses au Burkina Faso et dans l'ensemble des pays du Sud, les Viatoriens ont fortement « ONG-isé » leur mission, adoptant le statut officiel d'ONG et modelant leurs activités sur les besoins en aide humanitaire, développement économique et système éducatif partiellement privatisé. Toutefois, l'adoption de ce cadre s'est en partie décidée dans un but pragmatique d'implantation solide et de visibilité publique, alors que les objectifs principaux des Clercs de Saint-Viateur, comme ceux de l'Église burkinabè, sont ailleurs. En effet, l'action d'évangélisation, incarnée dans la diffusion des principes catholiques dans les écoles viatoriennes et dans les mouvements d'action catholique chapeautés par les Clercs, de même que dans l'établissement de structures pour susciter de nouvelles vocations, constitue la principale préoccupation des missionnaires. Cette priorité est d'autant plus criante pour les responsables catholiques que l'Église se trouve à la remorque de l'initiative religieuse en Afrique de l'Ouest, qui est accaparée par les mouvements salafistes et évangéliques.

L'option des Clercs de Saint-Viateur demeure modérée dans son approche comme dans son contenu en comparaison avec ces tendances, mais le succès de cette entreprise, somme toute modeste, plaît sans aucun doute à la hiérarchie, en plus d'assurer la survie d'une congrégation qui peine à retrouver sa pertinence au Québec. En 2015, l'équipe de direction de la fondation était pour la première fois entièrement composée de Viatoriens burkinabè, les missionnaires canadiens et haïtiens ne servant plus que d'appui. Les jeunes Clercs burkinabè en viennent progressivement à voyager à leur tour et à renforcer les provinces à travers le monde, esquissant une entreprise de mission Sud-Nord pour l'avenir. En conclusion, il semble bien que le contexte néolibéral burkinabè ait fourni une nouvelle « structure de plausibilité » aux Clercs de Saint-Viateur afin d'assurer leur pérennité et raviver un élan d'évangélisation.

Conclusion – Nouvel âge de la mission, nouvel âge de l'historiographie

Christian Sorrel

Feu la chrétienté ? Feu la mission ? La décennie 1950 a proclamé la mort de la chrétienté avec Emmanuel Mounier, détaché des ferveurs de la « nouvelle chrétienté » du pape Pie XI comme de la « conception profane chrétienne » du Maritain d'*Humanisme intégral*. La décennie suivante, sans affirmation aussi tranchée, a dévalué à son tour la mission dans le climat de contestation généralisée des institutions catholiques suscité par l'interaction du séisme conciliaire et du mouvement social. Mission, chrétienté, l'une et l'autre avaient partie liée avec le projet intransigeant de restauration catholique promu depuis la Révolution. Celui-ci a renouvelé l'Église en la concentrant dans la personne de son chef, encore entravé par les liens du pouvoir temporel puis transformé en puissance morale, interlocutrice des nations et actrice du bien commun de l'humanité. Il a fécondé le mouvement missionnaire en reliant l'évangélisation outre-mer et la rechristianisation de l'Europe qui envoyait au loin ses femmes et ses hommes et répandait ses modèles spirituels et pastoraux, non sans compétition entre les communautés issues de la grande fracture du XVIᵉ siècle.

C'est cette dialectique, teintée d'utopie, d'où l'échange réciproque, mais inégal, n'était pas absent, qui fut bousculée dans les années 1960, après une érosion depuis l'entre-deux-guerres. Érosion sans doute, et aussi mutation avec le renouvellement des injonctions romaines de séparation des intérêts des nations coloniales et des objectifs missionnaires, les travaux de la jeune missiologie, les mouvements d'indépendance des pays du Sud et, dans leur sillage, l'affirmation des jeunes Églises. Mutation aussi avec le renouvellement du volet européen de la mission (« mission intérieure »), né au XVIᵉ siècle, réactualisé par la césure révolutionnaire puis la prise de conscience de la déchristianisation, angoissante au milieu du XXᵉ siècle. Église, clergé, paroisse, l'adjectif « missionnaire » qualifiait tout, avant de tomber en discrédit sous le souffle déconstructeur d'un mois de mai tumultueux. Pouvait-on encore proclamer Jésus-Christ, convertir ? Mais la mort annoncée de la mission n'a pas eu lieu, avec ou sans le mot, en terre catholique comme en terre protestante, évangélique surtout. Paul VI a privilégié le terme « évangélisation », Jean Paul II a imaginé la « nouvelle évangélisation », avec un élargissement progressif de l'Europe au monde, institutionnalisé par Benoît XVI, François suscite des « disciples-missionnaires » dans la ligne des Églises latino-américaines. Laïcs, clercs, mouvements sont impliqués. De nouvelles mobilités émergent, du Sud vers le Nord, du Sud vers le Sud. Des communautés charismatiques entrent en jeu avec une stratégie de visibilité. D'autres restent guidées par la priorité donnée au témoignage silencieux. La compétition confessionnelle est relancée, au risque de fragiliser le dialogue œcuménique et interreligieux.

Le tableau mouvant de la complexité actuelle, scruté par les théologiens, les sociologues, les anthropologues, les politistes, invite les historiens à un regard rétrospectif sur la mission. Il ne s'agit pas, bien sûr, de remettre en cause le tournant majeur pris par l'historiographie depuis la décennie 1980 avec le glissement d'une hagiographie missionnaire vers une histoire scientifique dont les apports sont considérables sur les acteurs de la mission (la curie romaine, les sociétés bibliques et missionnaires, les congrégations religieuses masculines et féminines), les enjeux diplomatiques et politiques, les réalisations sur le terrain. Il s'agit de prolonger les lignes directrices bien tracées en accordant une importance décisive aux circulations et aux transferts dans une réciprocité complète (hommes et femmes, idées, spiritualités, dévotions, médias, circuits financiers, impacts sociaux). Les religions et les Églises constituent des objets transnationaux par excellence. L'historiographie francophone et surtout française a pourtant tardé à prendre en compte cette dimension et à proposer des modèles de diffusion verticale ou de circulation centripète ou centrifuge et des analyses multipolaires en termes de réseaux. L'une des ambitions de la rencontre de Montréal était d'avancer en ce sens en suggérant des voies de renouvellement de l'histoire des missions que l'on appelait jadis lointaines. Les textes rassemblés prennent en compte des périodes et des situations différentes. Ils jouent sur les échelles. Ils montrent les contacts et les échanges. Ils mesurent les déplacements personnels et institutionnels dus à la rencontre et à la confrontation. Ils ouvrent des pistes en invitant les chercheurs à relire le passé à frais nouveaux pour mieux comprendre le présent sans tomber dans le présentisme.

Liste des auteurs

Louis AUDET-GOSSELIN, docteur, Université du Québec à Montréal, UQAM (Canada).

Agueda BITTENCOURT, professeure, Universidade Estadual de Campinas, UNICAMP (Brésil).

Olivier CHATELAN, maître de conférences, Université Jean Moulin Lyon III – LARHRA (France).

MAURICE DEMERS, professeur titulaire, Université de Sherbrooke (Canada).

BRUNO DUMONS, directeur de recherches CNRS, Lyon – LARHRA (France).

CATHERINE FOISY, professeure agrégée, Université du Québec à Montréal, UQAM (Canada).

ALEXANDRINE DE LA TAILLE-TRÉTINVILLE, professeure, Universidad de los Andes, Santiago (Chili).

PAULA LEONARDI, professeure, Universidade Estadual do Rio de Janeiro (Brésil).

VINCENT PETIT, professeur agrégé, docteur en histoire (France).

GILLES ROUTHIER, professeur titulaire, Université Laval à Québec (Canada).

CAROLINE SAPPIA, docteure, Université Catholique de Louvain (Belgique).

OLIVIER SIBRE, professeur agrégé, docteur en histoire (France).

CHRISTIAN SORREL, professeur, Université Lumière Lyon II – LARHRA (France).

Dans la collection

N° 4 – Elizabeth Chalier-Visuvalingam, *Bhairava: terreur et protection. Mythes, rites et fêtes à Bénarès et à Katmandou*, 2003, ISBN 978-90-5201-173-8

N° 3 – John Bosco Ekanem, *Clashing Cultures. Annang Not(with)standing Christianity – An Ethnography*, 2002, ISBN 978-90-5201-983-3

N° 2 – Peter Chidi Okuma, *Towards an African Theology. The Igbo Context in Nigeria*, 2002, ISBN 978-90-5201-975-8

N° 1 – Karel Dobbelaere, *Secularization: An Analysis at Three Levels*, 2002 (2nd printing 2004), ISBN 978-90-5201-985-7